머 리 말

본 저서는 교육학이라는 학문을 처음 입문하는 독자들을 위해 다음과 같이 구성하였다. 이 책의 구성은 총8장으로 되어 있다. 제1장은 '교육의 의미'로 교육에 대한 다양한 정의와 의미, 교육의 목적에 대한 내용을 다루고 있다. 제2, 3장은 '서양 및 한국 교육의 역사적 기초'로서 서양교육은 고대 그리스 시대부터 현대에 이르기까지 서양교육의 변천과정에 대해 다루고 있으며, 한국교육은 고대부터 근현대사의 역사적 배경을 중심으로 변화하는 교육전반에 대해 기술하였다. 제 4장은 '교육의 철학적 기초'로 시대변천에 따른 교육철학을 서술하고 있다. 제 5장은 '교육의 사회학적 기초'로 교육과 사회의 관계를 다양한 관점에서 살펴보고자 하였으며, 제6장은 '교육의 심리학적 기초'로서 교육심리학의 성격과 관련이론들을 중심으로 서술하였다. 제7장은 '교육의 행정학적 기초'로 교육전반에 관한 행정적인 요소들을 다루고 있으며, 제8장은 '교직과 교사'로 교직에 대한 성격 및 자질과 역할 등의 내용을 다루고 있다.

교육의 질은 교사의 질을 능가할 수 없다는 말에서 알 수 있듯이 교육에 있어 교사의 질은 무엇보다 우선되어야 할 요소이다. 따라서 본 저서는 교육학을 처음 접하는 학생들에게 교육학에 대한 관심과 흥미를 가지게 하고, 보다 높은 이해를 돕기위해 가급적으로 쉬운 용어를 사용하여 풀어 쓰고자 하였다. 하지만 집필진의 이와 같은 노력에도 불구하고 다소 미흡한 부분이 있을 것으로 생각되며, 이러한 부분에 있어 독자들의 날카로운 지적을 당부 드리고자 한다.

마지막으로 본 저서가 선생님이 되시기를 바라는 모든 분들께 미약하나마 도움이 되시기를 기원 드리며, 본 서가 나오기까지 애써주신 양성원 강철원 대표님과 모든 직원들께 진심으로 감사의 뜻을 전한다.

2016년 2월 저자 일동

차 례

C/H/A/P/T/E/R

01

교육의 의미

1. 교육의 정의
2. 교육의 목적

1. 교육의 정의

1) 교육의 어원

인간은 이성적인 존재이면서 또한 감정적이고 충동적인 본능의 존재이다. 만약 인간이 어떠한 교육도 없이 살게 된다면 이성적인 가치는 상실하고 보다 쉽게 살아가는 방법을 사용하게 되므로 큰 본능적인 존재에 빠질 가능성이 대단히 크다. 그러므로 교육을 통해서 인간은 이성을 연마하고 본능을 통제하는 능력이 강한 존재가 되어야 한다. 이처럼 교육은 인간에게 필연적이고 중요한 것인 만큼 학습자에게 교육을 올바르게 하는 일도 중요하다. 교육이 인간에게 중대한 것인 만큼 우리 모두는 교육에 대한 기초적 이해가 필요 하다. 교육이 지향해야 할 목표는 무엇인가 하는 것들에 대한 포괄적이고 기초적인 이해를 위해 교육학에 대한 이해가 우선 되어야 한다.

교육의 글자가 지니고 있는 뜻을 살펴보면 교(敎)는 가르칠 '교'이고, 육(育)은 기를 '육'이다. 가르치고 기른다는 낱말의 뜻을 살펴보면 '가르침'이란 가치롭다고 알고 있는 사실을 모르는 사람에게 전하여 깨우쳐서 이를 알게 함이며, '기름'이란 작은 것을 크게 키우기 위해서 돌보고 아껴서 이를 유용하게 성장, 발달시킴을 뜻 한다. 여기에서 '교육한다' 함은 가르치고 기른다는 뜻을 의미한다.

동양에서 교육(敎育)이라는 용어는 『孟子』의 『盡心章』에서 처음으로 나타난다.

'…… 君子有三樂…… 父母俱存 兄弟無故一樂也 仰不愧於天

俯不於人二樂也 得天下英才而 敎育之三樂也'

맹자(孟子)는 군자가 갖추어야 할 세 가지 즐거움으로 부모 형제가 평안하여 가정이 화목한 것과 하늘을 우러러보고 땅을 굽어 보아 부끄럼 없이 사는 것과 천하의 영재를 얻어 이를 교육시키는 것을 말하고 있다. 이처럼 동양에서는 교육의 어원적 발달을 인격의 완성과 도덕적 품성의 도야를 강조하는 규범적인 측면의 유교적인 성향의 관점에서 찾아볼 수 있다.

한편, 서양에서 사용되는 '교육'의 단어로는 education, pedagogy, Erziehung 등이 있다. pedagogy는 그리스어 paidagogos에서 온 것으로 paida(어린이)와 gogos(이끌다)의 합성어이다. 또, education의 어원은 라틴어의 educare 또는 educere에서 나온 것으로 e(밖으로) + ducare(끌어내다)의 합성어이다. 전자(pedagogy)는 외재적인 힘을 강조하는 '형성하다' 또는 '훈련하다'는 뜻을 지닌 반면에, 후자(education)는 내재적인 발달을 강조하는 '양육하다' 또는 '이끌어 내다'는 뜻을 지니고 있다. 따라서 교육의 어원을 pedagogy에서 왔다고 보느냐, educare에서 왔다고 보느냐 하는 것은 교육에 대한 다른 관점을 보여주게 된다. 따라서 교육이라는 단어의 어원은 내재적인 능력의 신장과 발전, 외재적인 지도작용을 함께 포함하고 있음을 알 수 있다.

그러므로 어원상으로 볼 때 교육이라는 말은 동·서양을 막론하고 학습자가 지니고 있는 천부적인 가능성을 실현시켜 나가는 활동이며, 이를 성인 또는 교사가 지도하고 격려·조장해 나가는 행위임을 알 수 있다. 다시 말하면, 우선 학습자가 지닌 변화 가능성과 교사나 성인이 지닌 바람직한 상태로의 변화, 그리고 교사-학생, 성인-아동 간의 사랑과 존경, 신뢰의 상호관계에서 교육이 성립되고 있음을 나타낸다고 하겠다.

2) 교육의 정의

교육을 한 마디로 정의하기란 매우 어렵다. 왜냐하면 교육을 바라보는 관점은 각 시대별 상황과 철학적 관점에 따라 다양하게 정의되었기 때문이다. 따라서 교육의 정의에 대해 구체적으로 살펴볼 필요성이 있다.

우선 교육이라는 개념 속에는 두 가지 맥락이 있다. 하나는 가치에 관련된 정의이며, 또 다른 하나는 인간 성향의 변화에 관련된 정의다. 전자는 교육이 어떤 가치를 추구하는 활동으로 보며, 후자는 인간 성향의 변화를 위한 방법적 원리로서의 정의다.

교육의 정의는 규범적 정의와 서술적 정의로 구분할 수 있다. 우선 규범적 정의(normative definition)란 교육의 의미를 규정지을 때 교육에서 추구되어야 할 가치를 제시하는 입장을 의미하며, 서술적 정의(descriptive definition)란 특정한 가치를 제언하지 않고 인간 변화의 설명 원리만을 규정하는 입장을 의미한다. 다시 말해 규범적 정의는 가치를 중시하는 가치지향적 입장을 의미하며, 서술적 정의는 가치중립적인 입장이라 할 수 있다.

한편 교육을 좀 더 구체적으로 정의하는 입장으로 '약정적 정의'가 있다. 약정적 정의(stipulative definition)란 일반적으로 이해되고 있는 교육의 의미를 진술하는 것이 아니라, 관련된 다른 활동으로부터 구별지으려는 하나의 '약속'으로서의 정의를 의미한다. 예를 들면 '교육을 ~이라고 하자'와 같은 약속을 말한다. 다시 말해 새로운 용어를 지칭할 때 기존의 의미와 함께 사용하면 혼란이 있을 경우 하나의 약속으로 의미를 부여할 때 정의하는 방법이라 할 수 있다.

다음은 여러 가지 방식으로 정의된 교육을 나열한 것이다.

- 교육은 지식을 교수하는 것이 아니라 청년이 지식을 탐구하고 덕을 지닐 수 있도록 지도하고 조언하는 것이다. (Socrates)
- 교육이란 선의 이데아를 지향하여 청년의 정신을 전향시키고 생성하게 하는 것이다. (Platon)

- 교육이란 신의 의사를 실현하는 과정이다. (Maritain)
- 비교적 성숙한 사람이 비교적 미성숙한 사람을 자연의 상태에서 이상의 상태로 끌어올리기 위하여 문화재를 통하여 유의적, 구체적, 계속적으로 주는 문화 작용이다. (Spranger)
- 교육이란 인간의 자기 발전을 위한 모든 조성 작용이다. (Rousseau)
- 교육은 사회개혁의 계속적 수단이다. (Pestalozzi)
- 교육이란 현실적 존재(sein)를 이상적 당위(sollen)로 변환하게 하는 것이다. (Kant)
- 교육은 인간을 인간답게 형성하는 작용이다. (Kant)
- 교육은 사회생활을 위해서 미숙한 인간에 대한 성인세대의 작용을 말한다. (Durkheim)
- 교육은 사회의 계속적 개혁의 수단, 교육이란 사회의 선진세대가 후진세대에 미치는 동화적 영향, 교육이란 사회의 존속과 발전을 위한 필요에 따라서 자연적, 개인적 인간을 사회적으로 유용한 인간답게 형성해 가는 의도적 행위이다. (Kriek)
- 교육은 생활(life)이며, 교육은 성장(growth)이며, 교육은 사회적 과정(social process)이며, 교육은 계속적인 경험의 재구성(continuous reconstruction of experience)이다. (Dewey)
- 교육은 국가 사회 발전을 위한 수단이다.
- 교육은 경제 발전에 필요한 수단이다.
- 교육은 사회문화의 계승 및 발전의 수단이다.
- 교육은 민주적 시민이 갖추어야 할 자질을 함양하는 과정이다.
- 교육은 영원한 진리나 가치에로의 접근과정이다.
- 교육은 인간을 인간답게 형성하는 과정이다.

이상의 정의를 여러 가지 관점에서 분류해 볼 수 있고, 또 이론적 관점에서도 추론해 볼 수도 있다. 또한 이 정의에서 공통적으로 추론되는 점은 교육에는 의도성이 있다는 것이며, 더 나아가 의도적인 활동을 강조하는 경우가 많다. 특히, 정범모가 제안한 '인간 행동의 계획적 변화'는 이를 가장 중요한 요인으로 본다.

한 인간의 성장을 위하여 각종 학교가 계획적으로 베푸는 대부분의 제도교육은 제 나름대로 뚜렷한 교육목적을 가지고 인간 변화를 기대하며 활동하기 때문에 의도적 교육이다. 그러나 이에 대해 주의해야 할 점도 있다. 우리가 교육을 이해하는 데 있어서 그 의도성만을 고집하게 되면, 우리는 교육을 개별적인 행위들로서만 파악하게 될 것이다. 인간의 생활은 늘 일정한 목적을 지향하는 의도적 행위의 연속으로 파악될 수는 없다. 그렇다면 우리는 교육을 우리 생활의 흐름에서 분류시키는 결과를 가져올 위험에 빠지게 된다.

3) 교육의 기능

(1) 사회발전의 기능

교육은 사회를 변화시키고 더욱 바람직한 방향으로 발전시키는 능동적인 역할을 수행한다. 특히 교육은 사회에서 필요로 하는 지식, 태도, 기술 등을 전수하기 때문에 사회구성원 개인의 발전뿐만 아니라 사회 전체의 발전을 이루는 데 매우 중요한 기능을 수행한다.

(2) 전통의 유지 기능

교육은 한 민족의 역사와 문화적 전통을 계승할 수 있도록 하여야 한다. 사회 변동의 속도가 빠를수록, 개혁이 거셀수록, 그리고 외래 문화의 수용을 강압당할수록 민족의 주체성을 굳건히 지키고, 소중한 문화유산을 보존하려는 반작용이 강하게 나타난다. 예컨대, '한국적 인간상의 구현' 및 '민족주체성의 확립'이라는 말은 교육에 있어서 우리의 전통과 주체성을 강조한다. 교육발전의 기능 못지않게 사회의 존속과 균형 또는 계속성을 유지하며 사회의 안정과 결합을 가져오는 교육 전통의 유지 기능 또한 중요하다.

(3) 현실에의 적응 기능

현대사회는 급속하게 변천하고 있으므로, 교육은 급변하는 사회환경에 부단히 적응해 나가야 할 필요가 있다. 지식의 양적 팽창, 인구의 급증, 공업화와 도시화에 따라 직업구조가 변하고, 새로운 사회제도와 가치관이 출현했다. 이와 같이 광범위한 사회변동에 교육이 지체함이 없이 적응하여야 할 필요가 있다. 적응능력을 길러 주지 못한 교육으로는 사회에 쓸모없는 인간이나 옳지 못한 인간을 배출하기 높기 때문에 우리는 이러한 적응적 기능을 중요시해야 한다.

4) 교육의 한계와 가능성

교육의 효과에 관한 논의는 대체로 인간의 발달이 유전적 요인에 의한 것인지 아니면 환경적 요인에 의한 것인지로 집약된다. 인간의 발달이 선천적인 유전적 요인에 의해서 결정된다는 견해를 '교육부정론'이라 하고, 환경적 요인에 의해서 교육이 가능하다고 보는 견해를 '환경만능론'이라 한다. 이러한 논란은 교육의 가능성이 어디에까지 미치느냐 하는 의문에 대한 논란이며, 이는 '환경'이냐 '유전'이냐의 문제인 것이다.

(1) 환경만능론

환경만능론은 교육만능론, 교육긍정론이라고도 하는데, 환경적 요인에 의해서 인간의 발달이 결정된다는 의견이다. 이러한 견해를 지지할 만한 사례들로, 1540년 오스트리아의 Hissia 산에서 발견된 늑대 어린이나, 1795년 프랑스의 의사 이따르(Itard)가 발견한 벵갈의 아베이롱의 야생아, 1920년 인도 벵갈에서의 카말라와 아말라 등을 들 수 있다. 이는 유전적 소질보다 환경의 중요성을 입증

할 수 있는 사례들이라 할 수 있다. 또한 널리 알려진 맹자 어머니가 자식의 교육을 위해 좋은 환경을 찾아 세 번이나 이사한 사실(孟母三遷之敎)도 동일한 사례로 볼 수 있다. 칸트(Kant)는 인간은 오직 교육에 의해서만 인간다운 인간이 될 수 있다고 보았으며, 라이프니쯔(Leibniz)는 인간이란 방법 여하에 따라 의도하는 대로 될 수 있다고 하였다. 로크(Locke) 또한 백지설(tabula rasa)을 통해 태어날 때의 백지와 같은 상태가 후천적인 환경에 따라 달라질 수 있다고 보았다. 이상의 사례와 견해들은 인간의 가소성(可塑性, plasticity), 즉 교육의 가능성을 신뢰하고 지지하는 것이라 할 수 있다.

하지만 인간형성에 있어 지적, 정서적, 의지적인 면 등은 환경에 따른 영향의 가능성을 어느 정도 인정할 수는 있지만, 그렇다고 환경의 영향만으로 발전된다고 볼 수는 없다.

(2) 교육부정론

교육부정론은 소질만능론이라고도 하는데, 인간의 형성은 선천적 소질에 의해 결정된다는 견해이다. 즉, 개인의 발달은 환경적 소질보다 유전적 소질에 더 많은 영향을 받는다는 것이다.

멘델(Mendel)과 모건(Morgan) 같은 유전론자들은 염색체의 유전형질에 의하여 선천적으로 생물의 특질이 결정된다고 보았다. 이러한 이론을 지지하는 사례연구가 롬보로소(Lombroso)에 의해 있었다. 쥬케(M. Juke)라는 가계(family)를 연구한 결과 쥬케의 후손이 2,240명이 있는데 그중에서 단지 20여 명만이 자립적인 생활이 가능하였고, 그 외 대다수가 영아 사망, 불구, 저능아, 걸인, 불량배, 범죄자였다는 것이 밝혀졌다. 그리하여 그는 범죄자의 골상은 선천적으로 나타나 있으므로 교육의 효과가 전혀 없다는 결론을 내렸다.

이 외에도 쌍생아 연구나 에드워드 가계 연구(Winship), 과학자 가계 연구(Cattel), 재판관 가계 연구(Galton) 등이 이를 뒷받침해 주고 있다. 쇼펜하우어(Schopenhauer)는 지성은 교육이나 환경으로 도야할 수 있으나 정서 · 의지적인 것을 어찌할 수 없다고 하였다. 특히 손다이크(Thorndike)의 쌍생아 연구에 의하면 일란성 쌍생아의 경우 상관계수가 0.90로 나왔으며 이란성 쌍생아의 경우 0.50~0.70으로 나타났다. 결국 일란성 쌍생아의 경우 상관계수가 높다는 것은, 지능의 차이에 유전 요소가 절대적인 영향을 미치는 것이라 할 수 있다.

이상의 사례와 연구들을 통해 유전적 요소는 교육의 효과를 좌우하는 선천적 요인으로서 인간이 태어나면서부터 갖게 되는 신체구조, 지능, 의지, 정서 등의 잠재능력은 후천적 영향에 의하여 근본적인 변화가 어렵다는 것이라 할 수 있다.

(3) 유전과 환경의 상호작용

앞서 살펴본 양 극단적인 주장에 있어 어느 한쪽을 지지하기란 곤란하다. 교육의 가능성 논의에서 유전과 환경의 어느 한 쪽에 의해서만 결정되는 것이 아니라 모두가 한계성을 지니게 된다.

우드워드(Woodworth)는 인간 발달은 유전과 환경의 함수관계, 다시 말해 D = F(H · E)로 파악하였다. 그리고 레빈(Lewin)은 행동을 인간과 환경과의 함수관 계, 즉 B=f(P · E)로 보고, 인간의 유전적인 소질은 환경과 상호작용함으로써 성장 · 발달한다고 보았다.

결론적으로 환경과 유전의 상호작용에 의해 인간 형성이 가능하다고 볼 수 있다. 유전적 소질을 강조한다는 것이 결코 교육의 가능성을 부정하는 것이라고 볼 수는 없다. 소질에 따라 개인의 성장을 가능하게 한다는 점에서 교육이 소질을 무시할 수 없으며, 환경의 요소 또한 소홀히 할 수 없다. 따라서 엄선된 교육환경을 제공함으로써 개인이 타고난 유전적 소질의 계발을 조성할 수 있다는 점에서 교육은 이 두 가지의 요인을 바탕으로 가능하다고 할 수 있다.

5) 교육의 구성요소

루소(Rousseau)는 교육의 3요소를 인간, 자연, 사물로 보았다. 그러나 현대에 와서 교육의 구성요소를 주체, 객체, 매개체로 보는 경향이 지배적이다. 이러한 3요소의 상호작용에 의해 교육 행위가 이루어지는 것이다. 따라서, 교육의 구성요소인 주체·객체·매개체를 살펴보면 다음과 같다.

(1) 교육의 주체

형식적인 교육에서 주체는 교사이다. 교사는 학생을 지도하고, 조력하고, 자극하는 조성자로서의 주도적 역할을 하는 것을 의미한다. 전통적 교육에서 교육의 주체는 교사였다. 교사는 교육에 관한 계획을 수립하고 교육의 내용을 선정·조직하고 수업에서 지도하는 존재였기 때문에 교육에서 중심적 위치에 있었다. 또한 비형식적 교육의 경우 교육의 주체는 가정교육에 있어서는 부모와 형제가 될 수 있고 사회교육에 있어서는 사회인사와 사회교육단체, 매스컴 등이 될 수 있다.

하지만 이러한 견해는 아동중심의 교육을 주창하여 공감을 형성하기 시작한 루소나 페스탈로찌 이후부터 그 변화가 일어나기 시작하였다. 그리하여 오늘날에 와서는 교사를 교육의 주체라고 보지 않는다. 특히 진보주의 입장에서는 교육현장에서 학생을 중심으로 교육에 중점을 두고 교사를 안내자나 조력자의 역할 수행을 강조하게 되면서 교육의 주체가 교사라는 교육의 전통적 견해도 퇴색하게 되었다.

(2) 교육의 객체

전통적 교육에서 교육의 주체를 교사로 인식하였으므로 객체는 당연히 학생으로 보았다. 이런 관점에서 볼 때 형식적 교육에서는 교육의 객체를 학생, 비형식적 교육에서는 자녀, 청소년, 원아 등의 미성숙한 피교육자로 규정지을 수 있다. 피교육자는 교육의 대상이라는 의미에서 교육의 객체이지만 학습활동이라는 관점에서 보면 학습의 주체가 된다. 즉, 피교육자는 수동적으로 교사로부터 주입을 받는 자가 아니라 학습활동을 전개할 수 있는 가능성을 가진 자로서 적극적으로 배우고자 하는 의지를 가진 학습의 주체이다.

하지만 이와 같은 견해는 현대에 와서 달라지는 경향을 보여 교육의 구성요소 중 학생을 교육의 주체로 보고 교육환경을 교육의 객체로 본다. 이때 교육환경은 학습자와 밀접한 관계에 놓여 있는 모든 것을 말한다. 그러나 교육 환경은 주체인 학생의 성장과 발달에 결부될 때 의미로운 것이 되므로 주체의 행동 변화와 밀접한 힘의 관련성을 맺고 있는 생활공간이 되어야 한다.

(3) 매개체

교육의 주체와 객체를 연결하여 주는 매개체는 교육의 내용을 담고 있는 교재를 들 수 있다. 교육의 내용은 교재 또는 도야재로서 학생의 성장 발달을 촉진하는 수단적 가치로서 문화재와 경험적 요소를 포함한다. 하지만 넓은 의미에서 보면 교육내용은 수단적 가치가 아니라, 교육목적을 실현할 수 있는 구체적 내용물이 될 수 있다. 그러므로 교육목적에 따라 교육의 내용은 다른 모습을 띤다. 교과중심 교육과정에서의 교육내용은 교과서에 집약되어 있지만 경험중심 교육과정에서는 학습자의 교육적 환경이 교육내용이 된다.

6) 교육의 형태

교육 형태의 분류는 기준에 따라 다양하게 구분할 수 있다. 그 기준을 교육의 대상에 두었을 때는 유아교육, 아동교육, 청년교육, 성인교육으로 구분할 수 있으며, 교육의 장소에 따라서는 가정교육, 사회교육, 학교교육, 직장교육으로 구분된다. 또한 교육내용의 측면에서 보면 일반교육과 특수교육으로, 교육제도의 측면에서 보면 초등교육, 중등교육, 고등교육으로 구분할 수 있다. 그리고 교육방법의 측면에서 보면 강의식, 문답식, 문제해결식 등으로 나눌 수 있다. 의도성이나 형식의 유무에 따라 의도적 교육과 비의도적 교육으로 구분된다.

(1) 의도적 교육과 비의도적 교육

의도적 교육은 형식적 교육(formal education)이라고도 한다. 이는 교육행위자와 교육의 내용, 교육의 목적이 있으며 효과적인 목적 달성을 위해 조직적이고 계획된 형태의 교육을 말한다.

교육행위자로서의 교사와 학생이 있고, 교육행위의 장인 학교와 시설을 가지고 있으며, 교육자와 학습자의 매개물인 교육내용을 체계화한 교재가 존재하며 의도하는 목적을 가지고 목적 달성을 위해 효과적인 방법과 계획을 가지는 특징을 들 수 있다. 그런 의미에서 의도적 교육의 대표적인 형태는 학교교육이라 할 수 있다. 교육행위자 간에 의도적으로 조직된 교육내용을 매개로 하고 일정한 장소에서 의도하는 목적에 따라 계획적 · 의도적으로 행하는 의미에서 의도적 교육이라고 한다면, 교육의 목적과 교재 · 시설이 구비되어 있고 교육계획 등이 마련되어 있어서 교육에 필요한 형식 요건을 갖추고 있다는 점에서 형식적 교육이라고도 한다.

비의도적 교육은 비형식적 교육(informal education)이라고 한다. 비의도적 교육은 일정한 조직이나 형식을 갖지 않으면서도 교육의 효과가 이루어지는 것을 의미한다. 형식적 교육기관이나 의도된 교육기회와 의도된 교육내용과는 관계없이 우연적이고, 무의식적인 교육적 영향으로 교육의 효과가 나타나게 된다. 오늘날과 같이 형식적 교육기관이 발달한 상황에서도 비의도적 교육효과는 여러 가지 측면에서 개인의 발달에 많은 영향을 미치고 있다.

또한 형식적 교육에서 의도되지 않은 가치관 형성, 취미나 기호, 또는 습관 · 습성의 발달, 인간관계와 교육적 풍토에서 비형식적 교육에서 많이 이루어진다는 것이다. 이러한 관점에서 볼 때, 형식적 교육의 한계를 극복할 수 있는 중요한 해답을 비형식적 교육에서 찾을 수 있다. 하지만 비형식적 교육이 광범위한 영역에서 이루어지므로 바람직하지 못한 것을 습득할 우려도 있다. 그러므로 가르치는 사람이 의도하지 못한 내용을 습득할 수 있는 상황과 조건에 대한 통제가 필요하다.

(2) 가정교육

가정은 한 인간의 최초의 교육의 장이라 할 수 있다. 가정은 생존을 위한 의 · 식 · 주의 제공이 이루어지는 것뿐만 아니라 전인발달의 기초를 형성하는 장소이기도 하다. 즉, 가정은 장차 사회 적응을 위한 초보적인 사회화가 이루어지는 최초의 교육기관이 되는 것이다. 이렇듯 가정은 여러 가지 기능을 가지지만 자녀들의 교육적 역할이 가장 크다고 할 수 있다. 가정의 교육적 기능에 관한 보사드(Bossard)의 견해를 요약하면 다음과 같다.

첫째, 가정은 아동에게 만족감을 제공하여 안정성을 이루게 한다.

둘째, 가정은 아동의 능력을 계발하고 발달시키는 장소이다.

셋째, 아동은 자신의 인격을 인정받는다는 것을 가정 내에서 충족하므로 사회적인 인격의 기반이 이루어진다.

넷째, 아동은 지배, 복종, 협동, 대립, 경쟁 등의 인간관계를 가정에서 체험하고 사회생활에 대한 준비를 하게 된다.

다섯째, 아동은 가정에서 자기 중심적인 행동만을 하는 것이 아니고, 언제나 다른 사람과 행동하지 않으면 안 된다는 것을 익히게 된다.

여섯째, 아동은 가족 구성원과의 상호작용을 통하여 교육에 필요한 수단인 언어를 획득하게 된다.

일곱째, 아동은 가정에서의 경험을 통해 사회생활에 필요한 습관, 예의, 태도 등을 학습하게 된다.

가정교육에 있어서 중요한 관건의 하나인 부모들의 자녀에 대한 태도를 알아보기로 한다.

첫째, 민주적 태도의 경우를 들 수 있다. 민주적 태도란 자녀를 독립적 인격체로서 존중하고 관심과 이해를 가지며 자애롭게 대우하는 부모의 태도를 말한다. 이러한 부모는 자녀와 의논하고 협동하며, 자녀의 자율적인 행동을 장려한다. 이러한 부모에 의해 양육된 자녀들은 책임감과 협동심이 강하다. 그리고 자율적이고 능동적이며 타인을 존중하고 사교적인 특징을 보인다. 또한 그들은 자기 일에 성실하고 정서적으로 안정되어 있으며 명랑하다.

둘째, 과잉보호적 태도를 들 수 있다. 과잉보호적 태도란 외동아이, 허약한 아이, 신체적 결함이 있는 아이 등의 경우 부모가 지나치게 보호하고 지나친 애정을 나타내는 양육태도를 말한다. 핵가족화된 오늘날의 가정에서 많이 나타나는 유형이기도 하다. 이러한 태도하에서 자란 자녀들은 특히 독립성이 결여되어 타인에게 의지하려는 성향이 강하게 나타난다. 그리고 자기 중심적인 성격이 강하며 타인에 대한 애정이나 관심이 없고 이타심이 부족하다. 또한 소극적으로 행동하기 때문에 위험이나 모험을 허용하지 않고 사회적인 관계 형성에도 어려움을 보인다. 특히 정서적으로 불안감과 초조감이 높으며 자신감이 부족하고 어려움에 처하면 도피적인 태도를 보이기도 한다.

셋째, 거부적인 양육태도를 들 수 있다. 거부적인 양육태도는 원치 않은 자녀를 출산했거나 결혼생활에 대한 불만이나 갈등을 자녀에게 전가하는 양육태도를 말한다. 자녀를 자신에 대한 방해나 장애물로 생각하기 때문에 자녀의 요구에 냉담하거나 무관심한 태도를 보인다. 이러한 유형의 양육태도는 벌, 위협, 협박, 학대 등의 적극적인 거부를 보이거나 무시, 부정, 방임 등의 소극적인 거부를 나타내기도 한다. 이러한 부모 밑에서 자란 자녀들은 안정감과 자신감이 부족하며 무기력하고 반항적 · 공격적인 면을 보이기도 하고, 퇴행적 행동을 한다. 자녀들은 오줌싸기, 손톱 깨물기, 거짓말 등의 행동을 통해 부모로부터 거부된 관심과 애정을 충족시키기 위한 수단으로 활용한다.

넷째, 지배적인 양육태도를 들 수 있다. 지배적인 양육태도는 부모의 열등감이나 허영심 또는 가문이나 부모의 권위 때문에 자녀를 지나치게 통제하고 엄격하고 완고하게 지시하고 복종을 강요하는 양육태도를 뜻한다. 이런 경우의 자녀들은 겸손하고, 조심성이 있으며 순종적이고 수동적이다. 하지만 자주성과 독창성이 부족하며 이율배반적인 행동을 하기도 한다.

다섯째, 방임적인 양육태도를 들 수 있다. 방임적 양육태도는 부모가 자신의 일에만 몰두하며 자녀에게 관심이 없는 경우를 말한다. 이들도 자녀를 양육할 시간적인 여유와 경제적 여건이 부족한 경우에 방임적 태도를 취하게 된다. 또한 이들의 자녀들은 생활의 규범이나 질서를 잃게 되고, 애정을 갈망한다. 이로 인해 관심이나 애정을 구하려고 사회적으로 용인되지 않는 행동을 하기도 한다.

(3) 사회교육

사회교육의 개념을 넓은 의미로 볼 때 학교 이외의 모든 사회에서 행해지는 교육을 뜻하며, 좁은 의미로 보면 사회에서 행하는 의도적, 조직적인 교육활동을 뜻한다. 우리나라의 평생교육법 제2조에서는 "평생교육이란 학교의 정규교육과정을 제외한 학력보완교육, 성인 문자해득교육, 직업능력 향상교육, 인문교양교육, 문화예술교육, 시민참여교육 등을 포함하는 모든 형태의 조직적인 교육활동을 말한다"라고 정의하고 있다. 즉, 학교교육을 마친 성인을 위한 교육(adult education)으로 비형식적인 교육(informal education)의 총칭을 뜻한다.

오늘날의 사회적인 특성으로 보아 학교에서 이루어진 교육의 내용만으로는 사회변화에 적절하게 적응할 수 없다. 그러므로 사회 자체의 발전을 위해서도 제도화, 조직화로 경직된 학교라는 교육기관에 모든 것을 기대할 수 없는 실정이다. 또한 산업사회의 인적자원을 질적으로 향상시키고 노동력의 균형을 가져온다는 의미에서 재교육이 요청된다. 이러한 사회적 요구에 따라서 사회교육의 필요성이 대두된다.

사회교육 내용을 목적에 따라 분류하면 ① 자질 향상, ② 자기 충족과 건전한 사회적 관계의 증진, ③ 사회적 활동의 적극 참여를 들 수 있으며, 영역에 따라 분류하면 ① 기초 및 보충교육, ② 직업·기술·전문교육, ③ 건강·복지·가족생활교육, ④ 시민생활교육, ⑤ 자기충족교육으로 나눌 수 있다.

다음은 사회교육의 형태에 대해서 알아보기로 한다.

첫째, 단체의 형식으로 이루어지는 조직적인 사회교육이다. 보이스카우트, 걸스카우트, 흥사단, 청소년단체, 부인회, 노인회, YMCA, YWCA 등을 통한 사회교육을 들 수 있다.

둘째, 학교 확장의 형태로서 학교 시설을 사회에 개방하는 형식의 사회교육 활동을 들 수 있다. 대학 중심의 전문강좌, 초등학교를 통한 청소년 교실, 지역 문화센터 등을 말한다.

셋째, 시설에 의한 형태로서, 사회적 시설이나 설비를 중심으로 한 사회교육의 형태를 말한다. 박물관, 문화원, 청소년, 야영장, 사회복지관 등을 들 수 있다.

(4) 평생교육

교육이 요람에서 무덤에 이르기까지 이루어진다는 의미에서 평생교육(life long education)은 성인교육, 사회교육, 직업교육 등으로 불리어졌으나 1965년에 UNESCO에 의해 평생교육의 개념으로 성립되었다. 1965년 12월에 UNESCO는 랑그랑(P. Lengrand)의 논문을 기초로 UNESCO의 성인교육위원회가 제안한 평생교육의 구상을 승인하였다. 1970년 세계교육의 해 지도이념으로 평생교육을 제 창하였고, 1972년 일본에서 열린 제3차 성인교육대회에서 평생교육 개념의 채택을 권장하여 75개국 이상의 국가가 교육체제에 평생교육의 개념을 채택하였다. 우리나라에서도 헌법 제31조 5항에 "국가는 평생교육을 진흥하여야 한다"고 규정하고 있다.

산업사회의 성격을 띤 현대에 와서 평생교육이 더욱 요청되는데 랑그랑은 그 필요성을 다음과 같이 지적하였다

① 급속한 사회변화
② 과학적 지식과 기술의 발달
③ 민주화를 위한 정치적 도전
④ 매스컴의 발달과 정보의 급증
⑤ 경제적 수준의 향상과 여가의 증대
⑥ 생활양식과 인간관계의 균형 상실

⑦ 이데올로기의 위기

평생교육의 필요성은 다음과 같이 요약할 수 있다. 첫째, 현대적 도전과 위기의 극복을 위해 필요하다. 지식과 기술의 폭발적 증가와 노후화가 이루어지고 있으며 사회의 변화, 세대간 의생활양식과 태도의 격차를 극복하기 위해서 평생교육이 필요하다고 볼 수 있다. 둘째, 학교교육의 기능 상실을 들 수 있다. 크로폴리(Cropley)와 다베(Dave)의 견해에 따르면, 전통적인 학교교육의 결함으로서 일정한 연령에 국한되어 있다는 점, 사실에 관한 지식에 편중되어 있다는 점, 학교 출석을 지나치게 강조한다는 점, 교육과 생활이 유리되어 있다는 점을 지적하고 있다. 이러한 학교교육의 기능의 미비점을 극복하고 개선하기 위해 평생교육이 필요하다.

다음은 평생교육의 특징을 알아보기로 한다.

첫째, 모든 교육기관의 통합 또는 상호 협조를 필요로 한다. 평생교육은 가정, 학교, 사회, 산업체, 종교단체 등에서 계획하는 모든 교육의 상호 협조와 조정을 필요로 한다.

둘째, 연령의 제한과 장소의 제한을 받지 않는다.

셋째, 통합적 체제 속에서 재편성된다. 학교교육뿐만 아니라 사회교육, 가정교육 등 인간의 성장을 다루는 모든 교육을 통합적으로 재편성하는 것이다.

넷째, 학습자의 필요와 요구를 충족시키는 방향으로 구성되어야 한다.

다섯째, 자율학습을 강조한다. 전통적 교육에서는 교수자 중심의 학습이 주된 교육의 형태였으나 평생교육에 있어서는 학습자의 자율적 학습을 강조한다.

여섯째, 평생교육은 일반교육과 전문교육의 조화를 강조한다. 인문교양적인 일반교육과 특수한 기술을 위한 전문교육의 적절한 조화를 추구한다.

2. 교육의 목적

1) 목적 설정 시 고려할 사항

교육은 실천적이며 유목적적인 활동이다. 이에 따라 교육의 목적을 결정하려는 노력이 많은 학자에 의해서 시도되었다. 웨슬리(Wesley)는 교육목적을 결정하는데 있어 다음과 같은 네 가지 원리를 들고 있다.

- 교육목표는 사회 또는 적어도 교육에 관련된 사람들에게서 인정을 받아야 한다.
- 교육목표는 수업을 통해서 신속하게 달성할 수 있는 것이어야 한다.
- 교육목표는 교수자와 학생이 다룰 수 있는 활동을 제시하여야 한다.
- 교육목적은 교육경영자에 의해서 실제적으로 받아들이고 이해되어야 한다.

교육의 목적을 설정할 때에는 이러한 점을 고려하여야 하며, 또한 교육목적을 고찰할 때 이런 점을 감안하여 살피도록 한다.

2) 여러 가지 교육목적

교육목적은 철학적, 시대적 관점에 따라 다르며 나름대로 정당화될 수 있다. 따라서 본 장에서는 교육의 목적을 시대적 변천에 따라 고찰한 브루바커

(Brubacher)의 관점을 중심으로 살펴보고자 한다.

(1) 문화보존

원시시대에 주로 이루어졌던 교육의 방식은 대부분이 비형식적인 교육이었다. 교육의 내용으로는 과거부터 전해 내려오는 문화에 대한 유지와 계승, 성인으로서 가져야 할 사회적 기술과 같은 것이 대부분이었다. 다시 말해 고대 원시사회에서는 그 사회의 문화를 보존하고 계승하는 것이 교육의 주된 목적이었다. 이는 사회 경험을 통해 이루어진 문화자본을 계승, 보존하는 것이라 할 수 있다.

사회 경험의 정립된 자본을 영속화하고 보존하는 것이다. 사실 사회적 생존은 보존자에 달려 있으며, 고대 문명에서도 그들의 교육목적은 명백하게 보존적이었다. 즉 고대 중국 문화는 거의 정적인 사회질서의 영속화를 목적으로 하는 교육의 전형적 표본이 되어 왔다. 중국 과거제도에는 총과 대포로써 전쟁을 하는 때에도 관리의 선발에 궁술시험을 치르는 등 비진보적인 것이 오랫동안 남아 있었다. 결과적으로 성인 활동에 참가를 위한 준비로서가 아니라 교육 그 자체를 위한 것이었다. 수세기 동안 중국에서 이상적으로 교육받은 사람은 학자였고 그들의 대부분도 관리가 되었다.

고대 인도에서도 중국이 집착했던 보존적인 교육목적을 그 터전에 두고서 취하였다. 인도인은 대개 개인의 주체성(특성)이 보편적인 세계정신에 침잠된 이기심이 없는 상태인 열반을 추구했다. 이것이 생활의 이상이었기 때문에 교육은 인내, 순종, 유순 등을 개발하는 것을 목적으로 했다. 동방지역인 인도는 애국심, 경제적인 번영, 사회적 진보 같은 서양의 사회적 교육목적이나 야망, 개인적인 책임과 자립과 같은 개인적 목적 등에 관해 관심을 보이지 않았다.

초기 그리스 문명은 동방의 특색인 보존적인 영향의 일부를 반영하였다. 예를 들면, 스파르타의 교육목적은 엄격한 관습의 보존에 있었다. 스파르타에서 사회적 생존은 그들을 둘러싸고 있는 속국의 국민들을 계속해서 지배할 수 있는 군사 능력에 주로 의존하였다. 교육체제의 주요 목적은 용기, 인내, 권력자에 대한 복종과 존경, 애국심과 국가에 대한 충성과 같은 군사적 덕목이었다. 자비, 동정, 관대 같은 정서는 교육목적으로서 배제되었다.

(2) 시민 양성

그리스 도시국가인 아테네에서 처음으로 보존적인 교육목적뿐만 아니라 진보적인 목적이 나타났다. 아테네인들은 페르시아와의 전쟁을 성공적으로 끝낸 후, 개인이 자기 자신의 교육목적을 추구하는 것을 묵시적으로 허용할 수 있을 정도로 경제적, 정치적인 안정을 가져왔기에 이러한 진전을 볼 수 있었다.

아테네의 교육목적은 심미적인 균형을 추구한 점에 있어서도 그 특성을 보이고 있었다. 그들의 전성기까지는 어떤 한민족 이상으로, 그리고 그들의 전성기 이래로 많은 민족들 이상으로 교육의 모든 분야에서 조화를 목적으로 하였다. 한편, 그들은 신체적, 도덕적, 지적 그리고 심미적 능력이 조화있게 발달된 이상적인 개인을 추구하면서 또 한편으로는 어떤 좁은 분야에 전문화나 지나친 발달을 막았다. 그리스 교육이상의 구체적인 실현은 시민이다. 훌륭한 시민이란 그의 모든 능력이 조화롭게 발달한 사람을 말하며, 더욱이 그 훌륭한 시민은 '지나치지 않게'라는 그리스의 의미에 맞게 좋은 시민의 자격, 즉 절제력 있고, 용감하고, 관대함과 같은 덕목들을 배우기를 원했다. 또한 자아통제를 계발하는 것을 목적으로 했다.

플라톤(B.C. 428~348)은 『공화국』에서 시민을 기능인, 무사, 철학자(혹은 수호자)의 3등급으로 구분하였다. 각 계급은 도시국가를 만드는 데 독특한 임무를 가지고 있었기 때문에 각기 교육목적들이 달랐다. 수호자의 교육목적은 형이상학적인 진(眞)과 선(善)이 아닌 강력한 국가 통치자 양성이다. 그것 때문에 어떤 이는 철학자(수호자)가 그리스 교육의 이상이라고 생각해 왔다.

아리스토텔레스(B.C. 386~322)는 시민의 교육적 이상(理想)을 보다 일반적인 용어로 나타냈다. 그에게 있어서 시민이란 주로 자유인이었다. 자유인이 되기 위해서는 두 가지, 즉 정치적이고 경제적인 측면을 중요하게 여겼다. 정치적 측면에서 자유민은 병역에 종사하고, 투표하고, 공무를 수행하였고, 경제적 측면에서 자유민은 노예가 하는 천한 일을 할 필요가 없었다. 자유민에게 알맞은 교육목적은 교양교육이다. 교양교육의 독특한 목적은 지력(知力)의 계발이다. 이는 지능과 이성이 야수와 구별 짓게 하는 인간의 독특한 것이기 때문이다. 교양교육의 이상을 따름으로써 인간은 가장 훌륭한 시민의 자격과 대부분 자기 실현과 인생의 주된 목적인 행복을 얻을 수 있다.

초기 로마 문화에서의 교육목적은 이상적인 시민이었다. 시민의 자질을 그 구성 요소로 나눔으로써 로마인들은 젊은이들에게 굳센 의지, 동기, 신에 대한 존경, 자제, 위엄, 절제, 정의의 덕목을 가르쳤다. 그리스인들의 교육은 다양한 방면의 미적 균형에 관심을 두는 반면, 로마인들은 시민생활의 성공적인 운영을 위해 정치적인 현실이 요구하는 것에 더 관심을 두었다.

(3) 구원

유대 기독교의 전통은 종교적이고 초자연적인 것을 목적으로 제시하고 있다. 사람을 보다 기독교인답게 만드는 것이 기독교 교육의 주된 교육목적이 되었다. 중세의 수도원 생활에서 내세에 대한 교육의 이상이 가장 잘 구현된다. 베네딕트 같은 수도원에 의지하는 사람들은 영혼의 구원에 주로 주안점을 두었다. 왜냐하면 구원의 유형이 세속적인 물질욕망의 거부에 있었기 때문에 교육목적은 금욕이었다. 도덕적이고 정신적인 재능의 발달에 육체적인 성질을 단련하는 방법을 많이 창안해 냈다.

중세 말기에 이르면, 사회뿐만 아니라 개인의 갱생이 수도원의 목적이 되었다. 또한, 그리스 철학이 기독교 교리를 옹호하는 데 동원되기도 하였다. 이런 활동을 위해서 교육 목적들은 사람들을 훈육시키는 것으로 확대되었다. 마음과 육체 훈련이 주된 목적이 되었으며, 토마스 아퀴나스(1225~1274)는 교육목적을 도덕적이고 지적인 덕의 함양을 통해서 행복을 얻는 데 있다고 주장했다.

(4) 신하 양성

10세기에 와서 새롭고 현세적인 교육목적이 나타났다. 이는 '인문주의'교육이 나타난 시기부터이다. 에라스무스(1466~1536)는 교육의 주된 기능은 첫째, 자애로운 정신은 경건에서 얻을 수 있으며, 둘째, 문학작품을 통하여 사랑하고 배울 수 있을 것이며, 셋째, 인생의 의무에 관해서 알 수 있을 것이며, 넷째, '일찍 아동기부터 공손한 태도를 습관화할 수 있을 것이다'라고 하였다. 여기서, 교육목적은 그리스 · 로마의 교양교육과 영원한 구원의 기독교 교육의 목적 및 기사도의 규범을 포함하고 있음을 알 수 있다.

르네상스 인문주의적 교육이상은 훌륭한 신하를 양성하는 데 있었다. 정치적 권력이 궁정관리 지도자에게 있었기 때문에 그러한 지도자의 교육에 있어서 통제해야 할 목적이 필요했다. 그래서 그들은 법률이나 수사학의 훈련이 필요했으며 항상 전시에 통솔권이 있었기 때문에 신체적인 건강을 유지하기 위해서 수영, 레슬링, 펜싱, 승마 같은 것을 수업해야 했고 법정에서는 위엄과 우아스러운 예절을 나타내야 했다.

영국 작가인 다니엘 데포우(1660~1731)는 "우리는 예의 바른 학자와 우수한 학자 사이를 구분해야만 한다. 전자는 신사이며 어떤 인간이 되어야 한다고 하는데 반해 후자는 단지 책과 문자로 채워진 말을 하지만, 문체는 없고 의미가 없는 학습은 있으나, 예절은 없는 사람이다"고 하여, 공손한 예절은 미래의 궁정 신하의 부족한 지적측면을 면제해 줄 수 있다고 보았다.

독일의 루터(1483~1546)는 "시민의 질서와 가정의 적절한 질서유지를 위해서는 사회는 능숙하고 훈련이 잘된 남녀들을 필요로 한다"고 하였다.

이러한 교육목적은 미국의 초기 식민지 개척정신에 큰 영향을 미쳤다. 식민지 학교 설립의 기초가 되었을 뿐 아니라 초기 국민공문서가 초안될 때인 1787년의 법령에도 반영되었다. "종교, 도덕과 지식이 국민의 행복과 훌륭한 정부에 필요하기 때문에 교육의 수단과 학교들은 영원히 발전되어야 한다"고 나타나 있다.

(5) 지식 및 정신훈련

베이컨(1214~1294)과 코메니우스(1592~1670)는 범지식적인 것을 교육의 목적으로 주장했다. 범지식 체계의 목적은 지식의 전부를 교육의 영역으로 택했다. 과학의 발전으로 말미암아 지식은 체계화되고 전문화되었다. 그것은 인간 지식의 영역을 확대했다. 과학은 지식 영역, 지식 전부를 정복할 수 있었던 어떤 인간의 능력 이상으로 확장시켰다.

루소(1721~1778)에게 있어 교육의 목적이란 마음을 지식으로 채우는 것이 아니라 필요할 때 지식을 획득하는 방법을 가르치는 것이라 했다. 이는 지식 자체보다 지식 습득 방법으로써 정신훈련이 중요함을 나타낸다. 교육이란 지식이나 정보를 축적하는 것이라기보다는 마음의 분석적이고 조직적인 능력들을 계발하고 단련하는 것이다. 이러한 능력들은 열의만 있으면 어떠한 인간의 지식으로도 변이될 수 있는 것이다.

로크(1632~1704)는 '교육에 있어서 목적으로 제시될 수 있는 확고하고 가치있는 부분은 절대적인 덕인 것이지, 뻔뻔스런 건방짐이나 농간을 부리는 사소한 기계이어서는 안된다. 달성되지 않는 한 다른 목표 달성은 당연히 연기되어야 하는 것이다'라고 한 바, 정신훈련을 강조하고 있다.

(6) 귀족적인 교육목적과 민주주의적인 교육목적

18세기의 프랑스에서는 다른 교육목적을 취했다. 즉, 신사(galanthomne)가 그것이다. 라틴문학에 열렬하게 매진하지 않았고, 또한 이 시기의 신사들은 그 시대 의모국어로 된 문학작품에 친숙해지는 것을 바랐으며, 모국어로 된 문학을 통해서 유창하게 자기 자신을 나타내고 세련되게 보이길 바랐다. 따라서 교육목적은 객실에서 우아하게 행동하고, 용감하게 그리고 훌륭한 업적으로 그 나라의 군사적이고 시민적인 일에 봉사하는 것이었다. 그러나 이와 같은 교육목적은 상류사회에서 주로 이루어졌다. 왜냐하면 읽고 쓰는 능력에 근거를 둔 형식교육을 하려 하거나 그것을 유용하게 하려 할 때 필요한 경제적인 부나 정치적인 힘을 가진 사람들은 단지 상류사회였기 때문이다.

18세기 말에 산업혁명, 정치적인 혁명, 민족주의 등의 사회적 변화로 말미암아 상류계층의 전유물이던 교육이 일반대중까지 확대되었다. 이에 대한 콩도르세(Condorcet, 1743~1794)는 교육목적을 다음과 같이 기술했다. 첫째, '교육은 인류의 모두에게 그들의 욕구를 제공할 수단을, 복지를 보증할 그들의 권리를 행사하고 알게 하며, 그들의 의무를 다하고 이해하게 하는 수단을 제공해 주는 것이다.' 둘째, 목적은 개인적인 것으로 '자신의 기술을 완전케 하는 재주를 획득케 하고, 자신의 권리라고 불리는 사회 기능 등을 할 수 있게 하고, 천성이 그에게 준 그 재능 등을 완전하게 개발시키는 것, 즉 시민들 사이에 평등을 이룩하고 법률에 의해 안정된 정치적 평등을 만드는 것이다.' 셋째는 사회적 목적인데, '산업을 완전하게 하는 것이 시민들 대부분의 기쁨을 증가시키는 것이 되고, 그들 자신의 그러한 기쁨에 헌신하는 사람의 복지를 증진시키는 것이라고 지도하는 것이다.' 대부분의 사람이 사회에 필요한 기능들을 단련시킬 수 있고, 계몽의 끊임없는 진보가 우리의 욕구에 있어서 지칠 줄 모르는 도움의 원천을 제공하고, 또한 나쁜 것에 대한 구제책과 일반적 번영과 개인의 행복의 수단을 제공하는 근원을 제공하는 것이다. 마지막으로, 간단하게 모든 다른 사회기관처럼 '교육의 목적은 각 세대에서 육체적이고, 지적이고, 도덕적인 능력을 개발하여 인간의 점진적이고 일반적인 진보에 공헌하는 것이다.' 여기에서 모든 인간이 주체가 되는 보통교육이 나타남을 알 수 있다.

(7) 조화로운 자기 발달

근세에 이르러 교육목적은 좀더 전문적이고 인간을 위한 목적으로 제안되었다. 교육목적으로서 사회적 개혁은 사회적인 용어로서보다 개인적인 것으로 진술되어야만 한다는 것이 당시 지배적이었다. 이는 사회제도의 변경에 의해서 외부로부터 개인을 변화시키는 대신에 개인의 충동과 본래의 본능에 자유로운 역할을 주는 것으로서 제도들은 만들어져야 한다는 주장으로 이어졌다. 따라서 교육의 목적은 자연은 근본적으로 선하다는 가정하에 인간의 본성을 자발적으로 개발시키도록 해야 한다는 것이다.

칸트(1724~1804)는 아동들은 현재 조건에 관해서가 아니라 가능한 인류의 미래를 개선하는 데 관심을 가지고 교육되어야 한다고 주장했다. 그리고 부모들은 가정을 위해, 군주는 나라를 위해 사전에 배려를 해야 한다. 궁극적인 목적으로서 세계의 선과 인간의 의도하는 것에 대한 완전함과 또 인간 역시 그러한 자격을 구비하고 있는 것에 대한 완벽함을 그들은 내세울 수 없다'고 하여 이상주의적 관점을 나타내고 있다.

페스탈로찌(1746~1827)는 '교육의 궁극적인 목적은 학교에서 기술을 습득하는 것에 있는 것이 아니라 인생에 대한 적합함에 있고, 맹목적인 복종과 규정된 성실 습관의 습득이 아니라 독립된 행동을 위한 준비이다'라고 말하며 독립심을 성취하기 위해서 교육의 목적은 이러한 모든 능력의 조화로운 발달에 있어야 한다고 주장했다.

(8) 완전한 생활

19세기 중엽, 영국의 스펜서(Spencer, 1820~1903)는 개인과 사회에 대한 목적들을 배열하였다. 첫째, 교육은 자기 보존의 기술을 가르치는 것을 목표로 해야 한다. 둘째, 생을 어떻게 영위해 나가는가를 가르쳐야 한다. 셋째, 아동의 양육과 태도에 대한 지식을 가르침으로 해서 생존을 안전하게 해야 한다. 넷째, 교육은 사람을 사회적이고, 특히 정치적인 직책에 맞게 해야 한다. 끝으로, 그의 선배들은 이 목적을 제일로 주장했지만 교육은 예술, 문학과 같은 문화의 세련됨을 즐길 수 있도록 해야 한다는 것이다.

미국에서는 1918년 미국교육협회(NEA)에 의해 제정된 중등교육의 7대 기본원칙들이 있다. 원래는 중등학교를 위해서만 착상되었던 이 원칙들과 목적들은 잘 선택되어 모든 학교에 추천되어 지식 그 자체를 위한 정신도야, 조화로운 자기 발달과 같은 전통적인 교육목적을 찾으려고 했다.

미국인의 생활은 7가지 분야로 나누어진다. 이 분류에 따르면, 교육은 건강, 기본적인 과정의 통제력, 가정의 지위, 직업, 시민권과 여가, 윤리적인 것을 위한 준비가 되어야 한다.

(9) 객관적인 교육목적의 진술

교육자들은 교육목적들의 결정에 보다 객관성과 신뢰성을 두기 위해 과학에 관심을 돌렸다. 과학으로부터 여러 가지 기술들을 빌어왔는데, 그중 하나가 필연적으로 설정되어야 하는 교육목적들이란 무엇인가를 판단하는 데 있어서 전문가나 자격이 있는 사람들의 동의를 얻는 것이고, 또 하나는 생활에서 자주 일어나는 요소들의 통제적인 설명과 그것들을 교육목적으로 세우려는 시도이다. 대표적으로 현재의 생활행동의 직업 분석을 하여, 교육목적들의 구성요소를 확립하는 것이다. 가장 유명한 직업 분석, 즉 활동 분석을 보비트(Bobbitt, 1876~1956)와 차터스(Charters, 1876~1952)에 의해서 행해졌다. 보비트는 완전한 생활을 위해 필요한 분야를 종교에 대한 것 하나를 포함해서 10개로 확장하였다. 그는 지금까지의 교육 목적들은 너무 일반적이어서 효과적인 교수 방향 등을 기술할 수 없다고 했다. 결과적으로 분석에 의해서 그들은 넓은 교육목적들을 구성요소로 나누었다. 예를 들면, 훌륭한 시민정신을 친절한 이웃, 성실한 투표자, 근심스러운 부모와 같이 구체적인 목적으로 구분할 수 있을 것이다. 특히 이러한 범주들은 그의 10가지 분야를 수백 개의 구체적 분류를 할 때까지 더욱 분화되었다.

그러나 과학적인 교육목적 결정은 교육철학자인 보데(Bode, 1873~1953)에 의해 크게 반발을 사게 되었다. 보데는 과학은 교육목적들을 결정하는 데 일익을 담당할 수 없다고 했다. 또한 교육목적은 사회에서 아동이나 성인이 원하는 것이 무엇인가로 결정되는 것이 아니라 그들이 무엇을 원하는가로 결정되어져야 한다고 주장했다.

(10) 현대의 교육목적

1920년대의 진보주의 교육은 아동중심주의 교육목적을 정했다. 진보주의자들은 교육목적의 형태를 개인의 독특함과 자신이 속해 있는 교육적 환경에서 추출한다. 진보주의 교육목적에 가장 영향을 끼친 학자는 듀이(Dewey, 1859~1952)다. 총체적인 교육목적에 관한 원리는 삼단논법으로 진술될 수 있다. 모든 교육은 성장(growth)을 포함하며, '한층 더 나은 성장을 제외시킨다면 성장이 비교될 수 있는 근거는 없어지고, 또 더 나은 교육을 제외시켜 버린다면 교육이 종속될 곳은 없어지기 때문이다.' 듀이가 다른 말로써 표현한 것처럼 '교육과정은 그것 자체를 넘어선 목적을 가지고 있지 못하다. 즉 교육과정이 목적이다.'라고 주장하였다. 하지만 이러한 듀이의 주장에도 불구하고 진보주의 교육목적에 대한 강력한 반발이 1920년대 말부터 나타났다. 카운츠(Counts)는 진보주의자는 아동중심주의 교육목적과 자유방임적 개인주의보다는 집단주의에 집중하는 새로운 사회질서를 세우는 교육이상을 포함해야 한다고 했다. 비록 많은 진보주의자들이 그의 집단주의에 공감하지는 않았지만, 교육에 있어서 사회적 필요성이 그 시대에는 요구된다는 것을 인정했다.

호온(Horne, 1874~1946)은 교육목적으로서 '성장'을 비판했다. 성장은 그것이 진행되는 한 좋은 목적이라는 것을 인정하지만 그것만으로는 충분하지 못하다는 것이다. 성장은 좋을 수도 나쁠 수도 있다. 그래서 이 목적을 완전히 받아들이기 전에 어떤 방향으로 성장이 취해질 것인가를 알아야만 했다.

한편, 아리스토텔레스적이고 토미스트적인 교육철학의 재주장은 교육목적들에서 진보주의 교육에서 결핍된 것을 발견한 사람에게 방향의 확실성을 제공해 주었다. 아들러(Adler)는 도덕적이고 지적인 덕의 실천을 통해서 행복을 추구하는 것이 교육의 주된 목적이라고 주장했다. 또한 그는 '교육목적은 모든 사람에게 똑같아야 한다'라고 했다.

3) 우리나라의 교육목적

(1) 시대별 교육목적

고대사회에서는 정교일치에 의한 종교의식의 교육이었고, 외적의 방어와 생계를 유지하기 위한 무술교육, 생산교육이었다. 교육목적은 천신, 일월신 등을 향한 원시신앙을 통하여 안전유지와 생활수단의 전달이라 할 수 있다.

삼국시대의 교육은 주로 치자(治者)와 무인계급의 교육이었다. 치자계급의 교육은 군주를 섬기고 민중을 다스리는 것으로서 봉건질서를 확립하는 것을 목적으로 하고 있었다. 고구려 소수림왕 2년(A.D. 372)에 태학을 세우고, 경당을 세워 치자 계급의 교육을 담당했다.

통일신라의 교육은 화랑도의 교육으로 집약된다. 화랑도의 근본사상은 세속오계에 그 덕목이 나타나 있다. 즉 사군이충으로 '충'을, 사친이효로 '효'를, 교우이신으로 '신'을, 임전무퇴로 '용'을, 살생유택으로 '인'을 강조했다. 이에 의한 청소년의 교육은 용감한 군인과 인재육성을 도모하여 평시에는 사회의 인재양성을 위한 수양단체로, 전시에는 용맹한 군대로 활동하였고, 도덕교육을 목적으로 하여 윗사람으로서 겸손하며 남의 아래에 앉고, 부유한 사람으로서 검소하고, 권세 있는 사람으로서 위세를 부리지 않는 것을 목적으로 하였다.

고려시대 교육은 학교기관과 과거제도로 대별하여 제도화되었는데 학교기관으로는 성종 11년(A.D. 992)에 창설된 국자감에서 7재(예종 4년 역, 서, 시, 주례, 대례, 춘추, 무학)에 의한 문무교육을 장려하였다. 역사상 유명한 사학인 십이도는 최충에서 비롯된 것으로 과거에 응하려는 사람을 주로 과거 준비와 일반교양을 높이는 목적에서 설치되었다. 사설교육기관이었던 서당은 서민의 도덕교육과 교화에 주목적을 둔 것으로 매우 발달하였다. 고려의 이와 같은 교육기관과 과거제도는 주로 유교사상에 교육목적의 기반을 두고 있었으나, 국가나 일반민중의 사회에는 불교사상이 의식의 주류를 이루고 있었다. 불교에 있어서는 지식 획득보다는 정신적인 수양과 더 원숙한 자아실현을 위한 수도에 비중을 크게 두고 있었다. 고려 후반기에 민간 사상으로서 우세하였던 불교사상은 정신적 자유와 신앙심의 개발을 목적으로 하였으며, 이것이 자아의 발견과 주체성의 확립을 지향함으로써 한민족 고유의 문화를 만개시켰다.

조선사회의 교육에 있어서는 유교사상이 강력하게 지배하였다. 조선시대에 들어와서 유학은 성리학(주자학)으로 발전하였고, 이에 의하여 성립한 교육목적은 윤리 도덕에 중점을 두는 선인(군자, 선비)의 양성을 도모하였으며 성현의 경지에 도달하는 것이 교육의 목적이 되었다. 유교교육의 목적은 결국 인간존중의 사상과 인격 완성에 큰 비중을 두고 있었다. 조선 후기에는 실학사상이 들어와 실사구시를 목적으로 하였으나, 성리학의 깊은 뿌리에 눌려 크게 발달하지는 못하였다. 조선 말기에 이르러 근대 학교의 성립과 교육의 보편화로 인해, 교육목적도 실용의 현대적인 성격을 띠어 갔다. 1910년 이후에는 식민통치에 유리한 일본의 각종 교육목적에 억눌리고 말았다. 광복 이후에 현대적인 의미의 교육목적이 정립되었다고 할 수 있다. 광복 초기에는 미국의 교육이 '새 교육'이라는 이름으로 소개되었으나, 무엇보다도 시급한 문제는 일제 식민지 교육의 잔재를 속히 씻어버리고 우리나라 교육의 목표와 방향을 결정하는 일이었다. 이와 같은 현실적 국가적 요청에 즈음하여 각계의 권위자로 구성된 교육심의회에서 그 이념을 민주주의 이념으로 하고 교육방법으로 아동중심의 학습지도와 의무교육 철저, 교육의 기회 균등 등 교육 계획을 수립하였다.

(2) 교육법에 나타난 교육목적

우리나라 교육기본법 제2조에 따르면 교육은 홍익인간(弘益人間)의 이념 아래 모든 국민으로 하여금 인격을 도야(陶冶)하고 자주적 생활능력과 민주시민으로서 필요한 자질을 갖추게 함으로써 인간다운 삶을 영위하게 하고 민주국가의 발전과 인류공영(人類共榮)의 이상을 실현하는 데에 이바지하게 함을 목적으로 한다라고 명시되어 있다. 우리나라 교육의 일반적 목표는 다음과 같이 요약해 볼 수 있다.

- 민족적 국가적인 세계관에 의한 교육
- 국민적 인격 완성을 위한 교육
- 민주적 생활능력을 배양하는 교육
- 민주국가사회에의 봉사를 위한 공민교육
- 인류공영을 위한 세계시민의 일원으로서의 교육

우리가 길러야 할 교육적 인간상은 홍익인간이다. 이 홍익인간이 바로 우리나라 교육의 기본이념이요, 기본이상(방향)인 것이다. 홍익인간이란 글자 그대로 널리 인간을 이롭게 한다는 뜻으로 이기인(利己人)이 아닌 자기 희생적이며 이타정신(利他精神)이 강한 봉사인을 말한다.

C/H/A/P/T/E/R

02

서양 교육의 역사적 기초

1. 그리스 시대의 교육

1) 그리스 시대의 특징

고대 그리스 시대는 서양 문화의 정신적 고향으로 현대 서양 문화의 근간을 이루는 철학, 과학, 예술, 정치 등의 기반을 제공하는 사상적 위치를 점한다. 그리스 사상의 특징은 다음과 같이 요약된다.

첫째, 그리스는 인간을 가장 중요한 가치로 설정한 인간중심 사회였다. 이는 그리스 신화를 통하여 확인할 수 있다. 즉 그리스 신화에 나타나는 다양한 신의 모습은 현실의 인간 삶의 모습을 표현한 것이라고 볼 수 있다. 다양한 신의 모습을 인간의 인격을 지닌 모습으로 상징화하는 신인동형설(anthropomorphism)에 해당하는 것으로 프로메테우스적 인본주의(Promethean humanism)의 표현이라 볼 수있다(Beck, 1965: 3-6).

둘째, 그리스 사회는 이성적 사고의 균형을 의미하는 로고스와 신체적 건강과 아름다움의 가치를 모두 중요시하는 조화와 균형을 강조한 시대이다. 로고스로 표현되는 사고의 균형은 합리적인 사고를 의미하며 이는 도덕, 철학, 교육의 선험적 가치를 이루는 중요한 원리이다. 초기의 그리스인들은 개인주의와 국가주의의 균형, 인간 능력의 조화, 인간 정신과 신체의 조화를 강조하였다(정호표, 김병희, 2002: 16).

셋째, 계급제도를 중심으로 한 귀족중심의 사회로 현세중심적 가치를 지향한다. 그리스 사회는 초월적이거나 영적인 힘에 의지하기보다는 현세의 만족을 중요한 가치로 본다. 따라서 신앙을 중시하는 헤브라이즘(Hebraism)보다 이성을 중시하는 헬레니즘(Hellenism)이 더욱 중요하다. 다양한 도시국가별로 차이는 있지만 귀족과 정치인을 기반으로 한 통치계급과 경제적 생산 기능을 담당하는 피지배계급으로 분화된 계급사회였다.

넷째, 그리스는 지중해 인근에 위치한 지리적 조건에 힘입어 다양한 문화권의 나라들과 교류를 통하여 문화적 용광로(melting pot)의 역할을 수행했다.

이상에서 설명한 그리스 사회의 다양한 사상적 특징은 그리스 교육에 반영되어 그리스의 정신을 가장 잘 표현할 수 있는 방향으로 교육이 구성되었다.

2) 그리스 시대의 교육

인간중심적 특징을 지닌 그리스 시대는 기원전 1200년경 아리안족에 의해 형성된 그리스 문화를 바탕으로 전개된다. 그리스 시대는 지혜와 행동이 겸비된 전인을 키워내는 데 교육목표가 있다. 당시 교육은 귀족계급을 위한 것이었기 때문에 이들로 하여금 개인적 탁월성을 지니게 하는 것이 교육의 이상이었다. 그리스 시대의 교육적 이상으로 호머의 소설 『일리아드(Iliad)와 오딧세이(Odyssey)』에 나타난 인간상을 설정하고 있다. 호머가 묘사한 바람직한 인간은 일리아드에 나타난 아킬레스(Achilles)와 오딧세이에 나타난 오딧세우스를 모델로 삼는다. 전자는 행동, 용기, 인내, 절제 등의 실천적 덕목을 지닌 인간이다. 후자는 지혜, 안목, 통찰, 문제해결 등의 지적 덕목을 겸비한 인간이다. 이는 그리스 시대 지배계급으로서 가져야 할 덕목을 대변한다. 이러한 문무 겸비의 인간상은 서양 교육의 대표적인 목적으로 기능하게 된다. 따라서 서양의 교육은 문무를 겸비한 이성적 신사 양성에 그 목적을 둔다.

교육사상사의 측면에서 의미 있는 그리스의 교육은 현대 교육의 시초라 할 수 있는 아테네와 스파르타의 교육으로 구분하여 설명할 수 있다. 고대 그리스의 교육은 다양한 교육을 위한 이론들 중 가장 기본이 되는 '자유로서의 교육'과 '조형으로서의 교육'의 두 가지 모델을 제시한다. 이는 이상적 교육 환경의 조성을 강조한 아테네의 교육과 단련 중심의 주형 모델을 강조하는 스파르타의 모델로 설명할 수 있다. 먼저 자유로운 인간성의 계발을 목적으로 한 아테네의 교육을 살펴보자.

(1) 아테네의 교육

아테네는 이오니아족이 솔론법을 기초로 세운 도시국가로 이들의 교육은 인간의 다양한 능력을 조화롭게 발전시키는 것을 목적으로 한다. 구체적으로 아테네는 조화롭고 균형잡힌 인간의 양성이 교육목적이기에 이에 따른 교육은 자유로운 시민을 양성하기 위한 교양교육(liberal education)이 중심이 된다. 이러한 이념을 표현한 솔론법에 나타난 교육 조항을 살펴보면 다음과 같다.

① 모든 아테네 시민은 아들에게 체조와 음악을 교육시킬 의무를 지닌다. 이 법을 위반하는 자는 비난을 받는다.

② 학교는 해가 뜨기 전에 문을 열어서는 안 된다. 그리고 해가 지면 모든 학교는 문을 닫아야 한다.

③ 어린이가 학교에 있는 동안은 학교에 들어가면 안 된다. 이 규정을 위반하는 자는 사형에 처한다.

④ 노예소년은 김나지움에 있을 수 없다. 또한 체조하는 것을 금한다(김옥연, 1996: 25).

이 법 조항들에 따르면 아테네의 교육은 귀족 남아에게 한정되었으며, 학교는 일반인의 접근이 통제된 매우 제한된 환경이었음을 알 수 있다. 아테네의 자유시민이 되기 위한 기본적인 소양은 교육을 통하여 형성된다. 아테네 교육의 특징을 살펴보면 다음과 같다.

첫째, 아테네의 교육은 유년기의 정서적 교감의 중요성을 강조한다. 아테네의 교육에서 유년기를 위한 특별한 고려나 형식적인 학교의 흔적은 찾을 수 없다.

그러나 그리스의 수준 높은 문화와 예술, 철학적 분위기는 아테네의 유아들이 올바른 인격체로 성장하는 좋은 환경을 제공하였음은 충분히 짐작할 수 있다. 신화의 전승을 기반으로 한 시적인 인간존중 사상과 어머니의 무릎학교를 통한 정서적 공감 등을 고려할 때 정서적 측면의 예감 넘치는 생활이 가능했음을 볼 수 있다.

둘째, 아테네는 유희를 통한 교육의 중요성을 강조한다. 일반적으로 유년기의 인격형성(paideia)은 다양한 유희(paidia)를 통하여 체득된다. 현대 교육에서 유희의 중요성은 별다른 설명이 필요없는 중요한 사실로 수용된다. 아테네 교육의 중요한 특징은 다양한 유희를 통한 인격 형성을 시도한다는 점이다.

셋째, 아테네는 교육을 통한 조화로운 인간성 계발을 강조한다. 아테네의 아동은 신화와 서사를 접하며 그 속에 담긴 인간의 다양한 모습을 상상하며 꿈을 키웠다. 다양한 서사를 통한 상상력의 신장과 창의적 사고의 중요성은 현대 교육의 중요한 연구 주제이기도 하다. 아테네의 아동들은 아이소포스의 동화 속에 나타난 다양한 사물과 동물을 상상하고 인간과의 조화로운 관계를 학습하며 자라났다.

이와 같이 아테네의 교육은 건전한 시민의 자격을 얻기 위한 교육이 이루어질 수 있는 정서적 토양을 구축하는 데 목적이 있었으며, 각 개인의 교양교육을 통하여 시민의 책임을 다할 수 있는 전인을 양성하는 기반이 되었다. 그러나 아테네 교육의 대상은 귀족계급에 한정되었으며 다수를 차지한 노예에게 해당되는 것은 아니었다. 따라서 현대의 관점에서 볼 때 특정 계층에 한정된 엘리트 교육이었으며, 직업교육과 거리가 먼 이성 중심, 관념 중심 교육이었다.

(2) 스파르타의 교육

스파르타는 B.C. 7세기경 도리아족이 리쿠르구스법을 기초로 세운 도시국가로 여타 그리스의 도시국가에 비해 고립되고 척박한 환경을 지녔다. 국가의 규모 또한 소규모였으며, 소수의 귀족이 다수의 노예를 통치해야 하는 구조를 지닌 국가였다. 따라서 스파르타는 제한된 환경의 극복과 계급구조의 존속을 위해 강력한 군사력을 바탕으로 새로운 영토의 획득과 국가 질서의 확립을 중요한 국가의 책무로 생각하였다. 이에 따라 스파르타의 사회제도는 엄격한 사회통제, 소수 귀족의 권익보호 등을 특징으로 하는 폐쇄사회 제도로 귀착된다. 교육이 사회의 이익을 수행한다는 측면에서 스파르타의 교육은 국가의 이익을 충실히 대변하는 수단으로 작용한다. 스파르타의 교육은 다음과 같은 특징을 지닌다.

첫째, 스파르타는 우생학적 기준에 의한 선발적 교육관을 강조했다. 스파르타는 출생과 함께 국가의 감독관이 아동의 가능성을 예측하여 선별하고, 철저한 엘리트 중심 교육을 실시하였다. 스파르타의 교육목적은 생존과 사회의 현상유지를 위한 보수적 관점이다. 이는 출생과 함께 실시되는 국가공인기관의 신체검사(Lesche)를 통해 개인의 운명을 결정하는 점에서 알 수 있다. 일단 국가에서 실시하는 신체적 기준에 합당한 아동만 양육이 허락되었다. 신생아 단계에서 이미 선발을 실시하고 그 기준에 부합하지 않은 유아는 버리는 냉혹한 교육을 실시하였다(정호표, 김병희, 2002: 19).

교육의 대상은 지배계급인 스파르티아테스(Spartiates)의 자녀들이며, 참정권이 없고 병역과 납세의 의무만 지닌 시민계급인 페리오코이(Periokoi)나 노예계급인 헬로트(Helots)는 교육의 대상에서 제외되었다(김옥연, 1996: 24). 스파르타의 교육은 수태 단계에서 출생 · 양육의 단계에 이르기까지 국가에 의한 철저한 계획과 통제에 의해 결정되었다.

둘째, 스파르타는 강인한 고통과 극기를 통하여 개별적 생존력을 극대화하는 교육을 실시한다. 국가의 신체검사를 통과한 유아를 대상으로 7세까지 어머니에 의해 양육된다. 소위 '어머니의 아들'에 해당되는 시기로 유아에게 강제적인 단식이나 고통을 주는 강제적 양육을 통하여 유아로서 지니기 힘든 극기와 인내력을 겸비하게 한다. 유아기를 지나 아동기에 이르면 달리기, 뜀뛰기, 기마, 창검술, 수영, 던지기, 사냥 등을 중요한 교육내용으로 설정한다. 이러한 교육들은 모두 군사적 목적에 의해 계획된 단련 중심의 교육이다.

셋째, 스파르타는 단체 중심 교육을 실시하였다. 스파르타는 7세 이후 아동을 국가기관(Paidonomos)에 의한 공적 훈련을 받게 하였다. 이 공적 학교는 아동을 군대와 같은 조직체계 속에 편입시키고 그 속의 질서를 내면화하도록 훈련시킨다. 이러한 단계를 거쳐 아동은 청소년으로 자라나게 되고 이후 국가의 준군사조직의 구성원인 예비사관(ephebi)이 된다. 스파르타에서는 여성을 나약한 존재로 보지 않고 강인한 체력을 소유하고 남성과 동일한 조건의 훈련을 받는 국가의 일원으로 간주한다.

스파르타의 교육은 좋은 시민이 곧 좋은 군인인 국가적 목적에 의해 철저하게 계획 통제되었다. 스파르타의 가정은 국가에 의해 구성 유지되며, 이에 따라 가정의 구성원들에 대한 통제를 통해 자유보다는 기능의 숙달, 전인적 발달보다는 전투적 능력의 배양을 지향하였다. 따라서 스파르타의 교육은 학습자의 전인적 발달이라는 측면에서 볼 때 그 실효성이 의심된다.

3) 그리스의 교육사상가

그리스 시대를 대변하는 교육사상가로서는 소크라테스(Socrates, B.C. 469~399), 플라톤(Platon, B.C. 428~348), 아리스토텔레스(Aristoteles, B.C. 386~322) 등을 들 수 있다. 각각의 교육학자들은 고유한 교육의 관점을 지니고 자신들만의 독특한 교육관을 전개한다. 각자의 교육사상을 살펴보면 다음과 같다.

(1) 소크라테스

소크라테스는 평생을 자기 자신의 '영혼(psych)'을 존중할 것과 자기 자신에게 있어 가장 소중한 것을 질문하며 다양한 사람들과 대화를 나누는 것으로 일관한 그리스의 사상가이다. 소크라테스의 사상을 연구할 때 특이한 점은 단독 저술이 없고 플라톤이 쓴 철학적 희곡 『플라톤의 대화』, 『에우티프론(*Euthyphron*)』, 『소크라테스의 변명』, 『크리톤』, 『파이돈』등의 작품에서만 서술된다는 점이다. 소크라테스의 교육관을 설명하면 다음과 같다.

첫째, 소크라테스의 교육목적은 모든 인간이 무지의 자각을 통해 자신의 현 상태를 확인하고 실천력을 담보한 앎의 세계로 나아가 진리를 깨치는 것이다. 그의 교육목적을 달성하기 위한 구체적인 목표는 무지의 자각과 지행합일이라는 두 가지 측면으로 구분된다. 그는 델포이 신전의 "너 자신을 알라"라는 금언에 주목하고 인간의 모든 무지는 앎의 부재에서 나오는 것이고 무지보다 더 부정적인 것은 자신이 무지하다는 것을 모르는 것이라고 보았다. 소크라테스가 무지의 자각을 통해 찾고자 한 뜻은, 모든 사람이 자기의 존재의미와 관련된 무지를 깨닫고 그것을 탐구하는 것이 무엇보다도 귀중하다는 사실을 깨닫는 것이다.

소크라테스의 교육목적을 실현하기 위한 또 다른 중요한 전제는 지식이 곧 덕(arete)이라는 것이다. 소크라테스는 덕을 지(知)와 행(行)의 합일로 보았으며, 지의 대상이 곧 덕목이었다. 소크라테스의 덕은 지식과 동일한 의미이다. 즉 지식은 실천을 전제로 하며 행위에 대한 책임이 있는 지식이다. 소크라테스의 앎은 단순한 지식의 획득이 아니라 보편적인 진리에 대한 인식을 의미하며 이는 행위를 수반할 수밖에 없는 실천적 앎이다. 그는 지식의 보편타당성을 주장하며, 첫째, '지식은 덕이고, 덕은 지식이다', 둘째, '옳음을 아는 것은 그것을 행하는 것과 같다', 셋째, '지식은 덕이다'라는 논리를 편다. 이것은 왕양명이 주장한 지행합일(知行合一)의 사상과 유사하다.

둘째, 소크라테스의 교육방법은 반어법, 상기법, 산파법이다. 무지의 자각을 통한 지행의 일치라는 소크라테스의 교육목적을 달성하기 위한 교육방법은 다음과 같이 설명될 수 있다. 소크라테스의 교육은 시민들로 하여금 올바른 사고의 방법을 알려 주는 것이고 이는 관찰과 경험을 통해 이루어질 수 있다고 보았다. 즉 사람들이 가진 편견을 배제하고 무지를 개선하여 개인적 · 사회적 각성에 이르게 한다.

이러한 각성에 이르기 위해서 각 개인은 사고의 훈련을 통하여 자신의 경험과

의식에서 진리의 보편타당성을 파악할 수 있다. 그는 진리의 보편타당성을 발견하는 방법론으로 무지의 자각을 이끄는 반어법과 이 무지의 자각에서 새로운 진리를 파악하게 하는 산파법을 모두 포함한 대화법을 고안한다.

첫 번째 단계인 반어법은 무의식적 무지에서 의식적 무지를 이끌어내는 단계다. 즉 대화의 상대방이 절대적 진리로 인식하고 있는 사실에 대한 회의를 표방한다. 대화의 상대가 진리라고 생각하는 것에 대한 의심과 반대 사례를 제시한다. 상대가 자신의 논리의 모순을 발견하거나 기존 사실의 진리를 의심하게 될 때까지 대화는 지속된다. 진리라고 생각하는 사실에 반대 사례를 제시하여 신념의 근거에 회의를 품게 하고, 또 다른 질문을 통하여 새로운 의심을 가지게 하는 변증법적 절차를 통하여 학습자가 가진 무의식적 무지를 의식적인 무지의 상태로 이끄는 것이다.

두 번째 단계는 상기법이다. 즉 무지의 자각이 된 상태의 학습자를 참된 지식, 보편타당하고 합리적인 지식으로 이끄는 방법이다. 소크라테스의 관점에서 학습자는 출생 당시 마음에 내재한 이상적인 지식을 이미 가지고 태어난다. 무의식적 무지를 의식적 무지로 이끌어낸 질문에서 보다 세련되고 정교한 질문을 통하여 이미 학습자의 마음에 내재한 지식을 상기해 주고 이를 통하여 참된 의견의 지식으로 전환하는 것이다.

세 번째 단계는 산파법이다. 이는 교사가 학습자의 의식에 내재한 무의식적 지식을 외부로 나오게 하는 역할을 하는 것을 말한다. 교사는 학습자 내부에 내재한 지식이라는 아이를 외부 세계로 나오게 하는 조산사의 역할을 담당한다.

이상에서 설명한 것처럼 소크라테스는 지식이란 실제적이며 도덕적인 의미를 지니는 것이고 참된 지식은 합리적이며 보편타당한 것이라고 본다. 이러한 지식을 학습하는 것은 대화법을 통하여 시도되며 이는 자신의 진지한 경험에 대한 반성과 회상을 통하여 가능하다. 소크라테스의 교육은 지식을 주입하는 것에 목적이 있는 것이 아니라 대화를 통하여 학습자가 능동적이며 자기 주도적으로 지식을 탐구하고 귀납적인 방법으로 개념을 발견하는 구성주의적 학습을 지향하는 것이다. 단편적 진리의 주입이 아닌 진리의 공동 탐구, 교사와 학습자의 합리적 대화를 통한 공동의 진리 발견이 소크라테스 교육법의 특징이다.

(2) 플라톤

플라톤 이후의 모든 서양 철학은 플라톤의 저술에 대한 '일련의 각주'라는 표현에서 알 수 있듯이 플라톤은 모든 서양 철학의 근간을 형성한 대학자이다. 플라톤은 페리클레스가 세상을 떠난 지 2년 후인 B.C. 427년 아테네에서 태어났으며, 18세에 스승 소크라테스를 만나 그가 사형을 당할 때까지 가르침을 받았다. 소크라테스가 죽은 후 여러 곳을 여행하다 아테네에 돌아와 B.C. 385년경 아테네 근교에 아카데메이아(Akademeia)를 개설하고 많은 청년들을 모아 교육과 연구에 전념하여 그의 사상을 정리하였다. 플라톤의 교육을 살펴보면 다음과 같다.

첫째, 플라톤의 교육목적은 사회 각 계급에 적합한 능력과 임무에 부합하는 덕목을 교육시키는 것이다. 즉 각 개인을 천부된 재능에 따라 분류하여 각자의 재능을 최대한 발휘하도록 훈련시키는 것이 이상적인 교육이다. 플라톤에 따르면 인간의 영혼은 이성(Reason), 기개(Spirit), 욕구(Appetite)로 구성된다. 이성은 지혜, 기개는 용기, 욕구는 절제가 그 필수 덕목이다. 이 세 가지 덕목이 조화가 될 때 정의는 실현될 수 있다. 따라서 국가의 세 계급, 즉 금의 계급인 정치가, 은의 계급인 군인, 동의 계급인 평민은 각각의 덕에 적합한 의무를 다해야 한다. 국가는 각 개인의 다른 덕을 실현하기 위해 교육을 실시해야 한다.

둘째, 플라톤의 교육 단계는 다음과 같다.

① 무릎학교기: 플라톤에 따르면 최초의 교육은 가정교육으로 신화와 동화 서사가 교육내용이 되는 무릎학교기(0~6세)의 교육을 받는다.

② 제1도야기: 플라톤은 국가의 학교교육의 대상이 되어 유희, 음악과 체육의 교육과 문예교육을 받는 1도야기(7~14세)의 교육을 주장한다.

③ 제2도야기: 초기 도야기를 통과한 학습자 중 우수한 자를 선발하여 문법, 문학, 음악 등의 이론 학과와 체육 군사훈련을 교육하는 2도야

기(15~20세)이다.

④ 제3도야기: 엄격한 선발과정을 거쳐 철인으로 키워질 후보자들을 10여년간 자유교육을 실시한다. 이는 3도야기(21~30세)로 산수, 기하, 천문, 정신능력, 추상적 진리, 이데아의 파악을 위한 교과를 운영한다.

⑤ 제4도야기: 3도야기에서 선택된 우수한 학습자를 대상으로 절대적 진리의 관조, 변증법을 학습하고 통치계급이 되기 위한 준비기간인 4도야기(31~35세)를 거친다.

⑥ 제5도야기: 5도야기(36~50세)에는 15년간 국가의 정치에 실제 참여하여 국가에 대한 정치 군사적 실천에 관한 경험을 누적시킨다.

⑦ 철인 통치기: 위의 과정을 모두 통과할 때 50세 이후 철인(哲人) 통치자인 지도자의 삶을 살 수 있다.

셋째, 플라톤은 조기교육의 중요성을 강조했다. 그는 유아기, 즉 출생에서 5세까지의 경험이 인간 발달의 절반을 이루는 중요한 시기로 파악했다. 따라서 유아기때 비합리적이거나 비속한 것은 금지한다. 또한 유아의 감정이나 정서를 즉각적으로 만족시키는 것은 반대한다.

넷째, 플라톤은 유희를 기반으로 한 음악과 체육활동 중심의 교육내용을 강조했다. 출생에서 10년간 교육활동의 중점은 체육이다. 모든 학교는 체육관과 운동장을 갖춰야 한다. 놀이와 체육은 교육과정의 중요한 부분을 차지한다. 또한 음악교육을 강조했는데 이때 음악은 고유한 음악활동과 문학, 서사, 여타 예술활동을 함께 포괄하는 광의의 의미로 일종의 종합 교양교육 모델이다. 음악과 선율은 영혼과 육체를 건전하게 한다.

다섯째, 플라톤은 교육에서 다양한 유희와 서사의 역할을 강조했다. 플라톤은 6세 이하의 유아들에게 적합한 교육은 동화와 신화를 통한 상상력의 발전이라 본다. 유희는 인간의 궁극적인 관조의 기능을 풍부하게 발전시키키기 위해서 절대적으로 필요한 것이다. 유희와 함께 플라톤은 서사의 중요성 또한 강조한다. 다양한 서사 속에 등장하는 다양한 인물들의 사고나 행동, 삶을 대하는 태도, 가치, 성향 등은 발달의 초기 단계의 유아에게 다양한 삶의 모델을 제공한다.

이상에서 플라톤이 주장한 다양한 교육관을 살펴보았다. 플라톤의 교육이론은 현대 교육 현장에 조기교육의 강조, 각 발달단계에 따라 다른 교육내용의 적용, 유희와 서사의 강조, 인지와 신체활동의 조화의 강조라는 점에서 긍정적이다. 그러나 플라톤의 교육이론은 소수의 엘리트 교육, 국가주의 교육관, 엄격한 훈육관 등의 측면에 있어 비판이 따르기도 한다.

(3) 아리스토텔레스

아리스토텔레스는 B.C. 384년경에 트레이스의 스타기라에서 출생하였다. 그의 스승인 플라톤의 학교가 기하학, 사변철학 중심으로 운영된 반면 그의 학교는 자연과학과 생물학 등의 실증과학을 중심으로 운영되었다. 아리스토텔레스는 플라톤의 이상주의를 벗어나 실재의 세계에서 존재의 본질을 찾고자 하였다. 즉 그는 실재하는 것은 현실의 세계라고 주장한다. 관념론보다는 현실의 합리적·이성적 활동을 통한 실증과학, 즉 실재론을 옹호한다. 아리스토텔레스의 교육론은 주로 그의 저서 『정치학』에서 나타난다. 그는 교육을 일종의 국가유지를 위한 공적인 활동으로 파악하고 국가에 봉사는 시민의 양성을 위해 적극적인 교육을 강조한다. 한 국가가 발전하기 위해서는 도덕성이 담보되어야 하며 국가의 도덕성은 각 개인의 도덕성의 기반 위에서 존립이 가능하다. 각 개인의 도덕성은 이성이 본능과 습관을 통제함으로써 길러질 수 있다. 이러한 사상을 강조한 아리스토텔레스의 교육관은 다음과 같이 정리된다.

첫째, 아리스토텔레스 교육목적은 이성적 능력의 개발을 통한 덕의 획득이다. 인간이 다른 사물과 구별되는 본성이 이성이며 타 동물이 갖지 않는 속성을 실현하는 것이 자아실현이다. 인간의 이성을 활용한 자아실현은 행복과 연관된다. 아리스토텔레스에 따르면 다른 조건이 동일한 한 인간은 복잡한 기능이나 다양한 교육에서 행복을 느낀다. 어려운 문제에 대한 숙고와 이성적 사고에 의해 해결될 때 생기는 행복을 통해 인간의 능력은 발휘되고 합리적 인간이 된다.

둘째, 아리스토텔레스의 교육은 능력심리학(faculty psychology)에 기초를 둔 형식도야론(formal discipline theory)이다. 능력심리학은 플라톤 이래로 가장 오래된 교육이론이라 할 수 있다. 즉 인간의 마음은 각각의 국소능력의 집합이며, 분리된 능력의 집합이다. 즉 마음에 기억력, 추리력, 상상력 등을 담당하는 부분이 따로 존재한다는 가설을 구성하고 재현하는 것이 곧 교육이 된다. 이때 인간의 마음은 하나의 가정(假定)적 구성물로 실체적인 것이 아니다. 따라서 교육은 정신능력의 개발이며 각각의 능력 개발에는 그 능력에 적합한 재료가 있다. 교육에 있어 중요한 것은 가르치는 내용 자체가 아니라 내용이 가져오는 형식적 능력이 중요하다. 이는 일종의 심근설(心筋說)로 마음의 각 근육을 가정하고 각 근육을 훈련시키는 기본적 능력을 교육을 통해 길러 주어야 한다.

셋째, 아리스토텔레스의 교육은 행복한 생활(eudaimonia)을 이루는 것이다. 그는 니코마코스 윤리학에서 인류가 달성해야 할 최고의 선이 무엇인가의 문제를 제기하고 그 대답으로 행복을 주장하였다. 즉 최고선은 곧 행복이다.

넷째, 아리스토텔레스의 행복은 중용의 덕과 이성적 행위의 실천을 통하여 얻어질 수 있다. 그는 이성을 통하여 덕 있는 행동, 즉 조화된 중용의 행위를 습관화하는 과정을 통하여 교육의 목적을 달성할 수 있다고 본다. 이는 피터스(Peters)의 도덕교육의 목적과 동일한 논리 전개이다. 피터스에 따르면 윤리학과 교육에서 이성(Reason)의 궁전에 들어가기 위해 습관(Habits)의 마당을 지나야 한다. 이 습관화의 과정은 절충형의 과정이 아니라 스스로 깨닫고 적합한 행동양식을 찾아가는 과정이다. 따라서 아리스토텔레스는 중용의 덕을 실천적 이성과 결부하여 행위할 때 중요한 교육목적이 이루어진다고 보았고, 이를 이룰 때 인간은 행복하다고 보았다.

다섯째, 아리스토텔레스의 교육 대상은 플라톤처럼 특정 계급이 아니라 도시국가의 대부분을 차지하는 일반시민이다. 도시국가는 개별 시민이 모여 하나의 공동체를 이루기 때문에 각 시민에 대한 공동 교육을 통하여 국가의 힘을 키워야 한다. 그러나 국가가 교육을 관리한다는 것이 국가가 각 개인의 교육을 계획하고 평생 감독 실시하는 플라톤식의 국가교육론을 의미하는 것은 아니다. 오히려 국가의 책임 하에 시민 스스로 사회적 삶의 규범이 되는 덕을 개발하여행복해지는 것이 올바른 교육이다. 국민이 행복한 생활을 영위하게 하기 위해 이성이 필요하며, 이성적 국가를 만들기 위해 교육이 필요하다.

2. 로마 시대의 교육

1) 로마 시대의 특징

로마는 B.C. 753년 건국하여 A.D. 476년 서로마 제국이 멸망하기까지 약 1000년을 존속한 대제국이다. 로마 시대는 정치와 문화적 특징에 따라 3가지 시대로 구분하고 교육사상사의 입장에서도 그 3기의 구분을 따른다. 로마를 구분하는 시기는 'B.C. 753~509년 사이의 왕정기', 'B.C. 509~27년 사이의 공화정기', 'B.C.27~ A.D. 476년의 제정기'로 나뉜다.

로마의 사회는 실용적, 실리적, 공리적 사회였으며 이를 뒷받침할 정치, 제도, 법의 정비가 잘 이루어진 사회였다. 로마 시대의 특징을 그리스 시대와 비교해 보면 다음과 같다.

첫째, 로마인은 실제적, 현실적, 공리적이다. 둘째, 로마인들이 강조한 실생활의 가치는 제도가 실생활에 적용되었을 때 유용성과 실효성에 관련된 것이다. 그러나 그리스인들의 가치는 이상적인 인간의 합리성, 예술적인 조화와 균형 등에 있다. 셋째, 로마는 엄격한 법과 도덕의 적용을 강조한다. 넷째, 로마인 등은 그리스와 유사하게 정치, 사회 전반에서 토론의 문화를 중요시한다.

이러한 시대적 특징을 지닌 로마 교육의 기초는 아테네의 교육이지만 로마 교육은 그리스 시대의 교육보다 실천적 측면을 강조함을 특징으로 한다. 로마의 교육 목적은 강한 의지와 실천력을 가진 인간을 기르는 것이다. 따라서 교육에서는 인내, 신중, 용기, 의무감 등과 같은 덕목이 중시된다. 교육사상사의 입장에서 로마의 교육을 구분할 때 로마의 정치적 시기의 구분을 따른다. 그러나 로마 왕정기에는 가정과 사회, 국가의 교육이 특별한 형태를 가지지 못한 비형식적 교육이 이루어져 특별한 교육적 기여가 없다. 왕정기의 교육에 있어 남아는 아버지의 행동을 모방하면서 습관을 형성하고 실제적 도덕성과 사회 구성원으로서의 덕목을 학습한다는 내용이 있다. 또한 여아는 어머니에게 교육이 일임되어 온화, 정서교육의 측면을 강조하는 정도의 교육이 이루어진다는 설명이 있다. 하지만 그 외 다른 교육적 내용은 찾기 어렵다. 따라서 로마의 교육은 구체적인 교육내용이 존재하는 공화정과 제정기를 설명한다. 각 시대별로 이루어진 로마의 교육을 살펴보면 다음과 같다.

2) 공화정 시대의 교육

공화정 시대는 로마가 B.C. 135년 그리스를 정복하기 이전까지의 시기이다. 공화정 시대는 초기 로마로써 가장 순수한 로마적 사회로 볼 수 있다. 이때 로마에서 기르고자 한 인간상은 조화롭고 건전한 덕(Virtue, 德)을 지닌 전인으로 가정, 사회 모두가 교육적 기능을 담당했다. 교육목적은 선한 인간의 양성이지만 실제 이루어진 교육은 실제 생활의 훈련이었다. 공화정 시기는 아직 로마가 그리스를 비롯한 주변 국가들과의 대립에서 자유롭지 못한 사회였기에 군사적 훈련 또한 중요한 교육 내용이 된다. 공화정 시대의 가장 실제적 교육목적은 자신의 책임과 의무를 다할 수 있는 시민이자, 전시에는 용감하고 순종적인 군인의 양성이었다. 공화정 시기 로마 교육의 특징을 정리하면 다음과 같다.

첫째, 공화정 시대는 부모에 의한 가정교육이 교육의 중심이었다. 이 시기의 아버지는 자녀교육의 절대적 권한을 가진다. B.C. 450년 제정된 로마기본법인 12동판법(the laws of twelve tables)에 따르면 아버지는 자식의 생사여탈권을 가진다. 하지만 부권의 절대성을 인정한다는 것이 유아를 학대한다는 의미는 아니다. 아버지는 일상생활을 통하여 다양한 방법으로 아동을 양육한다. 종교행사와 종교생활의 공동 참여를 통하여 신성함을 체득하게 하고 승마, 격투, 검술 등을 시범 보이고 연습시켰다. 또한 기본적인 독 · 서 · 산을 학습시키기도 했다.

둘째, 공화정 후기부터 형식적 교육제도가 등장하였다. 초기 공화정 시대가 가정교육 중심의 비형식적 교육이었던 것에 반해 후기 공화정 시대는 가정교사와 노복(paidagogos)을 고용한 형식적 교육이 시작되었다. 또한 초보적인 독 · 서 · 산을 교수하는 루두스(ludus)가 설립되었다. 이때 교육을 담당하는 교사를 독서교사(Grammaticus, Literatus)라 칭한다. 이는 가정교육의 부족한 점을 보완하는 역할이며 실제적 교육의 주도권을 확보하지는 못한다.

셋째, 로마 상류층을 중심으로 그리스 문화 중심의 교육이 성행하였다. 공화정 후기가 되면서 그리스의 문화가 로마로 침투한다. 특히 변론술, 수사, 문법 등의 3학은 대중을 지도하고 설득하는 정치교육의 시작으로서 귀족의 자녀를 중심으로 가정교사의 지도로 교육되었다.

3) 제정 시대의 교육

제정 시대는 B.C. 27년 아우구스투스가 로마를 통치하던 시대부터 A.D. 476년까지 약 500년간의 시기이다. 이 시기는 로마의 황금기였으며 수많은 전쟁에서 벗어나 평화를 유지하던 시기이다. 그러나 지나친 평화가 사치와 향락, 쾌락의 사회를 만든 원인이 된 것은 아이러니하다. 제정 시대는 가정교육과 사회교육이 분리된 시기였다. 교육을 통해 길러야 할 바람직한 인간은 수사적 능력을 갖춘 웅변가(Orator)였다. 제정 시대의 교육의 특징은 다음과 같다.

첫째, 제정 시대의 교육은 가정교육의 역할이 쇠퇴하고 형식적 학교에 의해 실시되었다. 이 시기의 교육은 가정교육의 중심이었던 양친 중심의 교육에서 그리스식 학교교육으로 전환되었다. 따라서 학교교육의 내용 또한 문법, 수사, 논리 등 그리스식 교과로 대체되고 심지어 12동판법 대신 그리스식의 서사시가 교육내용이 되었다.

둘째, 제정 시대의 교육은 언어적 숙달이 중요한 교육목적이었다. 제정 시대는 공화정 시대의 사회보다 문화적 다원성과 복잡한 사회 구성이 특징인 사회이다. 따라서 형식교육을 통하여 공적인 내용의 전달을 위한 언어적 숙달이 강조되어 광범한 재능을 겸비한 철학가, 정치가, 군인, 법률가의 소양을 모두 갖춘 웅변가의 양성이 요구되었다.

셋째, 제정 시대의 로마 교육은 중등교육의 발전에 중점을 두었다. 초등교육은 기존 루두스에서 아동들에게 실시한 초보적 3'R 교육과 그리스식 교육이 주 내용이었다. 반면 중등교육기관은 그리스 문법학교와 라틴 문법학교를 포함한 문법학교(Grammar School)가 생겼다. 문법학교는 12~15세까지의 초등교육을 이수한 학습자를 대상으로 7자유과(3학: 문법, 수사, 논리 4과: 산수, 기하, 천문, 음악)를 교수하였다. 또한 고등교육기관으로 수사학교(Rhetoric School)와 철학학교(Philosophical School)가 있었다. 이 학교는 공화정 말기부터 그리스에서 도입되어 정부의 많은 지원을 받았다.

4) 로마 시대의 교육사상가

(1) 키케로

키케로는 공화정 시대 제1의 웅변가로 성선설 이념을 중요시한 정치가, 철학가, 교육학자이다. 그는 인간이 타고난 소질을 발견하고 계발하여 이성적 덕성을 발휘하는 존재로 살아가도록 이끄는 것이 교육이며, 교육을 통하여 행복한 삶을 영위하는 것이 바람직한 것이라고 보았다. 키케로가 주장한 아동기의 발달 특징은 다음과 같다.

① 신생아는 매우 약하고 정신을 가지지 않는다. 약간의 힘이 생기는 단계가 되면 손발과 감각을 훈련한다.
② 서는 것과 함께 손을 활용하고 주변 사물에 호기심을 가지기 시작한다.

로이 결성하는 일종의 조합에 의하여 이루어진 단체(universitas)였는데 이것이 오늘날의 종합대학교(university)가 되었으며, 학생들의 기숙사(callegium)가 오늘날의 단과대학(college)의 명칭이 되었다.

이상에서 설명한 중세사회의 특징을 요약하면 다음과 같다.

첫째, 신 중심의 사회이다.

둘째, 종교적 주정주의를 중심으로 비주지주의, 비심미주의, 금욕주의가 사상을 지배하였다.

셋째, 교황의 절대적 권위를 인정하고 이를 중심으로 종교적 계급주의의 초월적 국가를 이루어 종교적, 세속적 부분 모두를 교회가 지배하였다.

2) 중세의 교육

중세의 교육 목적은 교회의 이상을 실현하는 것이다. 따라서 학교는 교회의 이상을 실현하기 위한 수단이 되었다. 고대 교육이 가졌던 개인의 자유, 시민정신, 현세 중심의 교육 대신 내세와 신, 금욕, 단련 등을 중요 가치로 여기는 교육이 이루어졌다.

중세의 교육과정은 3학 4과를 중심으로 7자유교과로 구성된다. 먼저 3학(Trivium)은 문법, 수사, 논리의 언어적 능력을 배양하는 교과로 성서를 해독하는데 필요한 라틴어를 이해하기 위한 교과이다. 산수, 기하, 천문, 음악 등으로 구성된 4과(Quadrivium)는 초보적인 삶의 능력 배양과 실용적 가치를 모두 충족시키는 교양교육의 성격을 지닌다. 그러나 고대의 7자유교과가 인간의 자유를 보장하기 위한 것이었다면 중세의 7자유교과는 성서를 이해하고 중세의 교리를 이해하기 위한 수단으로 사용되었다는 점에서 차이를 보인다.

중세의 교육방법은 인간을 수동적인 존재로 파악하고 타율적 성격을 지닌 금욕, 단련, 훈련 중심의 방법이었다. 따라서 체벌은 교화의 미명하에 정당화되고 기존 권위를 무비판적으로 받아들이는 단련주의 교육이 실시되었다. 이러한 교육이 실시된 중세 전기의 교육을 살펴보면 다음과 같다.

(1) 중세 전기의 교육

① 문답학교(Catechumenal school)

문답학교는 초등 수준의 교육을 담당하는 곳으로 기독교 교리의 기초내용을 문답을 통하여 교육시킨 곳이었다.

② 고급문답학교(Catechistical school)

문답교사학교 또는 문답학교라고 불리며 기독교 교리를 전파하기 위한 문답학교 교사양성이 목적이었다. 문답학교에 비해 교육수준은 높았고, 과학, 철학, 문학이 교육내용이었다.

③ 사원학교

사원학교는 주교가 있는 교회를 중심으로 발전된 것으로 성직자 양성이 목적이며 스콜라 철학의 중심이었다. 사원학교는 문법, 기독교 교리, 7자유교과 등을 가르쳤다.

④ 수도원(Monastery)

수도사들의 은둔처이자 기도 생활의 공동체인 수도원은 순결, 금욕, 청빈, 복종을 중요한 가치로 여긴다. 수도원은 육체적 고행과 현세의 부정을 기본원리로 삼고 엄격한 수도생활을 통하여 내세의 구원을 찾는다. 수도원에서 이루어진 교육은 수도원의 목적과 동일하여 영적 생활을 위해 인간의 정서를 통제하고 노동을 통한 구원을 달성하기 위해 노력하였다. 수도원의 교육내용은 노동, 기도, 성서 강독 등 이었다.

(2) 중세 후기의 교육

중세사회는 십자군 원정의 영향으로 과학기술이 급격히 발달하였다. 이에 따라 상공업이 발달하게 되어 교육에 많은 변화가 일어났다. 십자군 원정으로 새로운 도시가 발달하고 상공업이 더욱 번창하게 되자 신흥 상공계급인 시민들은 그들의 생활에 필요한 교육을 요구하였고 이러한 요청에 부응하여 중세 후기의 교육이 나타나게 되었다. 이때의 교육은 종래의 특권계급을 위한 종교교육, 기사교육 등과는 달리 일반 시민계급에 필요한 생산교육, 직업교육을 하는 학교를 발달시켰다. 이후 점차 대학입학 준비 교육기관으로 문법학교, 공중학교라는 새로운 성격을 가진 학교가 출현하게 되었다.

중세 중후반에는 오늘날 대학의 기원이 되는 다양한 대학이 설립되었다. 이때 나타난 대학 중 의학으로 유명한 남이탈리아의 살레르노(Salerno) 대학, 법학으로 유명한 북이탈리아의 볼로냐(Bologna) 대학, 신학과 철학으로 유명한 파리(Paris) 대학 등이 중세 후기의 대표적인 대학들이다. 이후 12세기 후반에 옥스포드(Oxford) 대학과 13세기 초엽에 케임브리지 대학이 종교와 관련하여 설립되었고, 독일에서도 14세기 후반에 하이델베르그 대학이 설립되었다. 이러한 중세 후기의 교육을 살펴보면 다음과 같다.

① 기사도 교육

중세 봉건제도를 확립하기 위해 생긴 기사계급을 위한 교육이다. 기사도는 중세 비종교적 교육의 대표적 형태로 신라시대 화랑도 교육과 생활중심, 비형식적 교육이라는 점에서 유사하다. 기사도 교육은 첫째, 가정교육단계, 둘째, 7세에서 14세까지의 시동(Page)교육 단계, 셋째, 14세에서 21세까지의 종자(Squire)교육 단계, 넷째, 이후 종교적 의식을 통한 기사의 단계로 나뉜다.

② 길드(Guild)의 시민교육

중소 상공인인 부르주아들이 만든 직업교육기관으로 중세 후기 시민학교의 원형이 되었다. 길드는 상공인들의 기득권 보호와 기술 전수를 위해 만들어진 조직으로 엄격한 도제관계에 의한 교육을 실시했다. 길드의 교육은 첫째, 교육의 시작인 도제(Apprentice) 단계, 둘째, 숙련공 단계인 직인(Journeymen) 단계, 셋째, 해당 분야 기술의 최고봉인 장인(Master) 단계로 나누어진다. 이 도제교육의 특징은 시민계급의 필요에 의한 생산, 생활, 직업교육이다. 아래로부터의 교육으로 다양한 기술의 전수를 위한 광범위한 교육의 실시로 시민교육의 수준을 올린 교육조직이었다.

③ 중세 대학

초기 중세 대학은 길드와 유사한 개념이었다. 중세의 대학은 학생 중심의 대학이며 국가의 지원을 받지 못하는 사립교육기관이었다. 초기 대학은 자체의 건물이나 제도를 확보하지 못하고 이곳 저곳을 이동하며 강의하기도 했다. 그러나 중세 후기로 들어오며 앞서 설명한 다양한 대학들이 법학, 신학, 의학을 중심으로 발전되었다. 중세 대학의 교육과정은 7자유과를 기초로 논리학, 기하학, 천문학, 철학 등으로 구성되었다. 교육방법은 강의 중심으로 해설과 논쟁을 중요한 방법으로 채택하였다. 중세 대학은 주정주의 종교적 사회를 주지주의적 사회로 변화시키는 단초가 되었다.

4. 르네상스 시대의 교육

1) 르네상스 시대의 특징

르네상스(Renaissance) 또는 문예부흥기의 근본사상은 중세의 기독교적 복음주의와 내세주의의 제약에서 벗어나 인간 본연의 자세로 복귀하려는 인문주의(Humanism)사상이라고 할 수 있다. 중세 신 중심 사회가 붕괴되고 봉건사회 또한 붕괴되면서 시민국가의 출현이 시작되었다. 이에 따라 경제적 기반이 상공업으로 옮겨가고 공업의 발달과 도시로의 인구 집중이 이루어진다. 약화된 교회에 대한 정치, 경제, 시민의 반발이 거세지면서 정치와 종교의 분리가 진행되었다. 이러한 시대적 배경을 중심으로 르네상스 시대는 인간의 선천적인 성장 가능성을 최대한으로 발전시켜 인간 중심의 문화를 이룩하려 하였다. 르네상스 시대는 신의 세계에서 인간의 세계로, 내세주의에서 현세주의로, 금욕주의에서 자연주의로 옮겨 인간을 구속하는 모든 외부적 권위를 벗어나 인간으로 하여금 스스로 주인이 되게 노력한 시대였다.

2) 르네상스 시대의 교육

문예부흥의 근본사상은 인문주의 사상이며 교육도 또한 인문주의교육이었다. 인문학자들은 중세 종교 중심의 교육사상에 반대하여 인간성을 존중하며, 인간이 선천적으로 타고난 성장 가능성을 최대한 발현시킬 것을 교육목적으로 하였다. 이러한 이념을 근본사상으로 하여 인간을 도야하려는 것이 인문주의 교육이다. 인문주의 교육은 인간을 인간답게 교육하려는 것으로서 그리스적인 자유교육에 그 이상을 두고 개인의 교양을 풍부하게 하자는 교육이었다. 신체의 단련을 존중하는 체육이 새로운 교육내용으로 등장하였고, 일상생활을 영위하는 데 필요한 새로운 도덕교육과 문학, 미술의 감상과 표현이 부활되었다. 그리고 학생의 명예와 자유를 존중하는 생활지도를 실시하였다. 또한 경험적, 직관적 학습을 강조하여 학습자의 흥미를 불러일으키고, 자주적 사고를 중시하는 근대적인 교육방법을 활용하였다.

르네상스 시대의 교육을 요약하면 다음과 같다.

① 인문주의 교육관

르네상스 시대의 교육은 인간의 선천적인 선한 능력을 발휘하여 그리스 자유교육의 이상을 다시 실현하고자 하는 인문주의 교육이다. 이는 전인교육의 이상과 상통한다. 인문주의 교육관은 그 특성상 초등의 교육보다 중등 수준 이상의 고등교육을 대상으로 삼는다. 중세의 암흑기를 지나 인간의 존엄성을 인정한 교육으로 가치가 있다.

② 자유교양교육

르네상스 시대의 교육은 인간의 교양을 풍부하게 하고 그리스, 로마의 고전을 중요한 교양교육의 내용으로 삼았다. 이 시대의 교육은 비실제적, 비직업적 교육으로 고대 웅변가 양성을 위한 교육과 유사하다. 자유교양교육을 이루기 위한 교과는 고대와 중세의 7자유교과를 원형으로 사용하였으며, 고전의 독서와 암송, 라틴어의 이해, 수사학, 문학, 논리학 등이 중요한 교과로 취급되었다.

③ 키케로주의(Ciceronian) 교육

르네상스 초기 인문주의 인간중심 교육관은 르네상스 후기에 이르러 언어중심주의로 변질되었다. 교양교육의 목적인 교육받은 인간이 되기 위해서 고전의 가치를 연구 · 해석하는 것보다는, 고전 자체를 모방 · 암송하는 것을 더욱 중요한 덕목으로 보았다. 따라서 키케로의 고전을 암기하고 재술함이 가장 아름다운 것이었다. 이는 교육을 가장 단순한 암기, 반복, 모방으로 단순화시키는 것으로 인간의 자유를 오히려 구속하는 결과를 가져왔다.

5. 종교개혁과 반종교개혁기의 교육

1) 종교개혁기의 교육

문예부흥운동이 자아의 발견을 통한 인간 재생운동이라 한다면 종교개혁(Reformation)운동은 형식적 교권주의에서 탈피하여 오직 성서에 의해서만 구원을 얻을 수 있다는 신앙해방운동이라고 볼 수 있다. 종교개혁의 직접적인 도화선이 된 것은 로마 교황 레오 10세가 성 베드로 사원을 개축하는 데 자금을 조달하기 위해 면죄부를 발행하여 신도들에게 강매하자, 비턴 베르크 대학 신학교수였던 루터(Luther, 1483~546)가 1517년 10월 30일 95개 조로 된 항의서를 발표한 데서 비롯되었다. 루터는 이 항의서에서 면죄부의 비합리성을 비판하고 인간은 오직 성서와 신앙에 의해서만 그리스도의 구원이 가능하다는 것을 주장하였다. 따라서 신도들은 성서를 직접 읽을 수 있어야 하는데 기존의 성서는 모두 해독이 어려운 히브리어나 라틴어로 되어 있었다. 이에 루터는 일반 대중을 위하여 성서를 독일어로 번역하여 종교의 대중화를 도모하였고 모든 사람들이 일정한 교육을 받아야 할 필요성을 느껴 초등학교 교육의 중요성을 강조하였다.

루터의 종교개혁을 지지하였던 사람은 쯔빙글리(Zvingli, 1484~531)와 캘빈(Calvin, 1509~564)이었다. 특히 캘빈은 현실생활과 도덕적 실천을 중시하여 직업의 평등함과 근면 절약을 역설하고, 재산의 소유를 허용하였기 때문에 많은 지식계급과 일반 시민들의 지지를 받았다. 이러한 루터와 캘빈의 신앙주의와 성서주의는 종교개혁의 최대 교리가 되었다. 이 새 교리를 가톨릭에 대하여 신교

(新敎)라고 불렀다.

종교개혁기의 교육을 요약하면 다음과 같다.

첫째, 신교의 이상을 전하기 위한 수단으로 모국어 교육을 강조했다. 고대부터 성경은 히브리어와 라틴어라는 거대언어로 기술되어 일반 시민들은 그 내용을 파악할 수 없었다. 라틴어는 귀족 및 성직자 계층에게만 허용되는 언어였다. 따라서 신교는 성서의 모국어화를 주도하고 이를 이해할 수 있는 시민양성을 위해 모국어 교육을 강조하였다.

둘째, 신교는 초등의무교육을 강조하였다. 성서 강독을 위한 모국어 교육은 초등수준에서 이루어지므로 당연히 초등교육을 강조하였으나 의무교육이 아니었기 때문에 일반 학습자가 학교에서 모국어를 학습하기란 쉬운 일이 아니었다. 따라서 신교는 초등의무교육을 주장하였다. 이러한 의무교육의 이상은 1642년의 고타 교육령과 매사추세츠 교육령으로 계승되어 현대 의무교육제도 확립에 단초를 제공한다.

셋째, 신교는 현세적 직업교육을 인정하였다. 신교는 사회진보를 위해 경쟁과 부의 축적을 인정하는 자본주의적 입장을 취한다. 따라서 개인의 발전과 부를 위한 교육활동을 인정하였다.

종교개혁은 교권을 배격하고 기독교도의 신앙에 입각한 양심의 자유와 이성의 권위를 주장하는 것이었다. 종교개혁기의 대표적인 교육학자이자 신학자인 루터와 쯔빙글리는 학교 설립의 시급함을 역설하였고, 멜란히톤(Melanchthon, 1497~560)은 교과서를 편찬하였으며 의무교육제도의 기초를 다지는 한편, 빈민의 자녀도 대학에 진학할 수 있는 길을 열어 주었다. 문예부흥에 이은 종교개혁 운동의 결과 관심의 초점이 신학에서 과학으로, 초자연에서 자연으로 옮겨짐으로써 근세개화의 길이 열렸으나, 교육의 내용과 방법은 여전히 언어 위주의 암기와 훈련 위주의 형식적인 교육의 굴레에서 벗어나지 못하고 있었다.

2) 반종교개혁기의 교육

종교개혁을 통한 신교의 세력화는 기존 가톨릭 교회의 운영에 걸림돌이 되었다. 기존 로마 가톨릭 교회로 대표되는 구교는 교회의 전통과 권위를 지키기 위해 반종교개혁운동을 전개하였다. 종교개혁 이후 16세기와 17세기에 걸쳐 이루어진 반종교개혁은 예수회(Jesuit order)라는 조직에 의해 주도되었다.

예수회의 교육을 중심으로 반종교개혁기의 교육을 살펴보면 다음과 같다.

첫째, 예수회는 군사적 조직 문화를 지닌다. 예수회는 기존 신앙과 교리를 지키기 위해 엄격한 군대식 조직 구성을 고수한다. 이는 수도원의 교육과 같이 엄격한 순종, 청빈을 목적으로 하고 사제로서의 의무를 강조하는 것이다. 예수회는 군대의 조직과 같이 상위 조직에서 하위 조직으로 명령체계를 정립하고 상위의 명령이 하위 조직에 올바르고 빠르게 전달될 수 있도록 하였다. 이처럼 예수회의 위계와 서열을 강조한 조직 문화를 중심으로 구교의 교리는 엄격하게 고수되었다.

둘째, 예수회는 교안을 창시하였다. 구교의 입장에서 보면 신교의 교리는 기존 교리에 대한 의문과 비판에서 기인된 것이다. 따라서 고정된 교리를 분명하게 전달할 수 있는 방법을 지지하고, 가르치는 사람에 따라 전해지는것이 달라질 가능성이 있는 교육내용 전달체계를 피해야 했다. 이러한 맥락으로 교안을 창시하였다. 교안은 시간, 장소, 인적 구성에 영향을 받지 않고 동일한 내용을 동일한 맥락에서 전달하기 가장 좋은 방법이다. 따라서 예수회는 교안을 중심으로 수사들을 교화하여 동일한 목적과 내용, 방법을 견지한 교육을 실시하였다. 이러한 교육을 받은 예수회 수사들은 세계 어느 곳이든 교리를 전하는 전투적인 선교사로 활동하였다.

셋째, 예수회는 교사양성과정의 모델을 제공한다. 예수회는 철저한 교사훈련체계를 가진다. 이는 스스로 수양하는 자기통제능력의 배양 과정, 교과숙달 정도의 확인 과정, 이상을 교수하는 실습 과정을 거친다. 이는 오늘날 교사양성의 인성 배양과 교과내용 숙지, 교육실습이라는 교사교육의 중요한 부분으로 모두 시사해 주는 것이다.

6. 실학주의와 교육

1) 실학주의와 교육

문예부흥운동과 종교개혁운동은 인문주의 교육을 태동하였다. 이러한 일련의 교육사조와 함께 새로운 과학운동이 전개되어 과학적 탐구가 시작되고 인간생활의 실용적 가치에 관심을 갖게 되었는데 이것을 실학주의 운동이라고 한다. 실학주의 교육은 관념보다는 사물을 중요시하는 교육을 말한다. 이 교육은 교육내용이 현실속의 실제와 관련되어야 한다는 주장으로, 형식화된 키케로주의 교육의 편협성에 대한 반향으로 일어난 것이다. 실학주의의 교육은 세 가지 형태로 나타난다.

① 인문적 실학주의

인문적 실학주의의 교육목적은 고전의 연구를 통해서 실생활에 유익한 인간성을 양성하는 데 있다. 고전의 연구를 목적으로 한 점에서는 인문주의적이나 고전의 형식보다는 그 내용을 중요시하고 실생활에 유익하도록 한 점에서 실학주의적이다. 대표적 학자로 밀튼(Milton)을 들 수 있다.

② 사회적 실학주의

사회적 실학주의의 목적은 실사회와의 접촉에 의하여 유능한 신사를 양성하는 데 있다. 이와 같은 목적을 달성하기 위하여 지육, 덕육, 체육을 포함한 광범한 교육이 주장되었다. 대표적 학자로 몽테뉴(Montaigne)를 들 수 있다.

③ 감각적 실학주의

감각적 실학주의란 실물을 통한 감각을 통해서 얻은 학습은 책이나 말이나 법칙을 배우는 것보다도 훨씬 효과적이라는 설로서, 교육도 실물에 의한 교육을 주장하였고 교육의 원리를 모두 자연 속에서 발견하려고 하였다. 따라서 자연과학의 지식을 존중하고 감각에 의한 사물의 관찰을 중요시하였다.

2) 실학주의 시대의 교육사상가

실학주의 교육의 대표적인 사상가는 베이컨, 코메니우스, 로크 등이 있다. 그들 중 베이컨과 코메니우스의 교육사상을 간단히 설명하면 다음과 같다.

① 베이컨의 교육사상

베이컨(Bacon)은 과학적 사실과 귀납적 연구방법을 적용한 교육을 강조하였다. 먼저 베이컨은 인간이 진리를 발견하는 데 방해가 되는 네 가지 우상(偶像)을 극복할 것을 주장하였다. 이는 동굴의 우상, 종족우상, 시장우상, 극장우상이다. 이 네 가지 우상은 진리를 객관적으로 증명하고 이를 바탕으로 과학적인 원리와 개념을 정립하는 데 방해가 된다. 따라서 네 가지 우상을 극복하여 연구한다면 객관적이고 과학적인 진리에 다가갈 수 있을 것이다.

베이컨은 아리스토텔레스의 연역법을 소위 '기관(Organon)'이라고 보고 자신이 주장하는 '신 기관(Novum Organon)'을 새로운 교육의 도구로 파악한다. 그는 '지식이 힘이다'라는 주장처럼 과학을 중심으로 인간의 탐구로 얻어진 지식으로 세상을 파악할 수 있다고 보았다. 베이컨에게 가장 중요한 교재는 자연현상이며 이를 파악하고 연구하는 과학적 탐구과정이 곧 교육과정이다. 그의 교육관은 중세를 이어온 연역적 교육관에 비판을 가하고 귀납적 교육관을 주장한 것으로 그 가치가 있다.

② 코메니우스의 교육사상

코메니우스(Comenius)는 17세기 최고의 교육자로서 현대 시청각 교육의 아버지라 불린다. 그의 교육목적은 신성을 파악하는 것이다. 즉 신이 창조해 놓은 세상에 살아가는 인간이 신의 의지와 뜻을 파악하여 이에 합당한 삶을 사는 것이 곧 교육목적이다. 이러한 목적을 달성하기 위해 합자연의 원리, 직관의 원리 등을 교육방법으로 주장한다. 또한 그는 교육 단계를 나누고 유아기, 아동기, 소년기, 청년기로 이어지는 계열성 있는 교육을 주장한다. 그는 최초의 시청각 교재인 『세계도회』(1658)를 저술하고, 자연의 질서를 따르는 교육방법을 예시한 『대교수학(*The Great Didactics*)』을 저술하였다.

7. 계몽주의와 교육

1) 계몽주의 교육의 특징

18세기에 이르러 계몽운동은 이성에 의한 비판을 전제로 하고 있다. 문예부흥 운동을 통해서 재생되고 실학주의 운동을 통해서 보다 기반이 굳어진 이 운동은 합리주의, 자연주의 이후 신인문주의 등 3가지 교육사상으로 나타났다. 이를 간략하게 설명하면 다음과 같다. 3가지 사상 중 신인문주의 시대의 교육은 19세기 교육의 부분에서 설명할 것이다.

① 합리주의

합리주의 사상은 전제적, 종교적, 사회적 속박으로부터 인간성을 해방시키고 개인의 자유와 권리를 신장시키기 위하여 이성에 호소하였다. 합리주의 교육은 모든 능력을 단련시킴으로써 이성의 발달이 이루어진다고 생각하였다. 이와 같이 능력의 형식적 단련에 치중한 것이 형식도야설이다. 형식도야설은 17세기 말부터 19세기 중엽까지 학교교육을 지배하였다.

합리주의와 형식도야설은 실용적 가치가 없는 고전어를 옹호하고 이것이 습득되는 과정의 단련을 중요시하였기 때문에 민주적 교육사상과 실용적 교육사상의 발전을 지체시켰다. 합리주의 사상이 가장 발달된 곳은 프랑스였으며, 특히 볼테르는 로크의 경험론과 데카르트의 합리주의 철학의 영향을 받아 프랑스에 합리주의 운동을 일으켜 큰 지지를 받았다.

② 자연주의

자연주의 교육사상은 감각적 현실주의의 계승이다. 자연주의 교육은 자연주의의 여러 법칙을 발견하여 교육의 과정에 적용하고, 인간 발달의 자연법칙에 따라 교육을 해야 한다는 주장이다. 한 개인을 교육하려면 성장의 자연적 법칙을 알아야 한다는 것이다. 극단적으로 교육의 목적이나 과정도 모두 어린이의 성장 발달에 관한 연구를 토대로 해서 결정해야 한다는 생각이다.

2) 루소의 교육

계몽주의 교육은 루소에 의해 시작되고 루소에 의해 완성된다. 그의 저서『에밀』첫머리에 인간은 조물주의 손에서 나올 때는 선하지만 사람의 손에 의해 악해진다고 하였다. 그는 귀족층 자녀교육의 인공성을 비판하였다. 즉 당시 교육은 어린이들의 선천적으로 선한 자연성을 무시하고 온실재배식의 교육을 실시하고 있다고 비난하였다. 극단적으로 표현해서 루소의 입장은 자연현상 그대로가 어린이들의 교육과정이며, 그들의 관심을 끌게 되는 순서가 교육의 계열이 된다는 것이다.

루소의 교육사상을 간략하게 설명하면 다음과 같다.

첫째, 루소는 자연인의 양성을 교육목적으로 삼았다. 루소는 성선설의 입장을 고수하고 인간의 가능성과 존엄성을 존중하였다. 그는 합자연의 인간이나 무위자연의 인간이 아닌 원래의 순수한 상태로 돌아가 선한 자연의 상태인 자연인 양성을 교육목적으로 삼았다. 루소에 따르면 인간은 본래 선하지만 자연 상태에서 벗어나 다른 인간과 교류하며 악해진다. 따라서 루소는 일반적인 사회적 삶이 아닌 이상적이며 격리된 공간에서 만들어진 순수한 자연인 양성을 주장하였다.

둘째, 루소의 교육방법은 자연주의 교육관을 따른다. 자연주의 교육방법은 인간의 발달단계를 인간 내부의 자연적 순서에 합치시키는 합자연의 원리와 실물을 통해 교육되는 직관적 교육, "비교육이 곧 교육"인 소극적 교육방법을 따른다.

셋째, 루소는 교육을 내적 가능성의 실현으로 보았다. 그는 교육이 인간에 내재한 가능성의 발현 과정이며, 이 과정에 다른 인간이 개입하거나 이끌어서는 안 된다고 본다. 그는 자기 활동의 원리를 중심으로 자연적 발달을 이루기 위한 환경 구성에 중점을 둔다.

넷째, 루소의 교육관은 『에밀』에 잘 표현되어 있다. 그의 교육사상을 가장 잘 표현한 소설인 『에밀』에는 루소가 주장하는 교육목적, 교육과정, 교육내용 등의 교육관이 기술되어 있다.

8. 국가주의와 교육

1) 국가주의 시대의 특징

서구 19세기 사회에 많은 영향을 미친 교육이론으로는 국가주의와 발달주의를 들 수 있는데, 국가주의는 주로 교육제도에, 발달주의는 교육내용 및 방법에 영향을 끼쳤다. 프랑스 시민혁명을 목격한 다른 군주국가들은 이 혁명사상이 자국에 침투되는 것을 두려워하여 여러 나라가 연합하여 프랑스에 무력으로 간섭하였다.

부당한 외국의 간섭을 받게 된 프랑스에서는 자유와 평등을 침해하는 자에게는 무력으로 대항하고 결사적으로 이를 물리치지 않으면 안 된다는 애국주의, 국가주의 사상이 고취되었고 나폴레옹은 이러한 사상을 이용하여 전쟁을 일으켰다. 이 전쟁에 참가한 각국들도 프랑스의 애국주의, 국가주의 사상을 모방하여 이를 고취하는데 전력을 다하였다. 특히 가장 큰 타격을 받은 독일은 국력을 만회하고 국가를 존속 번영시키기 위하여 극단적인 국가주의를 국시로 채택하였는데, 피히테가 "독일국민에게 고함"이라는 연설을 행한 것도 바로 이 때문이었다. 이에 따라 각국은 국민들에게 국가주의 정신을 강조하여 침투시키고, 국가에 대한 충성을 고취시키기 위하여 교육을 이용하였다.

2) 국가주의의 교육관

국가주의 시대의 국가들은 공교육제도를 확립하는 방향으로 국책을 수립하고 근대적인 국민보통교육의 실시를 위하여 노력하였다. 이에 따라 국어, 국사, 지리, 건국신화, 애국가, 군가 등을 중요한 교육내용으로 편성하였다. 이는 지금까지 종교단체나 개인이 지배 경영해 왔던 학교교육을 정부가 관리 통제하는 공교육제도로 발전시킨 계기가 되었다. 국가주의 시대의 교육관을 살펴보면 다음과 같다.

첫째, 국가주의 교육은 국가의 공적 이익을 목적으로 한다. 국가주의 교육관에서 국민은 국가발전을 위한 수단이며, 목적을 이루기 위해 희생될 수 있다. 따라서 교육은 국가발전을 위한 수단이었다. 우리나라에서 국가주의 교육관은 1980년대까지 지지되었으며, 각 개인은 국가발전을 위한 수단으로 교육받고 직업을 가졌다.

둘째, 국가주의 교육은 초등의무교육을 강조한다. 유럽의 국가주의 교육관은 초등교육까지는 의무교육이자 공통 과정인 단선형 학제이지만 중등 이상의 수준에서는 복선형 학제를 더욱 적합한 제도로 본다. 즉 모든 국민이 동일한 교육을 받을 수 있는 단선형 학제보다는 기본적 교육을 받는 공통 초등교육과정을 거치고 직업교육과 인문적 교육을 나눈 복선형 학제를 지지하게 되었다.

셋째, 국가주의 교육을 통하여 교육의 책임과 기능이 형식적 학교로 이전되었다. 국가주의 이전까지 교육은 귀족교육, 사교육, 종교교육 등의 형태를 유지하였으나, 국가발전에 적합한 인재 양성을 위한 국가주의 교육관에 따라 교육의 책임이 점차 공적 제도로 흡수 통합되었다.

9. 신인문주의 시대와 교육

1) 신인문주의 시대의 특징

신인문주의는 18세기 말부터 19세기에 걸쳐 독일을 중심으로 일어났던 사상운동이다. 신인문주의자들은 고전을 연구하되 그 속에 담겨 있는 과학적, 역사적, 사회적 인식을 얻는 것을 고전 연구의 목적으로 삼았다. 또 계몽사조가 냉철한 이성과 지성을 가지고 인생 또는 사회를 해석하는 경향인데 비하여, 신인문주의는 이성이나 지성으로써 해명할 수 없는 인간의 신비를 감성적 · 심미적인 태도로 탐구하려는 사상이다. 신인문주의자들이 가장 존중하는 것은 그리스 문화였다. 그리스 문화는 모든 면의 조화를 그 이상으로 하였으므로 그 속에는 지식, 감정, 의지, 문예, 개인, 국가, 기타 사회적인 여러 가지 요소가 내포되어 있었다. 그러므로 신인문주의자들은 이러한 여러 가지 요소를 조화롭게 발전시키는 것을 이상으로 하였다.

하지만 르네상스 시대와 같이 그리스 문학의 무조건적 모방이나 키케로주의적인 인문주의는 아니다. 신인문주의 시대는 단순한 모방보다 고전에 대한 비판과 자신의 관점으로 해석하는 것을 허용하였다. 또한 인문주의 시대 로마의 고전을 중요시한 것에 반해 그리스의 고전에 더욱 가치를 두었으며, 인간을 가장 중요한 가치로 두고 예술적 성취와 정의적 측면의 발달에도 가치를 두었다.

2) 신인문주의 시대의 교육

신인문주의 시대의 자유로운 사상에 영향을 받은 교육은 인간성의 회복과 인간의 조화로운 전인적 발달을 그 이상으로 삼았다. 신인문주의 시대의 교육은 아동의 잠재 가능성을 인정하고 교육을 통하여 개발시키는 것을 중요한 교육과정으로 보았다. 이를 심리적 개발주의(psychological developmentalism)라 지칭한다. 이는 인간의 잠재 가능성과 발달 가능성을 중요한 전제로 보고 인간의 종의 특성상 반복되는 개체발달과 종족발달의 발생반복이론을 따른다. 따라서 교육에 있어 교육원리에 따른 발달 순서를 예견할 수 있고 이에 따라 계열적 교육이 가능하다. 신인문주의 시대의 대표적인 교육자로는 페스탈로치, 헤르바르트, 프뢰벨 등이 있다. 이들의 교육관을 간략하게 살펴보면 다음과 같다.

① 페스탈로치의 교육관

페스탈로치(Pestalozzi)는 교육의 본질이 인간의 자연적 본성의 계발에 있다고 보고, 인간의 3H의 조화로운 발달을 통하여 계발을 이룰 수 있다고 보았다. 그는 학습자 자기 계발을 강조하는 자발성의 원리, 교육의 계열성을 강조한 방법의 원리, 오늘날 유아교육의 기본이 되는 수 · 형 · 언어의 교육방법인 직관의 원리 등을 중요한 교육방법으로 보았다.

② 헤르바르트의 교육관

헤르바르트(Herbart)는 교육의 목적을 철학적인 도덕 도야에 두고 교육방법은 심리적인 것에 둔 최초의 교육학자이다. 그는 교육학을 종합과학으로 칭하였다. 이는 교육학이 심리, 철학, 행정, 사회학 등의 다양한 영역의 이론을 종합하여 실체가 이루어짐을 뜻하는 것이다. 그는 명료, 연합, 계통, 방법의 교수 단계를 확립하여 이후 교수-학습이론 정립에 기여하였다. 그를 통하여 교육학은 체계적인 학문으로 기초를 마련하였고 교수과정에 학습자의 흥미와 준비도를 고려하는 이론으로 정립되었다.

③ 프뢰벨의 교육관

프뢰벨은 오늘날 유치원의 시초가 되는 교육기관을 창시하였다. 그는 유치원(Kindergarten)이라는 명칭을 최초로 사용하였다. 또한 그의 교육목적인 신의 의지를 파악하는 방법상의 도구로 은물(Gabe)을 창안하였다. 은물은 유희와 함께 프뢰벨의 사상을 설명하는 중요한 단초이다. 그는 유희와 은물을 통한 활동을 통하여 신이 자연을 창조한 원리와 의미를 파악하고 유아의 성장을 이룰 수 있다고 보았다. 또한 그가 강조한 자기 활동의 원리는 현대 진보주의 교육관에 큰 영향을 미쳤다.

10. 현대의 교육

1) 교육의 과학화

20세기에 들어와서 과학적 연구와 실험정신이 교육자의 사고를 지배하게 됨에 따라 과학이 교육발전에 큰 공헌을 하게 되었다. 교육문제는 과학적 태도로 논의되어야 하며 과학적 정신과 방법에 의한 연구결과를 가지고 결정해야 된다고 주장하였다. 이들에게 과학적 방법이란 객관적이고 공정해야 하며 수학적으로도 정확할 것 등을 의미하였다. 교육자들은 교육의 목적, 내용, 방법, 기관, 조직 등을 결정하는 데 이 방법을 이용하기 시작하였다.

1879년 분트(Wundt, 1832~920)는 최초로 심리학 연구소를 설치하였고, 세기가 바뀔 무렵에는 주로 감각과 지각 분야에 대한 각종 심리검사가 독일에서 행해졌다. 그러나 진정한 의미에서 교육통계학의 창시자는 손다이크로서 그는 양적 연구방법을 교육에 처음으로 적용하였다. 1902년 손다이크는 처음으로 콜럼비아 대학에서 교육 측정에 관한 강의를 하였고 1904년에 『지능 측정과 사회 측정』이라는 획기적인 책을 발간하였다. 한편 지능검사는 1905년 비네(Binet, 1857~911)가 지능의 척도로 정신연령을 고안한 때부터 시작하였다.

과학적 측정운동의 급속한 발달에 수반하여 어린이 연구가 더 과학적으로 이루어졌으며 뒤를 이어 발달된 학교조사와 직무분석도 과학적 운동의산물이다. 과학주의 교육자들은 교육 자체를 과학화하려고 하였다.

2) 교육의 아동중심화

미국에서 새교육운동은 1896년 듀이(Dewey)가 설립한 시카고 대학의 실험학교에서 시작되었다. 이 실험학교에서는 아동을 억압하는 모든 요소를 제거하는 동시에 지금까지의 전통적인 교과와 그 교과에 의한 교수활동을 이 곳에서는 거의 볼 수 없었기 때문이다. 따라서 근대적인 아동중심 교육과정이 처음으로 이 곳에서 설립되었다.

1900년에서 스웨덴의 케이(E. Key) 여사는 『아동의 세기』를 발간함으로써 20세기는 어린이의 세기임을 강조하는 등 어린이의 해방과 어린이로의 복귀를 주장하였다.

몬테소리 교육법은 이탈리아의 여류 교육자인 몬테소리(Montessori)가 1907년 로마에 빈민자제를 대상으로 하는 어린이의 집을 창설하고 이 곳에서 그녀가 창안한 몬테소리 놀잇감을 이용하여 처음으로 실시한 교육을 말한다. 몬테소리 교육법은 어린이의 자유 활동에 호소하여 심신의 유기적 제능력을 연습시키는 것을 기조로 하는 새로운 교육방법이다. 따라서 이 교육방법에서는 철저한 자유주의적 교육을 시행하였다.

3) 교육의 사회화

교육의 사회화는 1940년대부터 진보주의 교육의 발전으로서 교육의 사회화, 학교의 사회화를 부르짖으며 지역사회학교 운동으로서 미국을 중심으로 나타나게 되었다.

올센(Olsen)은 그의 저서 『학교와 지역사회』에서 지난 50년간 미국 교육의 발전과정을 학구적 학교에서 진보적 학교로, 그리고 지역사회 학교로 옮겨왔다고 지적하고 특히 교육내용이 학구적 학교의 서적 중심에서 진보적 학교의 아동 중심으로, 그리고 다시 지역사회 학교의 생활중심으로 발전과정을 거쳤다고 주장하였다.

올센은 다시 "학구적 학교는 배우기 위하여 준비된 서적 중심 지식에 강조점을 두었기 때문에, 표현되는 아동의 흥미에 강조점을 두는 진보적 학교에 양보해야만 했으나 이 학교는 다시 지금 충족되어야 할 인간의 욕구에 강조점을 둔 지역사회 학교에의 길을 양보하지 않을 수 없었다. 서적중심의 학교에서 아동중심의 학교를 지나 생활중심의 학교로 옮겨온 것이 20세기 초기 40년간의 교육사상과 교육 경험이었다"라고 주장했는데, 그의 말에서 우리는 지역사회 학교가 등장하게 된 철학적 · 사상적 배경을 알 수 있다.

C/H/A/P/T/E/R

03 한국 교육의 역사적 기초

1. 고대의 교육

1) 고대 교육의 특징

원시의 교육은 학교기관에 의한 형식교육 이전의 비형식교육으로 생활상의 필요에 의한 실제적 교육이었다. 원시 생활에 가장 필요한 지식과 기술을 경험과 모방에 의하여 후대에 가르치고 이를 통하여 부족을 유지하였다. 고대사회에서 생존하기 위해서 그 사회 공통의 양식을 받아들이는 성년식(成年式)을 실시하였다. 성년식은 고대사회에서 보다 직접적인 교육적 의미를 갖는 사회적 의식이었다. 이는 고대사회의 유지와 존속을 위해 구성원의 자격을 사회적으로 공인해야 할 필요성에서 생겨난 것이라고 할 수 있다. 성년식에서는 종교적 의식과 함께, 육체적인 고통과 시련을 가하여 이를 이겨낸 사람을 사회의 일원으로서 인정하였다. 이 과정에서 종교적 의식과 사회적 규범 그리고 실용적인 지식과 기술이 전수되었다. 이 점에서 성년식은 고대사회에서 찾아볼 수 있는 교육의 한 원형이라고 할 수 있다. 이러한 원시시대의 교육을 정리하면 다음과 같다.

첫째, 생활의 필요에서 출발하여 생활을 위해서 생활을 통해서 이루어진 생활교육이었다. 그러므로 원시인의 모든 활동은 교육의 과정이었으며 "생활이 교육이요", "교육이 곧 생활"이었다.

둘째, 타 부족의 위협에서 부족을 보호하기 위해 군사적 훈련의 교육이 행해졌을 것이다.

셋째, 원시인들은 자연의 위력을 경험하여 이에 대한 공포를 가지고 대자연을 숭상하였다. 따라서 그들의 생활은 대자연을 숭배하는 신앙과 밀접한 관계를 갖고 있었고 이를 바탕으로 제정일치의 교육이 행해졌을 것이다.

2) 단군신화와 교육

단군신화는 건국신화의 형태를 띠고 있지만 여기에는 우리 민족의 의식과 삶의 원형을 형성하는 인간관, 세계관, 사회관이 응축되어 있다. 특히 고조선의 건국이념인 홍익인간(弘益人間)의 개념 속에는 우리 민족의 삶의 이상이 담겨 있다. 홍익인간은 이상적 사회의 모습을 권력에 의한 지배가 아니라 문화에 의한 교화에 의해 실현되는 것으로 그리고 있으며, 여기에는 오늘날의 관점에서 보면, 교육에 의한 이상적 사회의 실현이라는 이념이 담겨 있다고 할 수 있다. 단군신화에 나타나는 홍익인간의 이념이 조선의 국가이념으로 확립되었다는 점에서 민족적 주체성과 자부심을 교육시킬 수 있는 기회가 제공되었고 이러한 이념은 현대 교육에도 영향을 미치고 있다.

2. 삼국시대의 교육

1) 고구려의 교육

고구려 시대의 교육은 문헌상 최초의 대학인 태학과 초등교육의 역할을 담당한 경당의 기록에서 나타난다. 구체적인 기록물은 없지만 다양한 기록물들에서 간접적으로 확인되는 고구려의 교육을 살펴보면 다음과 같다.

(1) 태학

태학은 고구려 소수림왕 2년(372)에 세워졌다. 태학의 교육을 살펴보면 다음과 같다.

첫째, 태학의 교육목적은 고위층 자제를 교육하여 관리로 등용시키는 것이다.

둘째, 태학의 교육내용은 중국 대학인 국학의 교육내용과 같은 오경(시전, 서전, 예기, 주역, 춘추)과 삼사(한서, 사기, 후한서)로 구성된다.

셋째, 태학은 『삼국사기』에 나타난 태학박사라는 기록을 보아 직제를 두어 학생을 교육하였다.

이러한 교육적 특징을 지닌 태학은 우리나라 최초의 국립고등교육기관으로 그 교육사적 의미를 지닌다.

(2) 경당

고구려의 다른 교육기관인 경당은 태학과 달리 최초의 사립민간교육기관이다.

경당은 다음과 같은 교육적 특징을 지닌다.

첫째, 경당의 교육대상은 지방 부의 자제와 서민자제이다.

둘째, 경당은 유교적 소양을 공부하는 통경(通經)과 무예를 연마하는 습사(習射)를 같이 교육한 문무 겸비의 사숙적 성격을 지닌 교육기관이다.

셋째, 경당은 초등교육을 담당했다는 설과 중등교육을 담당하였다는 설이 있으나 종합하여 이해하면 무리가 없다.

이상에서 살펴본 경당은 국가적 차원은 아니지만 서민 교화의 일환으로 운영된 교육기관이며 평민들에게도 학문적 성취와 무예를 겸비하게 하는 계기가 된 것이다. 또한 경당은 서민 청소년 집회의 성격과 문무 겸비 교육을 실시했다는 측면에서 신라의 화랑도와 유사하다. 경당은 한국 유학의 출발점이며 인격교육과 정신교육을 강조한 우리나라 최초의 형식적 교육기관이었다.

2) 백제의 교육

백제의 학교교육에 관한 직접적인 기록은 없다. 그러나 백제는 일찍부터 중국과의 교류가 활발했고, 선진문물을 일본에 전수해 줄 만큼 높은 수준의 문화와 제도를 갖고 있었던 것으로 보아 어떤 형태로든 학교교육이 이루어졌을 것으로 짐작된다. 백제 교육의 특징은 다음과 같다.

첫째, 백제의 유학교육은 주변국에 비해 상당한 경지에 있었다. 백제는 285년에 박사 왕인(王仁)이 일본에 『논어』와 『천자문』을 전해 주었으며, 375년에는 박사 고흥(高興)으로 하여금 『서기』를 짓게 했던 것으로 보아 유학도 상당한 수준에 이르렀음을 알 수 있다(정호표, 김병희, 2002: 269). 이와 같은 기록은 일본의 역사서인 『일본서기』, 『고사기』등에 수록되어 있다. 이를 종합해 볼 때 백제의 유학교육은 상당한 경지에 있었으며 유학의 교육을 통한 전교(傳敎)에도 노력하였다.

둘째, 백제는 고등교육을 담당하는 박사의 제도가 있었다. 백제에는 유교의 학문적 부분을 담당하는 5경박사와 의박사, 역박사 등 다양한 영역의 박사가 존재하였다. 이 제도를 유추하여 백제의 교육제도를 추측할 수 있다. 『삼국사기』에 기록된 백제 관직인 박사제는 중국의 연구 및 교육 담당 관직임을 미루어 보아 백제에도 학교가 존재했었다는 것을 짐작할 수 있다. 또한 백제의 중앙관제에 내법좌평(內法佐平)이 있는데, 이는 의례와 교육을 관장하였던 기관이었다는 점을 미루어 보면 이를 통해서도 백제의 학교제도의 존재를 추측해 볼 수 있다(정호표, 김병희, 2002: 269).

셋째, 백제는 다양한 실용학문을 중시하였다. 백제는 농업기술, 직조, 의약, 천문, 지리, 예술 영역 등을 일본에 전수하였다. 백제는 박사제도에 의한 학문의 영역뿐 아니라 다양한 영역의 실용학문을 개발하고 연구하였다.

3) 신라의 교육

신라의 화랑도(花郎徒)는 진흥왕 37년(576) 신라 고유사상인 유·불·선을 조화시켜 만든 것으로 화랑이란 말은 상고시대 솟대제단을 담당하던 선(선비)을 칭하는 것이다. 화랑의 기원은 원화(源花)에서 비롯되었는데, 신라에서는 여성인 원화를 처음에 받들다가 이들의 갈등으로 화랑을 받들게 되었다 한다. 『삼국사기』에는 나타난 최치원의 "난랑비 서"(鸞郎碑 序)는 다음과 같다. "우리나라에는 현묘한 도가 있으니, 풍류(風流)라 이른다. 이는 실로 삼교(三敎)를 포함하여 중생을 교화한다. 집에 들어오면 효도하고 나아가면 나라에 충성하는 … 그 행함이 없는 일에 처하고 말없는 가르침을 행하는 것 … 모든 악한 일을 하지 않고 착한 일만을 행함 …."

신라시대 대표적인 교육인 화랑도는 초기 민간의 청소년 단체로 출발하여 훗날 반관반민의 조직체로 확대되어 국가적으로 중요한 기관이 되었다. 화랑도는 신라가 국가의 인재를 양성하기 위해 운영한 고유한 교육제도였다. 화랑도 교육의 특징을 살펴보면 다음과 같다.

첫째, 화랑도의 교육목적은 6세기 말 진평왕 때 원광(圓光)이 제시한 이른바 세속오계(世俗五戒)로 설명된다. 다섯 가지 계율은 사군이충 · 사친이효 · 교우이신 · 임전무퇴 · 살생유택으로 이는 화랑이 갖추어야 할 충(忠) · 효(孝) · 신(信) · 용(勇) · 인(仁)의 다섯 가지 품성을 나타내고 있다. 한편 화랑도의 사상적 기원을 우리 고유의 무교(巫敎)인 소도신앙(蘇塗信仰)에서 찾기도 한다(김인회, 정순목, 1974: 213).

둘째, 화랑도의 교육내용은 이성, 정서, 심신단련, 무술 등이며 화랑도의 조직은 맨 위에 국선(國仙)을 총지휘자로 두고 그 아래 문무를 겸비하고 덕망이 있는 자를 화랑으로 추대하였다. 그 밑에 많은 낭도(郎徒)들이 따랐는데 그 수는 수백 또는 수 천 명이 되었다.

셋째, 화랑도의 교육방법은 실제적인 다양한 체험교육으로 이루어져 있었다. 평상시 화랑도는 문무를 수양하고, 노래와 음악을 즐기고, 명산과 대천을 찾아다니는 체험활동을 하였다. 세속오계를 수련하고 음악을 즐기고 산천을 노니는 심신의 수련 등이 구체적인 교육의 방식이라고 할 수 있다.

넷째, 화랑도는 교육이 학교교육으로 형식화되기 이전의 대표적인 비형식적 교육이다. 화랑도는 제도로 형식화되기 전, 생활 속에서 도덕적 · 지적 · 정서적 · 신체적 수양을 통해 인재를 양성하는 비형식적 교육의 한 전형이라고 할 수 있다.

다섯째, 화랑도는 경당과 비슷한 군사기관이자 교육기관이다. 또한 독일의 후조 운동(Wandervogel)과 유사한 교육제도이다.

이상에서 설명한 화랑도는 사설기관이지만 국가가 보호하고 지원하며, 일정한 형식을 가지고 인재를 양성한 국가주의 교육의 한 형태이다. 이는 전란의 위기시 화랑과 낭도가 모인 화랑도가 삼국통일에 큰 공을 세운 점에서 확인된다.

3. 통일신라시대의 교육

혼란한 삼국시대를 통합한 신라는 화랑도와 비공식적 교육제도를 정리하고 통일된 국가의 근간을 이룰 인재 양성과 관리 선발을 위한 다양한 교육제도를 설치 운영한다. 오늘날 대학에 해당되는 국학과 과거제도, 통일신라 인재양성법인 견당유학생 등은 통일신라시대 교육을 설명하는 중요한 자료이다. 이를 중심으로 통일신라시대의 교육을 살펴보면 다음과 같다.

1) 국학

① 설치 배경

통일신라는 삼국통일 이후 확대된 사회와 제도를 운영하기 위하여 유교적 이념과 교양에 충실한 인재를 필요로 하게 되었고 이들을 양성하기 위하여 당의 국자감을 모방하여 신문왕 2년(682)에 설립되었다.

② 국학의 직제

국학은 경(卿) 1인을 두고, 교관인 박사(博士)와 조교(助教), 사무직인 대사(大舍)와 사(史)를 두었다.

③ 입학과 수학년한

국학의 입학자격은 대사(12등급) 이하의 관리나 관직이 없는 자였다. 연령은 15세에서 30세까지였었다. 수학년한은 9년이었다.

④ 교육내용

주역 · 상서 · 모시 · 예기 · 춘추 좌씨전 · 문선 · 논어 · 효경.

2) 독서삼품출신과

① 설치 배경

통일신라는 원성왕 4년(788)에 독서삼품출신과(讀書三出身科)라는 일종의 국가시험제도를 시행하게 되었다. 이는 관리 등용을 종래의 골품제에 따르지 않고 국학에서의 학문 성적과 시험을 통하여 실시하자는 새로운 제도의 수립이라고 할 수 있다.

② 교육내용

좌전 · 예기 · 문선 · 곡례 · 논어 · 효경 · 오경 · 삼사 · 제자백가의서 등으로 구성되어 있다.

③ 교육적 의의

독서삼품출신과는 학문능력에 의해 관리를 등용한 국가시험제도로서 이후의 우리나라 과거제도의 전신이라고 할 수 있다.

3) 견당유학생

① 설치 배경

삼국시대에는 중국의 선진문물과 학문을 수용하기 위한 국가적 필요에 의해서 고구려, 백제, 신라는 각기 당에 유학생을 파견하였다. 당시 당은 수도 장안에 국자감을 두고 있었는데, 여기에 주변 여러 나라의 유학생을 받아들였다. 신라는 통일 이전인 선덕여왕 때 유학생을 파견한 후 왕자와 우수한 학생을 선발하여 유학시켰는데 이를 견당유학생(遣唐留學生)이라 한다.

② 유학기간

대부분 10년이고, 기간이 만료하면 귀국케 하고 다른 학생을 교환 파견하였다.

③ 유학생 수

가장 많을 때는 100여 명이고 유학비는 은화 300량을 본국에서 부담하고 숙식은 당의 외국인 외교관서인 홍려사(鴻臚寺)에서 제공하였다.

4. 고려시대의 교육

후삼국을 통일한 고려는 건국 이후 불교를 바탕으로 국가를 통합하고 민심을 안정시키기 위한 숭불정책을 채택하였으나, 다른 한편으로는 유교를 국가의 통치이념으로 채택했다. 이는 유교가 가진 통치이념적 측면을 적극 활용하기 위함이다. 고려의 교육체제는 유교 통치이념을 정당화하기 위한 내용으로 구성되었다. 이를 위해 고려 성종 때 국자감을 설치하여 유교이념을 교육제도로 흡수하였다. 또한 지방 호족들을 회유하고 국가 기반으로 삼기 위해 지방교육기관으로 향교를 설립하기도 했다. 이와 함께 능력 있는 인재를 등용하기 위한 노력으로 과거제도의 시행 또한 중요한 교육사적 사건이다. 이러한 고려의 교육을 살펴보면 다음과 같다.

1) 국자감

고려의 국자감은 성종 11년에 창설된 것으로 교육내용과 수학년한은 중국의 제도와 유사하며 오늘날의 제도와 비교하면 대학교육의 수준이라고 볼 수 있다. 국자감은 개경에 설치된 국립대학으로 유학 중심의 특권계급, 즉 최고교육기관인 동시에 국가의 고급관리를 양성하는 유일한 교육기관이었다. 예종은 유학 진흥에 힘써 국자감을 크게 넓혀 "7재"를 두어 문무교육을 장려하였고 인종 때에 학제가 완비됨에 따라서 국자감의 학제도 완비되었다.

① 국자감의 구성

국자감은 예부에서 관할하였으며 유학과인 국자학, 태학, 사문학 잡과인 율학, 서학, 산학 등의 육학으로 구성되었다. 국자감을 유지하는 재원은 양현고를 설치하여 조달하였다.

② 교육과정

유학학부는 논어와 효경을 필수과목으로 하였고, 주역 · 상서 · 주례 · 예기 · 의례 · 모시 · 춘추좌씨전 · 공양전 · 곡량전 등의 유교경전을 가르쳤다.

③ 교수진

정 7품 박사, 종 7품 태학박사, 정 8품 사문박사, 종 9품 서학 · 산학박사, 율학 조교를 두었다.

④ 입학자격

국자학, 태학, 사문학의 순으로 입학자격에 신분의 차등을 두었고, 기술학부는 이보다 낮은 신분의 사람들이 입학할 수 있었다.

⑤ 학생 정원

유학학부가 각 300인, 기술학부는 일정치 않았다.

⑥ 재학년한

유학학부는 9년, 기술학부는 6년이었다.

2) 오부학당

오부학당은 수도인 개경에 세운 것으로 국자감에서 교육받지 못하는 학도들을 교육한 기관이었다. 먼저 동서학당은 원종 2년에 설치한 것으로 개경의 동쪽과 서쪽에 각각 하나씩 있었으며, 공양왕 때 정주학의 태두였던 정몽주가 성균관 대사성을 겸하면서 중앙과 남북에 세운 학교였다. 오부학당은 오늘날 시립고등학교의 성격을 띠고 있다.

3) 십이도

우리나라 역사상 가장 유명한 사학인 십이도(十二徒)는 고려의 사립교육기관 12개교를 총칭하는 말이다.

① 설립 배경

십이도는 최충(崔沖, 984~1068)에 의해 설립되었다. 최충이 관직에서 물러난 후 교육에 뜻을 두고 구재(九齋)로 나누어 제자들을 가르친 것이 십이도의 시작이다.

② 십이도의 구성

최충의 구재가 명성을 얻으면서 이를 본받아 명망 있는 유신(儒臣)들이 11도를 따라 세웠는데, 홍문공도(웅천도)-시중 정배걸 · 광헌공도-참정 노단 · 남산도-제주 김상빈 · 서원도-복사 김무체 · 문충공도-시중 은정 · 양신공도-평장 김의진(낭중 박명보) · 정경공도-평장 황영 · 충평공도-유감 · 정헌공도-시중 문정 · 서시랑도-시랑 서식 · 구산도-미상이 그것이다(정호표, 김병희, 2002: 284).

③ 십이도의 성격과 공헌

십이도는 사학이었지만 과거에 대한 영향력이 커지고 관학과 경쟁관계에 놓이게 되자 국가가 점차 그 운영에 관여하게 되었다. 십이도는 국학이 부진하고 향교와 학당이 설치되지 않았던 고려 중기에 등장하여 유교교육에 큰 공헌을 했다.

4) 향교

“향교”는 공자를 모시는 문선왕묘를 두고 이것을 중심으로 학문을 닦는 곳으로 지방관리의 자제나 서민의 자제를 위한 지방중등교육기관이었다. 향교는 제례를 담당하는 대성전, 강학을 담당하는 명륜당으로 구성된다.

5) 서당

고려시대 서당은 일반대중의 교육기관이었다. 서당은 지방 일반서민계급의 자제들을 수용하여 교육하던 민간경영의 교육기관으로, 서민교육의 보급과 지방의 민중교화에 끼친 공적이 지대하였다. 그러나 조선시대의 서당과 비교하여 그 역할이 상대적으로 미비하다.

6) 과거제도

고려의 "과거제도"는 신라에서 유래된 것이나 본격적인 과거법은 고려 광종 9년(958)에 쌍기의 건의를 받아 시작되었다. 과거는 두 과목으로 제술과 명경이 있었고 의복, 지리, 율과 같은 잡업이 있었다. 모든 관리의 등용은 이러한 과거제도에 의하여 매년 시험을 보았으나 정원은 없고 필요에 따라 등용되었다.

① 응시자격

과거에는 양인(良人)이라면 누구나 응시할 자격을 갖고 있었다. 그러나 천민이나 승려의 자식은 응시할 수 없다.

② 과거의 종류

문장을 시험하는 제술업 · 경서를 시험하는 명경업 · 전문기술과인 잡과가 있었다.

③ 고시과목

상서 · 주역 · 모시 · 춘추 · 예경 등이 있다.

④ 시험방법

초장 · 중장 · 종장으로 나누어 사흘간 시험을 치르게 하였다.

⑤ 시험시기

3년에 한 번 시행하는 식년시(式年試)가 원칙이었으나 매년 혹은 수년에 한 번 시행되기도 했다.

5. 조선시대의 교육

조선시대는 중국에서 들어온 유교사상을 비판하고 반성한 시대이고, 성리학이 그 전성기를 이루게 되어 퇴계, 율곡과 같은 위대한 유학자가 배출된 시대이다. 세종 25년에 창제된 모음 11자와 자음 17자로 된 28자의 '훈민정음'은 우리의 교육사상 획기적인 발전이었다. 조선의 교육제도를 크게 나누면, 국가에서 장악하고 있는 관학과 국가의 간섭을 받지 않는 사학이 있었다. 관학은 '성균관'과 '사부학당'이 있고, 사학으로는 '서당'과 '서원'을 들 수 있었다. 그리고 조선 말엽에는 서구 문화의 영향을 받아 사실과 실생활을 문제삼는 실학사상이 대두되어 성리학에 반기를 들었다. 이러한 조선의 교육을 구체적으로 살펴보면 다음과 같다.

1) 성균관

오늘날 국립대학의 성격을 지닌 성균관은 태조 7년 서울에 설립되었다. 성균관은 조선 최고의 고등교육기관이자 공무원 교육기관이었다. 성균관의 다양한 교육적 면모를 살펴보면 다음과 같다.

① 성균관의 구성

성균관은 묘학제에 따라 문묘와 학당으로 구성된다. 문묘는 공자를 모시는 대성전(大成殿)과 각 유교선현을 모시는 동무(東廡)와 서무(西廡)로 이루어진다. 학당인 명륜당(明倫堂)에서는 수업이 행해졌고, 그 좌우에는 기숙사인 동재(東

본질주의란 말을 최초로 사용한 사람은 이 운동의 창시자이며 대표적 학자로 알려진 교육철학자 데미아쉐비치(M. Demiashevich)이다. 그는 교육의 목적을 인간문화, 즉 사회전통 가운데서 가장 본질적인 것을 다음 세대에 전달하는 것이라고 하였다. 현대인의 생활에 실제적인 소용이 되는 본질적인 지식과 법칙 및 기능 등을 발견하고 보존하여 차세대에 전달하는 데 그 목적을 두고 있다.

본질주의는 진보주의의 극단적인 아동중심적 사상의 경향을 반대하는 것이지, 진보주의에 대한 전면적 반대사상은 아니다. 오히려 전통주의를 반대하는 진보주의 교육사상과 전통주의 교육사상을 절충하는 입장을 취하고 있다. 따라서 교육방법에 있어서는 약간의 차이는 있으나, 진보주의의 교육방법과 크게 다르지 않음을 엿볼 수 있다. 본질주의는 이해보다는 습득을, 우연발생보다는 지도를, 자유보다는 훈련을, 흥미보다는 노력을 강조한다.

이 학파의 대표적인 교육철학자는 베글리(W. C. Begley), 브릭스(M. T. Briggs), 칸델(I. L. Kandel), 브릭만(F. B. Brichman), 베스토(A. Bestor), 스미스(M. Smith) 등이다. 이들은 1938년에 미국 교육의 발전을 위한 본질주의자위원회(The Essentialist Committee for the Advancement of American Education)를 조직하였다. 이들 본질주의 교육철학자들이 가지고 있는 공통된 견해는 다음과 같다.

첫째, 학교는 인류의 문화재 중에서 가장 존귀한 본질을 대표하는 사상과 의의, 그리고 이해와 이상의 공통되는 핵심을 모든 사람에게 가르쳐야 한다.

둘째, 지나친 자유는 방종이므로 아동, 학생의 자유는 한계가 있어야 한다. 경우에 따라서는 교사의 통제가 필요하다.

셋째, 교육에서의 주도권은 아동, 학생에게 있는 것이 아니라 교사에게 있는 것이다. 교사의 역할은 성인 세계와 아동 세계 사이에 있는 중계자이다.

넷째, 학교는 심리적 훈련을 위한 전통적 교수방법을 받아들여야 한다.

다섯째, 학습이란 필연적으로 어려운 일이고 응용을 포함한다. 그러므로 아동, 학생의 교육에 있어 중요하게 요구되는 것은 바로 노력이다.

여섯째, 교육과정은 인류의 문화재 가운데서 현재 생활에 소용될 에센스(essence)를 뽑아 구성하여야 한다.

일곱째, 학교는 정신적 훈련의 방법을 계속해서 실행하여야 한다.

여덟째, 교육은 사회적인 요구와 사회적인 관심을 중심으로 행해져야 한다.

본질주의가 가장 큰 관심을 가지는 것은 학생들에게 무엇을 가르칠 것인가 하는 문제이다. 여기서 본질주의는 문화적 유산의 보존과 전달에 가장 큰 관심을 둔다.

본질주의는 항존주의와 마찬가지로 교육과정에서의 교재중심의 위치를 회복코자 한다. 이에 넬러는 본질주의의 교육원리를 다음과 같이 정리하였다.

첫째, 교육은 본래 힘들여 해야 하고 싫어도 적용해야 하는 요소를 내포한다. 본질주의자들은 단련 또는 도야를 매우 중시한다. 어린이의 순간적인 흥미가 그 습득에 필요한 에너지를 창출해 내는 데 큰 역할을 한다는 주장에 동의를 하면서도 보다 고차원적이고 오래 지속될 수 있는 흥미는 학습 초기에는 흔히 나타나지 않는다. 그러한 학습 흥미는 학습 초기부터 열심히 공부해 나가는 과정에서 생기게 된다는 것이다.

둘째, 교육에 있어서의 주도권은 학생이 아니라 교사가 가져야 한다. 교사의 역할은 성인 세계와 어린이 세계를 연결해서 중개해 주는 일이다. 교사는 이 일을 위해 준비했기 때문에 아동의 성장을 돕는 일에 있어서 어린이보다 훨씬 더 자격을 갖추고 있다.

셋째, 교육과정의 중심은 지정된 교과를 이해하고 소화시키는 데 있다. 본질주의자들은 교육이 학생의 자아실현을 도와주어야 한다는 생각에 동의하면서도, 자아실현은 인간이 그 법칙들에 복종해야 하는 세계, 즉 개인을 넘어서서 존재하는 세계 속에서 이루어진다는 것이다. 학생은 세계를 있는 그대로 알며 자라야 한다. 본질주의자들은 개인의 경험보다는 인류의 경험, 즉 사회적 유산을 더 중요시한다.

넷째, 문제해결을 강조하는 진보주의적 교육방법의 장점을 인정하면서도 모든 학습과정에 문제해결 방법을 통용시킬 수 없다는 것이다. 많은 지식은 그 본질상 추상적이고 여러 단절된 구체적인 문제로 잘라 넣을 수 없는 것들이다. 그리고 행함에 의한 학습(learning by doing)이 어떤 상황에는 적절하지만 그것이 모든 학습사태에 일반화될 수는 없다고 주장하였다.

본질주의 교육철학에 대한 비판점을 살펴보면 다음과 같다.

첫째, 본질주의 학파에 대한 가장 큰 비판은 항상 변화하는 문제에 대해서는 너무나 정적이다.

둘째, 본질주의자는 문화적 유산의 근본적인 것을 보존해야 한다고 하지만, 습관과 전통 그리고 전통과 본질적인 것을 구분하는 일은 쉬운 일이 아니다.

셋째, 본질주의의 보수성은 지적인 진보성과 창의성을 저해할 우려가 있다(교사가 수업의 주도권을 가지고 있기 때문에).

넷째, 본질주의의 보수적 성격 때문에 아동들에게 교육을 통한 미래 전망과 사회혁신성을 키워 주기 어렵다.

진보주의 교육과 본질주의 교육은 어느 면에서는 공통점을 갖고 있다는 것도 사실이지만 이들 두 교육사상은 뚜렷한 차이점을 갖고 있다. 20세기 전반기 교육사조의 2대 조류로 진보주의 교육과 본질주의 교육을 드는 것도 여기에 있다.

3. 항존주의 교육철학

항존주의(perennialism) 교육사상은 본질주의와 마찬가지로 진보주의 교육에 대한 비판으로부터 출발한다. 본질주의자들이 진보주의 교육을 비판함이 온화적인 데 불만을 품고 근본적, 전면적으로 진보주의 교육사상을 부인한다.

Perennial, 즉 '항구적', '영원한'이라는 어의가 나타내고 있는 바와 같이, 항존주의는 진리의 절대성과 불변성을 믿고, 변화성과 일시성을 거부한다. 따라서 자연법칙의 통일성에 기초를 두고 있다. 그러므로 변화성, 상대성을 강조하는 진보주의에 대립되며, 절대성과 불변성에 입각하여 항구적인 것을 추구하는 까닭에 항존주의라고 한다.

진보주의 교육이 과학주의, 찰나주의, 현재주의, 회의주의, 경험주의적인 활동을 지나치게 예찬하여 반지성주의적이라고 비난하는 항존주의는 그 사상적 원류를 고대 그리스의 플라톤과 아리스토텔레스의 형이상학적 교육사상과 중세의 토마스 아퀴나스의 스콜라(Schola) 철학에서 찾는다. 따라서 항존주의자들은 근본적 입장을 아퀴나스의 스콜라 철학과 아리스토텔레스의 형이상학에서 현대인들 세계관의 근본적인 최고원리를 끄집어 내고 절대적 · 보편적 진리로서의 형이상학에 기초하여 현대문화와 현대교육을 재건하려는 데에 두고 있다.

항존주의의 교육이론에 있어 허친스와 아들러를 중심으로 하는 세속파는 현대교육과 현대문명의 위기를 지적하고, 이를 구원하기 위한 교육의 모색으로부터 교육이론을 전개하였다. 그들은 현대문명의 위기와 혼란은 첫째, 현대의 유물주의와 배금주의적인 경향이고 둘째, 민주주의 개념의 혼란이며 셋째, 경험주의적 · 실증주의적인 경향과 과학주의의 그릇된 진보의 개념에 기인하고 있다.

이러한 현대의 혼란과 위기를 극복하기 위해서는 중세기의 교육을 지배한 정신의 회복을 통해서만 가능하다는 것이다. 이러한 이유로 항존주의 교육철학은 앞서 말한 이상주의 교육자들로부터 많은 지지를 받고 있다. 이 학파의 대표적인 교육철학자는 허친스(R. Hutchins)와 아들러(M. J. Adler) 등이다.

30대의 젊은 나이로 시카고 대학교의 총장이 된 허친스는 실험주의와 진보주의 교육에 정면으로 도전하는 이론을 전개하는 한편, 당시 교육의 '반지식중심주의'에 대하여 신랄한 공격을 가했다. 그리하여 그가 아들러의 도움을 얻어 시카고 대학의 교양과목으로 '위대한 고전 프로그램(The Great Books Program)'을 창시한 것은 당시의 교육에 대한 일종의 경종이 되었던 것이다.

이와 같이 비종교적인 학자들에 의하여 추진된 항존주의 교육운동에는 그 후의 종교인들도 이에 호응하고 가담했다. 뉴만(J. H. Newman), 마리탱(J. Maritain), 커닝햄(W. F. Cunningham), 리안(Ryan) 등이 그들이다. 이 중에서 마리탱은 실용주의가 행동에 있어서 훈련을 강조하는 점은 훌륭하나 진리를 믿지 않고는 인간적인 효력이 있을 수 없다고 한다. 그래서 그는 교육의 제 1차적 목적은 사람의 정신 혹은 마음을 훈련하고 발달시키는 데 있다고 말하고 있다.

일반적으로 항존주의 교육철학의 기본을 이루고 있는 이론은 다음과 같다.

첫째, 인간의 본질은 항상 불변하는 것이기 때문에 교육의 본질도 변하지 않는다.

둘째, 인간은 이성이 있기 때문에 교육은 발달하는 이성에 관심을 두어야만 한다.

셋째, 교육이 이끌어야만 하는 단 하나의 적응 유형은 보편적이고 불변하는 진리에 대한 적응이다.

넷째, 교육의 목적은 진리에 인간을 적응시키는 것이다.

다섯째, 교육이란 생활을 그대로 복사하는 것이 아니라 생활을 위해서 준비하는 것이다.

여섯째, 아동들은 이 세상에서 영원한 것으로 남아 있게 될 어떤 기초가 되는 과목을 배워야만 한다.

일곱째, 영원불변의 진리들은 '위대한 고전(The Great Books)' 속에서 찾아볼 수 있다.

여덟째, 인간은 어느 곳에 살고 있든지 근본적으로 같다. 그러므로 교육은 모든 사람에게 보편적이면서 동일하여야만 한다.

이와 같이 항존주의자들은 인간의 '이성'과 이에 따른 '고전'을 중요시 여긴다. 고전이란 학문이나 예술에서 영구적인 가치를 가지고 작품과 인류의 영구적인 문화적 업적이다. 따라서 참된 고전은 지역과 시간을 초월해서 가치를 보존한다.

넬러가 본 항존주의 교육원리를 정리해 보면 다음과 같다.

첫째, 인간성은 각기 다른 환경에도 불구하고 어디에서나 동일하기 때문에 교육 또한 어디에서나 동일해야 한다. 허친스에 의하면 시민적 기능은 어느 시대 어느 사회에서나 동일하다. 왜냐하면 인간의 기본적인 기능은 인간의 본성에서 나오는 것이기 때문이다. 그러므로 교육의 목적은 어느 시대 어떤 사회에서나 동일할 수 밖에 없다. 지식 또한 어디서나 동일하다. 만일에 그렇지 못하다면 교육받은 사람들은 어떤 일에서든지 합의를 볼 수 없을 것이다. 지식을 얻는다는 것은 쉬운 일이 아니며, 이에 저항하는 어린이도 있을 것이다. 어떤 어린이는 다른 어린이들보다 더 긴 학습시간이 소요될 것이다. 그런 어린이들을 위해서는 더 많은 시간을 들여 가르치면 된다. 지적 성취를 기준으로 하지 않고 연령에 따라서 진급시키는 일은 평등 개념을 잘못 해석하고 있다.

둘째, 인간은 자유롭지만 그의 이성을 계발하고 욕망을 제어하는 것을 배워야 한다. 학습의 실패를 불행한 환경이나 불운한 심리적 경험의 누적으로 돌려서는 안된다. 교사가 할 일은 모든 학생들에게 본질적이고 지적인 학습에 접근하게 함으로써 그러한 장애들을 극복하게 하는 일이다.

셋째, 교육은 교수(teaching)를 의미하며, 교수는 지식을 가르치는 일이고, 지식이란 곧 진리를 뜻한다. 교육은 영원한 진리를 전해주는 일이다. 진리는 어디에서나 동일하기 때문에 교육 또한 어디에서나 동일해야 한다.

넷째, 교육은 생활을 모방하는 것이 아니라 생활을 위해 준비하는 것이다. 학교는 결코 실제 생활 상황이 될 수 없고 또 그렇게 되어서도 안된다. 학교는 학생으로 하여금 문화유산의 정수들을 배우고 익히게 하기 위하여 인위적으로 꾸며진 것이다.

다섯째, 학생들은 오랜 시간을 통해서 인류가 그의 위대한 포부와 성취를 나타낸 문화, 철학, 역사, 과학에 있어서의 위대한 고전을 연구해야 한다. 선인들의 문화적 유산은 결코 낡은 것이 아니다. 따라서, 학생들은 문화유산을 통해 중요한 진리를 배우게 된다.

항존주의는 교육의 궁극적 목적으로서 항상 불변의 절대적인 것이어야 한다고 하는 허친스나 아들러의 주장에 반하여, 교육의 목적을 상대적인 것으로 생각하고 이것은 늘 변하고 있는 시대와 사회와 아동의 요구에 응하여 변화된다고 주장하는 듀이의 생각에 비교하면 얼마나 큰 차이가 있는가를 알 수 있다. 이러한 대차적인 인생관, 우주관을 가진 두 철학사상이 교육에 반영될 때 거기에 극도로 대립적인 학설이 전개될 것은 쉽게 짐작할 수 있다.

항존주의 철학의 비판점으로 다음과 같은 것을 들 수 있다.

첫째, 항존주의 교육은 절대적이고 항구적인 것을 무조건 받아들이고 추구하기 때문에 현대사회에서 요구되는 비판정신과 사고의 신장에 저해요소가 될 수 있다.

둘째, 항존주의는 지적 훈련(mental discipline)을 획일적으로 강조하고 있기 때문에 과연 모든 사람이 고전을 통한 전문교육을 해낼 수용적 자세가 되어 있을까? 사람의 지적 능력에도 한계가 있다. 결국 항존주의 교육은 엘리트 교육, 귀족교육에로 전락할 가능성이 있다는 비판을 받을 수 있다.

셋째, 인간은 지적, 정서적, 사회적 활동의 복합체인데 항존주의는 오직 인간의 지적인 일면만 강조하므로 전인교육에 위배된다. 모든 부분을 하나의 차원에서 조화 융합된 전인으로서 인간을 기르는 데에 배치된다는 비난을 듣지 않을 수 없다.

4. 재건주의 교육철학

재건주의(reconstructionism) 교육사상은 1950년대 이후 미국에 등장하기 시작한 새로운 교육사상이다. 이 사상은 브라멜드(T. Brameld)가 현대 미국 교육의 3대 조류인 진보주의, 본질주의, 항존주의 교육사상을 비판하고 새로운 교육사상을 모색했는데, 이것이 바로 재건주의 교육사상이다. 브라멜드에 의하면, 현대문명의 위기에 봉착하고 있는 이때에 현대에만 집착하는 진보주의나 과거만을 동경하는 본질주의, 항존주의와 같은 교육사상으로서는 현대문명의 위기를 극복할 수 없는 것이라 생각하고, 내일을 위한 보다 과감하고 선구적인 교육이 요청된다고 주장하였다.

재건주의라는 용어는 1940년에 출간한 버크슨(I.B. Berkson)의 『교육철학 서설』 속에서 '사회적 재건주의(social reconstructionism)'라는 말을 사용한 것이 처음이다. 그러나 재건주의 교육사상이 최초로 체계화된 것은 뉴욕 대학 교수인 브라멜드에 의해서이다.

브라멜드에 의하면, 현대의 세계는 실업과 공황과 불안, 전쟁의 위협에서 오는 위기 속에 처해 있는데, 이같은 위기는 소수의 독점자본에 지배당하고 있는 한 반드시 파멸을 가져온다고 한다. 따라서 이 위기에서 벗어나려면 다수가, 즉 민중의 지배를 확립하여 보다 나은 사회정의를 실현할 수 있는 민주사회 및 경제의 균등화된 사회를 재건하여야 하며, 교육은 다수자이며 이익을 위하여야 한다는 문제의식에서 출발하여 새로운 세계질서를 세워야 하는 데 앞장서야 한다는 것이다. 그는 새로운 세계질서로서 다음의 여섯 가지를 제기했다.

첫째, 불안하고 불공평한 경제질서 대신에 풍요한 경제질서

둘째, 국가는 필요악이 되는 대신에 건설적이고 종합적인 기관

셋째, 실험의 자유를 확보하는 동시에, 대중의 강력한 지지를 받고 공공복지에 봉사하는 과학

넷째, 자유스러운 분위기 안에서 자아를 재설계하고 갱신하며 문화를 창조적으로 표현하는 예술

다섯째, 사회구성원의 행복과 안녕을 향상시키기 위해 정부기관 및 지역사회가 적극적으로 연계하는 조직적 교육

여섯째, 종족, 종교, 국적, 성, 연령 또는 경제적 지위 여하를 막론하고 모든 사람이 인류의 경제적, 정치적, 과학적, 심미적 및 교육적 생활에 관련되는 온갖 권리와 의무를 다 같이 공정하게 나누는 사회

이와 같은 요소를 달성하는 것이 교육목적을 달성하는 것이 된다는 것이다.

재건주의 교육원리에 대해 넬러가 종합한 것을 요약하면 다음과 같다.

첫째, 교육은 우리 문화의 기본가치를 충족시킬 수 있는 새로운 사회질서를 현재 우리가 살고 있는 사회 속에 창조함과 동시에 현대세계의 정치, 경제, 사회적인 여러 세력과의 조화를 추구하는 일에 앞장서야 한다.

둘째, 새로운 사회는 진정으로 민주적이어야 하며 그 사회의 제도, 기관, 자원들은 국민에 의해서 지배되어야 한다. 새로운 사회는 민주사회이기 때문에 그 실현방법도 민주적이어야 한다.

셋째, 학교교육의 성격은 정치・경제 등과 같은 사회요인에 많은 영향을 받는다. 재건주의자들은 사회 속에서 어떻게 하면 개인이 최대한으로 자아실현을 성취할 것인가에 대해서 큰 관심을 갖는다. 교육은 사회적 자아실현(social self realization)에 그 목적이 있기 때문에 그것을 통해서 개인은 인격의 사회적 측면을 발달시킬 뿐만 아니라 사회계획에 참여하는 방법까지 학습하게 된다.

넷째, 교육의 목적, 내용, 방법은 오늘의 문화위기를 극복할 수 있는 방향에서

재구성되어야 하며, 행동과학적 연구가 발견해 낸 여러 원리들에 맞는 가치있는 것들을 발견할 수 있도록 도와준다는 데 있다.

재건주의 교육철학의 비판점에 대해서 살펴보면 다음과 같다.

첫째, 교육의 수단과 목적들은 행동과학에 의해서 발견된 결과에 따라 재구성해야 한다고 하는데, 우리들은 심리학자들끼리 지금 현실사회에서 요구되는 행동의 종류에 대해서 결코 의견을 같이 하고 있지 않다는 사실을 알고 있다는 것이다.

둘째, 과학은 아직도 '인간으로서 받아들여야 할 가장 좋은 가치란 무엇인가?'라는 질문을 한다. 또 '어떠한 사회제도가 가장 좋은 가치를 실현하는 데 도움을 주는가?'라는 질문에 답변을 하지 못하고 있다는 것이다.

셋째, 새로운 사회질서를 수립하기 위한 교육의 설계를 누가, 어떻게 하며 실제 문제로서 교육의 힘으로 과연 이러한 새로운 사회복지 확립과 같은 거창한 일을 할 수 있는 능력이 있는가 하는 등의 문제를 제기하고 있다.

5. 실존주의 교육철학

1) 실존주의의 철학적 배경

실존적 교육관은 전통적 교육관에 회의를 느끼고 성립된 것으로서 전통적 교육관이 연속적, 지속적인 인간 형성을 중시하며 교육기관과 교육과정이 연속적으로 되어 있는데 대하여 실존적 교육관은 비연속적 형식의 교육을 강조한다. 실존주의 교육은 인간의 영혼과 영혼이 맞부딪치며 개성적인 삶으로 서로 영향을 줄 때 결과로 나오는 인간의 영적, 도약적 변화 그 자체를 말한다. 주요 탐색 대상은 인간의 주체성, 모순, 불안 등이다.

실존주의(existentialism)는 인간 자신의 내적 세계를 탐색하는 인간실존의 철학이며, 자신의 주체적 자각 · 결단 · 실천을 강조하는 행동의 철학이다. 이것은 인간 실존의 구조와 본질을 밝히는 철학이며, 인간이 상실한 자기의 모습을 되찾고 본래의 자기에게 귀환함으로써 자기 소외, 자기 상실 상태에서 자기 회복 · 자기 귀환을 기도하는 철학이다. 그러므로 실존철학에서 인간 개개인은 절대적 자유의 존재임을 강조한다.

이 철학은 19세기 덴마크의 키에르케고르(Soren Kierkegaard, 1813~1855), 독일의 니체(Friedrich W. Nietzsche, 1844~1900) 등에 의해서 체계화되었다. 실존주의와 교육과의 관계를 논한 학자는 마르셀(Gabrile Marcel), 부버(Martin Buber), 볼노우(Otto Friedrich Bollnow)와 넬러(George F. Kneller) 등이다. 실존주의 교육이론의 특징을 정리하면 다음과 같다.

2) 실존주의의 교육이념

① 개인의 중요성 강조

실존주의는 개인의 자유를 강조하며 자유의사에 따른 행동의 선택에 의하여 자신의 생활과 운명을 결정한다고 믿는다.

② 사회적 적합성에 대한 반항

사회적 규범에 얽매이지 않고 창조적으로 자신의 생활을 만들어 나가는 인간을 형성하려고 한다.

③ 전인교육의 중시

실존주의에서 진정한 의미의 인간 존재는 전인(whole man)이기 때문에 교육에 있어서도 전인교육을 강조한다. 실존주의는 개인의 자유를 절대적인 것으로 믿으며, 도덕적 가치는 외부로부터 강요될 수 없다고 본다.

④ 자아인지를 위한 교육과정의 중시

실존주의자는 교과목에 들어 있는 지식을 학생들에게 가르침으로써 그들의 마음을 해방시키며 자신의 존재에 대한 이해를 촉진시키려 한다.

3) 볼노우의 교육사상

볼노우(O. F. Bollnow)는 실존주의의 교육적 의의를 학문적 체계로 철학화한 실존주의 교육철학의 선구자이며 실존적 교육관은 그의 생명철학적 인간관에 기초하고 있다. 볼노우의 생명철학적 인간관은 실존주의와 합류해서 합리적, 기능적, 과학주의에 입각한 교육관에 정면으로 대립하는 교육관을 낳았고, 교육을 연속성으로 보는 종래의 교육관에 반대하는 입장을 취하면서 인간의 '삶의 과정'을 연속적, 계속적인 것으로 보았다. 볼노우는 실존적, 비연속적 형식의 교육 가능성을 위기, 각성, 만남, 비연속성 교육원리의 네 가지를 들고 각 사항이 갖는 교육적 의의를 분석하고 있다.

① 위기

한 인간은 위기를 통해서 스스로가 직면한 어떤 상태의 돌연한 중단을 체험하게 되고 그 상태가 지난 후에는 지금까지의 상태에서 생각할 수 없었던 새로운, 그리고 아주 판이한 상태에 놓이게 된 자기를 발견하게 된다. 이것이 바로 위기가 준 교육적 의미이다.

② 각성

원래 자신이 지니고 있으나 이를 인식하지 못함으로써 남으로부터 일깨움을 받는 작용을 말한다. 각성이 지니는 교육적 의의로 잠재성을 현실화하는 일, 외부로부터 심한 자극을 가하는 일, 고통을 수반케 하는 일, 돌발적으로 온 힘을 발동시키는 일, 잠을 깨는 데 그치지 아니하고 옛 것을 버리고 새 것을 지향한다.

③ 만남

'만남은 교육에 선행한다'는 이 말은 한 인간이 다른 한 인간에게 마음 전체로, 즉 인격적으로 끌리게 될 때 비로소 진정한 교육의 터전이 마련된다는 뜻이다.

④ 비연속성 교육원리

실존주의의 진정한 그리고 높은 수준의 교육은 의도적 · 계획적 · 계속적으로 되는 것이 아니고 비연속성의 원리에 의해 이루어진다고 주장하고 있는데 이것은 실존주의의 획기적인 공헌이라고 할 수 있다. 예컨대, 이 세상을 맑고 아름답게 살 수 있도록 하는 일, 남을 사랑하는 마음을 기르는 일, 신앙을 갖게 하는 일 등은 연속성의 원리에 입각한 교육으로는 불가능하고 비연속성의 원리에 의한 교육에서 보다 효과적이고 바람직한 결과를 가져올 수 있기 때문이다.

6. 포스트모더니즘의 교육철학

1) 포스트모더니즘의 특징

20세기 중후반에 걸쳐 대두된 포스트모더니즘은 모더니즘을 극복하자는 취지의 사상적 흐름이다. 포스트모더니즘을 이해하기 위해서는 무엇보다도 모더니즘과의 관계를 파악하는 일이 선행되어야 한다. 즉, 모더니즘이란 이성중심, 계몽적 사고 중심, 객관적 과학을 강조하는 합리적 절차가 특징이다. 포스트모더니즘은 모더니즘에 대한 연속적 수용, 거부, 발전적 개혁 등을 의미한다. 포스트모더니즘과 모더니즘의 관계는 다음과 같이 구분할 수 있다.

첫째, 양자를 연속의 관계로 파악하는 입장이다. 이 경우에는 'post'라고 하는 접두어가 'after'의 의미로 해석된다. 포스트모더니즘이란 모더니즘의 범주에서 이해되고 해석되는 하나의 활동이 된다.

둘째, 가장 비판적인 입장인 양자를 단절의 관계로 파악하는 입장이다. 이 경우는 'post'는 'anti'나 'against'의 의미로 해석된다. 이러한 입장은 가장 극단적인 경우로 포스트모더니즘은 모더니즘을 거부하고 모더니즘의 준거를 비판한다.

셋째, 양자의 관계를 연속과 동시에 단절의 관계로 파악하는 입장이다. 이는 모더니즘의 단점을 극복하고 이를 바탕으로 포스트모더니즘의 입장을 세련화하는 입장이다. 양자를 단절과 연속의 과정으로 보는 두 준거를 통합한 보다 긍정적인 입장으로 평가될 수 있다.

포스트모더니즘은 반정초주의, 다원주의, 반권위주의 등을 기본 원리로 표현한다. 그러나 포스트모더니즘의 기본원리나 근거 등은 그 논리적 전개과정이 매우 모호하다. 또한 포스트모더니즘의 범위는 인문과학은 물론 사회과학과 자연과학, 예술, 교육학 분야에 이르기까지 폭넓게 형성되어 있다. 포스트모더니즘을 연구하는 학자들이 공통적으로 지적하고 있는 포스트모더니즘의 특징을 요약하면 다음과 같다.

첫째, 포스트모더니즘은 반합리주의이다. 절대적 합리성은 근대인에게 요구되었던 사고와 행동의 전형이다. 근세사회는 이성적이며 합리적인 인간상을 추구하였다. 포스트모던 사상가들은 합리적 자아라는 것이 일반인을 속박하기 위하여 만든 허구라고 규정한다.

둘째, 포스트모더니즘은 인식론적 상대주의를 표방한다. 서양의 전통적인 지식관은 고정불변의 실재를 전제하고, 이 실재를 인간의 합리적 사고를 통하여 인식할 수 있으며, 인식결과는 보편타당한 합리적 지식관이라고 할 수 있다. 그러나 포스트모던 사상가들은 보편타당한 지식을 추구하는 지적 탐구활동의 절대적 기초란 없으며, 모든 인식활동은 인식자의 주관에 따른 상대적인 인식이 이루어질 수밖에 없다고 주장한다. 불변의 실재와 그것에 대한 합리적 인식은 허구라는 것이다.

셋째, 포스트모더니즘은 탈정전화(脫正典化)를 지향한다. 근대사회에서 문화적 정전은 보편적 진리와 가치를 반영하고 있다는 점에서 정당화되었다. 그리고 정전에 부합하는 생활양식은 고급문화로 간주되어 사회 구성원으로 하여금 인정, 수용, 계승하게 하였다. 그런데 보편적 진리란 근거 없는 해체의 대상이라는 포스트모던 사상가의 견지에서 볼 때 정전이란 의미가 없는 것이다.

넷째, 포스트모더니즘은 유희적 행복감의 향유를 중시한다. 포스트모더니즘의 입장에서 역사나 삶의 현장은 끝없는 유희 장소로서 텍스트에 지나지 않는다. 따라서 포스트모더니즘 사회의 대중들은 총체성이나 역사성에 관심을 가질 필요가 없다. 포스트모더니즘 사상가에 의하면 사람은 자신과 자기 주변에 대한 실험적, 유희적, 감성적 접근 태도를 갖는 것이 좋다.

C/H/A/P/T/E/R

05

교육의 사회학적 기초

1. 교육과 사회화
2. 교육과 사회
3. 교육과 문화
4. 교육과 사회변동

1. 교육과 사회화

1) 사회화의 개념

인간은 자연적 존재로서 탄생하지만 사회 안에서 인간에 필요한 소양을 습득하여 사회적 존재로서 성장하여 간다.

칸트(Kant)는 인간의 출생을 자연적 상태(sein)라 하였고, 루소(Rousseau)는 생존적 탄생이라 하였다. 그러나 인간은 내재적 가능성을 가지기 때문에 인간사회 안에서 인간의 모습으로 성장하게 된다. 즉, 그 사회가 가지고 있는 여러 가지 생활양식이나 문화를 습득하여 인간다운 인간이 되어 간다. 이러한 과정은 반드시 인간사회 안에서 가능하며 사회 구성원 간의 끊임없는 상호작용에 의해서 수동적이든 능동적이든 인간이 되는 과정에 참여하게 된다.

이러한 사례는 오스트리아의 늑대 소년이나 프랑스의 아베이롱의 야생아, 인도의 아말라(Amala)와 카말라(Kamala)에서 찾아볼 수 있다. 카말라의 경우 인간사회에서 어느 정도 인간의 모습을 갖출 수 있었는데, 그 이전의 생존은 단지 인간사회를 떠난 동물적 존재였던데 비해 인간사회 속에서 인간의 생활양식을 습득할 수 있었다는 사실을 보여준다.

인간이 생물학적 존재로서 태어나서 이상적 당위로 성장하는 과정을 설명하는 데 중요한 개념은 사회화란 용어이다. 사회화(socialization)란 개인이 여러 가지 가능성을 갖고 태어나 그가 속한 사회집단의 규범이나 문화를 익히고 사회적 공동생활을 영위할 수 있는 현실적 행동을 발달시키는 모든 과정을 말한다. 다시 말하면 다른 사람과의 상호작용을 통하여 사회적 규범이나 역할을 내면화하고 그 사회집단에 적합한 행동양식을 발전시켜 나간다. 결국, 사회화 과정은 그 사회의 문화를 배워 가는 과정이라고도 볼 수 있다. 이 점에서 문화화(enculturation)라고도 한다. 또한 사회화는 넓게 보아 교육의 개념과 흡사한 면을 가진다.

2) 사회화의 목적과 과정

(1) 사회화의 목적

사회화의 내용이나 목적은 시대나 지역에 따라 다르게 나타날 수밖에 없지만 포괄적으로 말할 수 있는 것은 그가 속한 문화권 내에서 기본적인 행동 유형을 습득하는 것으로 볼 수 있다.

브룸과 셀즈닉(Broom & Selznick)은 다섯 가지로 요약하였다.

① 식사의 예절이나 남녀관계 등과 같은 그 사회에 필요한 기본적인 행동의 훈련

② 문화적 이념과 그 실현방법

③ 자기 자신에 대한 자아개념의 형성

④ 사회적 지위에 따르는 사회적 역할의 학습

⑤ 실제의 생활에 필요한 기술을 가르치는 것

(2) 사회화의 과정

사회적 존재로서의 인간은 성장과정에서 여러 집단에 소속되어 그 특정 집단의 행동 유형을 습득하여 간다. 즉 사회 내에서 개인이 사회의 특정한 문화와 규범에 따라 행동하며 동화되고, 사회적 상황에 적응하고 사회적 집단의 일원으로 발달하게 된다.

가족집단, 놀이집단, 지역사회, 학교, 작업장 등의 집단은 특정한 문화나 집단

규범을 가지고 있어서 개인에게 문화기대나 문화구속을 하게 된다. 이러한 문화기대나 문화구속에 부응하여 사회에 적응하여 가는 과정을 사회화 과정이라고 할 수 있다.

성공적인 사회화는 정상적인 성장을 의미한다. 정상적이고 바람직한 성장에 있어서 사회화의 과정은 결정적인 중요성을 내포한다. 가정에서 가족 구성원과의 상호작용에 의해서 가장 초보적인 생활습관이나 언어, 태도 등을 습득하게 되고 또래집단에서는 참여의식, 협동심, 책임감, 소속감, 경쟁심, 역할의식 등의 다양한 사회성을 함양하게 된다. 그리고 학교에서는 보다 조직적이고 체계적인 지식과 기술, 태도, 문화의 전달과 창조력을 기르게 되고 지역사회나 직장을 통해서는 사회적응력을 기르게 되고 자아실현의 경험을 축적하게 된다. 이러한 사회화 과정이 비정상적인 형태로 이루어지면 정상적인 사회 구성원으로서의 성장이 어려워진다. 이를 입증하는 사례는 사생아로 태어난 안나(Anna) 소녀, 아말라와 카말라, 늑대 어린이 등이 있다.

이러한 의미에서 볼드윈(Baldwin)은 개인이 정상적으로 성장하게 되면 동료들과 긴밀해지며 한편으로는 자신의 사회적 의무와 특권을 수행하고 행사하면 그 사람은 최고의 개성을 향상시키게 된다고 하였다.

뒤르켐(Durkheim)은 사회화 과정이 일어나는 심리적인 기제로서 집단적 표현의 이론을 주창하였다. 집단 표현이란 한 사회집단이 공유하고 있는 이념, 행동양식, 태도, 가치관 등을 말하는 것으로 어떤 사회적 규제에 의하여 내면화되어 개인에 받아들여진다는 것이다.

쿨리(Cooley)는 사회화 과정을 사회적 자아의 발달로 파악하였다. 사회적 자아란 개인이 사회생활을 통하여 추출한 이념 또는 이념체계로서 자기의 것으로 소중히 여기는 것을 말한다. 이러한 사회적 자아는 사회적 상호작용을 통해 개인이 거의 본능적으로 가지게 되는 자아에 대한 느낌에 의해서 생긴다. 이처럼 자기에 대한 느낌, 자기 의식이 다른 사람과의 사회적 관계에 있어 기초가 된다.

3) 억압적 사회화와 참여적 사회화

한 개인의 사회화 과정에서 외부의 자극이나 환경의 영향이 어떠한 것이냐에 따라 억압적 사회화(repressive socialization)와 참여적 사회화(participatory socialization)로 구분할 수 있다.

억압적 사회화는 잘못한 일에 대해서 벌을 주는 형태이다. 즉 복종 또는 권위에 대한 존중, 외부 통제 등을 강조한다. 부모는 체벌을 하게 되고 질책을 자주 한다. 부모와 자녀 간의 관계에서 상호 교류의 대화는 성립되지 않고 일방적인 명령인 경우가 많다. 또한 부모의 지시가 구체적이고 모든 행동이 부모의 감독 아래서 행하여진다. 그러나 참여적 사회화에서는 부모는 아동과의 대화를 통하여 필요와 요구를 알린다. 대화는 이해와 사랑을 기초로 하고 어느 정도의 평등한 관계를 전제로 한다. 그리고 부모와 자녀 간에 서로 관심이 있는 대화가 이루어진다. 참여적 사회화는 성인 중심의 문화라기보다 아동 중심의 문화라고 할 수 있다.

브룸과 셀즈닉의 연구에 의하면, 참여적 사회화에서 나타나는 구체적인 특징은 잘한 일에 대한 칭찬, 상징적 보상과 벌, 자율성 강조, 언어적 표현, 상호작용의 대화, 아동중심적 사회화, 자녀의 욕구에 대한 부모의 인식 요청, 일반적 행동 결정자로서의 가족 등을 들 수 있다. 반면에 억압적 사회화의 특징은 잘못에 대한 벌, 물질적 보상과 벌, 복종 강요, 비언어적 표현, 명령적 지시, 부모중심적 사회화, 부모의 소망에 대한 자녀의 인식 요청, 구체적 결정자로서의 가족 등을 들 수 있다.

4) 사회화 기관

사회화는 누구에 의해서 이루어지는가 하는 문제가 곧 사회화 기관 또는 사회화 대행자의 문제이다. 즉 인간이 성장 발달하면서 사회화 과정에 관련되는 매개체를 사회화 기관 또는 사회화 대행자라 한다. 대표적인 예로 부모, 친구, 교사, 이웃, 친척, 애인, 배우자, 가정, 학교, 교회 등을 들 수 있다. 그리고 영화, TV, 라디오, 신문, 잡지 등 대중매체가 사회화의 촉진기관이 되기도 한다. 이러한 여러 가지의 사회화 기관 중에서 대표적인 가족, 또래집단, 학교, 매스미디어를 살펴보기로 한다.

(1) 가족

가족은 인간의 최초 사회화 기관이며 성격의 기본 바탕을 형성하는 데 중요한 기관이 된다. 가소성이 풍부한 시기에 가족 구성원과의 인간관계 속에서 언어를 습득하고 행동의 기본 양식을 습득한다. 머독(Murdock)은 가족의 일반적인 기능으로 성적 기능, 생식적 기능, 경제적 기능, 교육적 기능을 들고 있다.

가족의 교육적 기능 면에서 보면, 가정에서의 성인세대와 자녀세대 간의 접촉은 자녀의 성격이나 가치관 형성에 결정적인 영향을 끼친다. 부모의 가치관이나 신념, 태도가 자녀에게 내면화된다는 점이다. 해비거스트(Havighurst)의 발달과업 이론에 나타난 유아기 단계의 과업을 살펴봄으로써 사회화 과정에서 가족의 역할이나 기능을 이해할 수 있다.

① 걷는 것

② 음식을 섭취하는 것

③ 이야기하는 것

④ 배설을 조절하는 것

⑤ 성(性)에 따른 차이와 성에 맞는 행동을 아는 것

⑥ 신체의 안정성을 유지하는 것

⑦ 사회적 사물이나 자연적 사물에 관한 단순한 개념을 만드는 것

⑧ 양친, 형제자매, 타인에게 정서적으로 자기를 적응시키는 것

⑨ 선악을 구별하며 사회적 의식을 발달시키는 것

(2) 또래집단(동료집단, peergroup)

또래집단이란 연령과 신분이 서로 비슷하며 같이 느끼고 행동하는 같은 동료집단을 뜻하며, 연령, 신분, 흥미, 태도, 성별 등이 비슷하며 가까운 감정이나 행동을 내포하는 집단으로 대체로 자연적으로 형성된다. 이들 집단에는 '우리'라는 감정(wefeeling)을 가지고 있으며 그들만의 규칙이 있고, 각 구성원들은 자신들이 바라는 기대를 가진다.

또래집단의 교육적 의의를 다음과 같이 요약할 수 있다.

① 민주적인 태도와 정신을 배운다.

② 안정감을 부여한다.

③ 지도성을 학습하게 된다.

④ 인간의 사회화 과정이 촉진된다.

⑤ 아동 상호 간의 인정을 통해서 자신감, 자아관념의 형성에 이바지한다.

⑥ 개인의 역할을 발견하고 배운다.

⑦ 문화적 동일성을 형성한다.

다음은 또래집단을 유형별로 그 특징을 알아본다.

첫째, 유희집단을 들 수 있는데 오락집단(play group)이라고도 한다. 또래집단의 유형 중에서 가장 비형식적이고 아동 생활에 있어서 최초로 형성되며, 집단 구성은 자연적, 자발적이다. 이 집단에는 특정의 지도자가 없고 누구나 지도자가 쉽게 될 수 있고, 모두가 주관적, 순간적으로 모였다 흩어졌다를 반복한다. 활동의 주된 것은 흥미중심의 놀이다. 이때 구성은 성별의 차이와 계층의 차이는 관계가 없으며 연장자의 참여도 허용한다. 이 집단은 연령이 증가함에 따라 집단의 수도 늘어나고 노는 시간도 길어지고 지속성이 강해진다.

둘째, 동인집단(clique)을 들 수 있다. 이 집단은 동일한 사회적 지위를 가진 아동들로 구성되며 친밀성이 강하다. 집단형성의 조건은 연령이나 성별보다는 사회계층이나 신분이 중요하며 배타적, 폐쇄적 성격을 띠게 된다. 주된 활동은 정서적 활동, 독서, 파티, 연주, 음악감상 등의 교양적이며, 소비적, 향락적 경향으로 흐를 수도 있다. 이 집단은 주로 상류층의 자녀들에게 형성된다.

셋째, 도당(gang)을 들 수 있다. 이 집단은 초등학교 3, 4학년에서부터 중학교 3학년 사이에 주로 형성되며, 부모, 교사, 사회인으로부터 관심이 적게 작용할 때 발생하며, 도당의 결속력은 강하고 구속적이다. 조직이 확고하고, 지도자에 대한 복종, 집단에 대한 충성이 강하게 나타난다. 성별에 따라 구성되며, 연장자의 참여를 거부하고 그들만이 가지는 은어, 표어, 규약, 서약을 가지며 역할 분담이 분명하다. 이들은 모험이나 반사회적인 행동도 하게 된다. 또한 도당발생의 원인은 심리적 원인과 사회적 원인으로 구분된다. 심리적으로 새로운 경험에 대한 욕구, 공상, 방랑벽 등을 들 수 있으며, 사회적인 원인으로 가족집단의 약화, 학교생활의 비효율, 무취미, 오락시설의 결핍이나 오용, 간극지대 등을 들 수 있다.

(3) 학교

사회화 기관으로서의 학교는 가정이나 또래집단에 비하여 계획적, 합리적, 의도적인 특징을 보인다. 학생들은 학교를 통하여 일반적인 태도, 가치관, 신념, 기능 등을 습득할 뿐만 아니라 동료들과의 비공식적인 상호작용을 통하거나 교사나 상급생들과의 관계를 통하여 사회적 역할을 배우며 사회화되어 간다. 학교에서의 사회화를 교사의 역할, 학교 자체의 역할로 나눌 수 있다. 먼저 사회화에 교사의 역할, 자체의 역할을 알아본다. 학교의 전통, 학교풍토, 학교문화, 학교교육의 운영방침에 따라 학생들의 사회화는 많은 영향을 받게 된다.

사회화란 측면에서 학교는 첫째, 인류의 문화유산을 학습하고 계승 · 발전시키려는 태도와 능력을 길러 준다. 둘째, 학교사회의 집단생활에 필요한 규범이나 행동양식을 가르치는 기능을 한다. 셋째, 장래 직업 세계에서 요구되는 가치관과 기본적인 기능을 습득하게 하는 직업적 사회화의 기능을 가진다.

다음은 교사의 학생에 대한 사회화의 역할을 알아본다. 교사는 학생들의 사회화의 모델이다. 가정에서의 부모의 역할처럼 학교에서의 교사는 동일한 대상이 된다. 교사의 성격, 태도, 가치관, 정의적인 측면 등 인격적인 모든 영역에서 중요한 모델로서의 역할을 하게 된다. 패터슨(Patterson)은 우수한 교사의 자질로서 학생들과의 공감적 이해, 진실된 교사, 아동의 존중 등을 들고 있고, 퀸틸리안(Quintilian)은 인격적 감화를 강조하였다. 그리고 교사는 학생들의 행동을 수정하는 역할을 가진다. 교사는 다양한 방법을 통하여 학생들의 행동을 수정하게 되는데 가정이나 또래집단, TV 등에서 배운 바람직하지 못한 행동을 수정하여 바람직한 행동으로 인도하는 역할을 한다.

(4) 대중전달매체

현대사회가 급속하게 발달로 인해 인간의 생활과 활동은 과학기술에 의하여 많은 영향을 받게 되었다. 아동이나 성인에 대하여 사회의 각양각색의 대량 전달매체에 의하여 이루어지고 있는 영향은 대단히 크다. 신문, 잡지, 라디오, TV, 영화 등을 매스 커뮤니케이션(mass communication)이라 부른다. 매스컴은 아동의 인격을 형성하는 데 강력한 교육적 기능을 가지고 있다. 이 점에서 교육적으로 유익한 점과 유해한 점을 동시에 가지고 있다. 매스미디어들이 상업주의로 흐를 때 그 프로그램은 자연히 저속되고 비속화된 문화를 전달하게 된다. 그러므로 아동의 저속한 감수성을 자극시키고, 불필요한 성장을 조장하여 집중력을 저하시키며, 학습태도에 나쁜 변화를 초래할 수 있다. 하지만 직접적인 인간관계에서 경험할 수 없는 여러 가지 경험을 제공하거나 교양의 폭넓은 전달, 인격형성에 정의적 측면의 긍정적인 교육 기능도 간과할 수 없다.

5) 사회화의 내용과 방법

(1) 사회화의 내용

사회화의 내용은 규범을 내면화하는 과정이라고 볼 때 그 사회의 관습, 가치관, 태도, 규범 등을 내포하고 사회화가 인류문화의 계승과 발전을 위한 성원의 문화적 기대로 파악한다면 그 사회가 가지고 있는 언어, 역사, 문화, 예술, 종교 등의 습득을 사회화의 내용으로 볼 수 있다.

사회의 주요 내용을 몇 가지로 살펴보기로 한다.

첫째, 언어의 습득을 들 수 있다. 언어는 자기 의사를 표현하고 전달하는 수단이며 매개물이다. 언어는 사회성과 인간의 사고력을 계발해 주고 사상을 명확하게 체계화 · 논리화해 주는 문화의 기초라고 볼 수 있다. 언어는 인간의 지각과 기억을 풍성하게 하는 사회생활의 중요한 수단이 된다. 이러한 언어를 초기의 사회화 기관인 가족 내에서 익히게 되면 학교 기관을 통하여 심화되고 체계적인 습득이 이루어진다.

둘째, 성역할을 들 수 있다. 인간은 성장과정에서 모방하는 대상으로부터 역할을 학습하게 된다. 남자아이는 아버지와 동일시하면서 남성의 역할을 배우게 되고, 여자아이는 어머니의 역할에 대한 모방으로 배우게 된다. 사회에서 기대하는 성적인 역할을 배워 사회에 적응하므로 정상적인 기능을 할 수 있다.

셋째, 도덕적 규범을 들 수 있다. 사회적 존재로서 사회에서 유리되지 않고 사회 성인으로서의 역할을 수행하려면 그 사회가 가지고 있는 규칙을 습득하지 않으면 안된다. 그 사회를 유지하고 통제하는 가장 기본적인 규율은 개인의 내면적인 가치관, 도덕률에 의해서 이루어진다. 이 규범적 요소를 습득한다는 것은 결국 훌륭한 성원으로서의 자질이 되며 사회화의 중요한 내용인 것이다.

(2) 사회화의 방법

사회화의 방법을 학습의 측면에서 살펴보면 세 가지 유형으로 나눌 수 있다.

첫째, 모방학습이다. 아동의 사회적 학습은 접촉하는 개인의 행동을 모방함으로써 시작된다. 따라서 모방적 행동은 인간의 학습을 가능케 하는 가장 기본적인 행동이며 이는 모든 인간에게 공통적으로 나타나는 행동이다. 인간은 자기에게 유리한 타인과 보상받을 수 있는 타인을 모형으로 삼음으로써 칭찬과 보상은 모방행동을 더욱 강화하고 지속시켜 주며 이 과정을 통하여 사회화가 이루어진다.

둘째, 모형학습을 들 수 있다. 모형이라는 뜻은 모방할 대상자를 선택하는 과정으로 흔히 동일시라고 한다. 한 개인이 다른 사람을 학습의 모형으로 선택하게 하는 것은 반드시 어떠한 이유가 있으며, 이런 모형 선택에 영향을 주는 사람은 보상을 주는 사람, 모형으로 선택하지 않으면 사랑을 거절당하거나 벌을 받게 될 가능성이 있는 사람, 지위나 권력이 높은 사람, 자기와 유사한 점이 있고 의사가 잘 통하는 사람 등이다. 특히 교사는 학급의 아동들이 흔히 택하는 모형이 되고 있다.

셋째, 역할학습을 들 수 있다. 역할학습이란 어떠한 지위를 차지한 사람이 그 지위에 요구되고 기대되는 행동을 학습하고 수행하는 과정을 의미하며, 개인의 성격, 동기, 능력 등에 따라 역할학습이 촉진되기도 하고 저해되기도 한다. 또 역할학습은 다음과 같은 경우에 촉진된다. 즉 역할기대가 분명할 때, 한 지위에 요구되는 기대가 일치할 때, 과거에 학습한 역할과 새로이 학습할 역할이 서로 관련성이 있을 때, 학습한 후에 보상이 따를 때 등이다.

(3) 자아형성이론

자아형성이론으로 대표적인 것으로 쿨리(C. H. Cooley)의 거울의 자아이론, 미드(G. H. Mead)의 사회적 자아이론, 프로이트(S. Freud)의 초자아이론이 있다.

우선 쿨리의 거울의 자아이론을 간략하게 알아본다. 쿨리는 자아의 형성과정을 거울에 비유하여 설명하고 있다. 자아의 개념은 사람의 한평생 복잡한 과정을 거쳐서 형성된다. 쿨리는 사람의 자아개념은 그 사람의 객관적인 사실과 반드시 관계가 있는 것은 아니라고 보았다. 즉 주위 사람들이 그를 어떻게 생각하느냐에 따라서 결정되는 것이다. 이것은 사회적 자아가 거울 속을 들여다볼 때 느끼듯이 자기가 다른 사람에게 어떻게 보일까, 또 다른 사람들이 자기의 모습을 보고 어떻게 판단할까를 상상하는 데서 발달해 나간다는 것이다.

다음으로 미드의 사회적 자아이론을 알아본다. 미드는 '중요한 타인(significant

other)'과 '일반화된 타인(generalized other)', 주체로서의 '나(I)'와 객체로서의 '나(me)'의 개념으로 자아이론을 설명하고 있다.

우선, '중요한 타인'과 '일반화된 타인'에 대해서 알아보면 어린이가 사회적 역할을 배울 때 처음에는 부모나 교사와 같이 특정한 사람의 가치나 태도를 크게 모방하여 아동의 행동 발달이 이루어진다고 했다. 이와 같이 행동 발달에 있어서 모방하기를 원하거나 인정받기를 원하는 위치에 있는 사람을 '중요한 타인'이라고 한다.

'일반화된 타인'은 개인의 행동 발달에 영향을 주는 특수한 인물이 아니고 개인에 영향을 미치는 일반적인 사람이다. '일반화된 타인'을 이해함으로써 자기 자신과 다른 사람 일반과의 관계를 이해하여 다른 사람의 입장에서 자기 자신을 생각하게 되는, 즉 사회성을 발전시키게 된다. 그리고 이 때에는 자율적으로 행동할 수 있는 자유를 가지게 된다.

다음은 주체로서의 '나'와 객체로서의 '나'를 알아본다. 주체로서의 '나(I)'는 다른 사람의 가치관이나 태도를 완전히 자기 자신의 판단으로 바꾸어서 행동한다. 따라서 구체적 상황에서의 행동은 자기 자신이 결정한다. 주체로서의 '나'는 자유롭고 자율적이고, 창조적이다. 그러나 객체로서의 '나(me)'는 다른 사람의 가치관이나 태도에 의해 완전히 결정되어 버린 상태의 나 자신인 것이다. 그는 객관적인 상태의 일부분이며, 자기 자신의 자율성과 창의성을 찾지 못하고 주위 환경에 의하여 지배되어 버린다. 집단이 엄격하고 융통성이 없는 경우에는 객체로서의 '나'가 주체로서의 '나'를 압도해 버리는 경우도 있다. 하지만 적당한 자유가 집단에게 주어졌을 때 주체로서의 '나'가 활기를 찾게 되면 사회구조를 재조직하게 된다. 미드는 사회적 자아의 형성과정에서 나의 행동에 대한 다른 사람의 기대를 생각하지 않고서는 자아가 발달될 수 없다고 보았다. 그리고 그는 자아의 형성과정에서 언어, 정신, 사회의식에 앞서 비언어적 표현은 언어적 표현에 우선하며, 언어는 행동을 관념과 연결시켜 주는 가장 중요한 사회적 산물로 보았다.

2. 교육과 사회

1) 교육의 사회적 기능

교육의 사회적 기능은 크게 진보적 기능과 보수적 기능으로 나눌 수 있다. 먼저 진보적 기능은 교육이 사회의 개조, 변화, 진보를 위한 기능을 한다고 보는 것으로 창조적, 혁신적 기능이라고도 한다. 반면 보수적 기능을 사회의 유지와 보존의 기능을 강조하므로 보존적 기능이라고도 한다. 그러나 교육의 사회적 기능은 간단하게 구분할 수 없고, 여러 가지의 기능으로 분석된다.

그린(Green)의 견해에 따르면 다음과 같이 요약된다.

① 사회의 질서유지와 발전 도모의 기능

② 인간의 사회화 기능

③ 문화유산의 전달 기능

④ 사회생활에서의 동기유발 기능

⑤ 사회 구성원의 능력 향상의 기능

⑥ 사회제도와의 밀접한 상호부조의 관계 수립 기능

하지만 여기서는 교육의 기능을 학교교육 측면입장에서 ① 문화의 계승과 창조의 기능, ② 사회화의 기능, ③ 사회 통제와 통합의 기능, ④ 사회 충원의 기능, ⑤ 사회변화와 사회이동 촉진의 기능으로 세분하여 고찰하기로 한다.

(1) 문화의 계승과 창조의 기능

교육의 가장 중요한 사회적 기능은 문화의 계승과 창조의 기능을 들 수 있다. 문화의 계승 기능은 사회화의 기능, 사회적응 기능, 사회유지 기능을 모두 포괄하는 개념이다. 개인적 차원에서 볼 때 어린이들은 사회 구성원으로서의 인정을 받기 위해 그 사회에 적응하여야 하고, 그 사회에 적응하기 위해서는 그 사회가 공인하는 언어, 사고, 감정, 태도, 지식, 가치관, 행동양식을 학습하여 내면화해야 한다. 이러한 학습은 대부분 학교교육을 통해서 이루어진다.

사회적 차원에서 볼 때 사회의 존속을 위해서는 한 사회에서 문화적으로 전승되어 온 지식, 기술, 규범, 태도, 언어, 가치관 등의 여러 가지 생활방식과 행동양식을 사회 구성원들이 계승하도록 해야 한다. 만약에 그렇지 못할 때는 그 사회의 안정이나 질서는 유지되기 힘들기 때문이다.

결과적으로 사회 구성원은 개인이나 사회를 위해서 사회가 요구하는 여러 가지 생활방식과 행동양식을 내면화하게 되는데, 이는 한 사회의 문화가 개인의 사회화를 통하여 다음 세대로 전달되는 결과가 된다. 학교교육은 바로 이러한 중요한 기능을 맡게 되는데 그 비중이 가정교육이나 사회교육보다 크며 학교교육 중에서도 유아교육, 초등교육, 중등교육의 순으로 더 큰 비중을 차지한다.

학교교육의 중요한 과제는 문화라는 것이 시대, 사회계층, 집단 유형, 지역사회에 따라 각기 다른데, 어떤 문화를 공인된 문화로 보고 이를 전승하느냐 하는 것이다. 사회가 공인하는 규범이나 가치관 등의 문화내용은 바로 교육의 주요 내용이 되는데 이를 사회로부터 제공받아 구성하게 된다는 점에서 교육은 사회적으로 수동적인 입장에 있게 된다. 이런 점에서 볼 때 학교교육의 문화전승 기능은 수동적 기능이기도 하다. 또 문화전승 기능은 사회를 개혁하고 문화를 창조하는 역할을 담당하기에 앞서 기존 문화를 계승해서 유지·보존하는 역할을 담당하는 기능을 가진다고 할 수 있다.

하지만 교육이 계획적인 사회변화를 촉진시키는 역할을 담당한다는 의미에서 사회개혁의 기능을 가진다. 또 교육은 새로운 문화를 창조하는 힘을 갖는다. 교육이 의도적으로 사회를 변화시키기도 하지만 그 직접적인 요인은 과학기술의 발달이다. 교육은 일찍부터 과학기술 교육을 중시하였으며 그 결과로 기술문화의 발달이 촉진되었다. 기술문화의 발달은 시간적으로 늦어지지만 필연적으로 가치문화의 변화를 초래하게 된다. 따라서 교육은 사회가 요청하는 새로운 지식과 기술의 발달을 교육내용으로 하여 기존 문화를 개혁하고 새로운 문화를 창조하는 기능을 가진다.

(2) 사회화의 기능

사회화란 한 개인이 자연적 존재에서 사회적 존재로 되어 가는 과정을 의미한다. 즉 사회집단의 행동양식이나 가치관, 규범 등을 내면화함으로써 개인의 동질화를 강조하지만 한편으로는 자신의 독특한 개성을 형성해 가는 개성화의 의미도 있다.

학교에서의 사회화는 두 가지 형태로 나누어 볼 수 있는데 하나는 이른바 인지적 사회화로서 특정 지식이나 기술을 습득하는 형태와 또 다른 하나는 가치관이나 행동양식을 형성시키는 이른바 규범적 사회화이다. 우리나라의 경우에는 사회화를 논의할 때에 규범적 사회화 또는 도덕적 사회화를 강조하는 경향이 있다.

하나의 사회가 사회로서의 통일성을 가지고 존속·발전하여 나가기 위해서는 그 사회를 구성하는 사람들 사이에 일정한 공통된 가치관이나 행동양식이 존재하지 않으면 안된다. 하지만 한편으로 민주주의 사회는 다양성이 요구되기 때문에 개인의 소질과 개성을 신장하여 개성적인 인간으로 성장하여야 한다.

(3) 사회통합과 통제의 기능

사회통합의 기능이란 사회의 여러가지 이질적 요소들이 각기 독자성과 고유의 기능을 유지하면서도 전체적으로 조화를 이룰 수 있도록 하는 기능을 뜻한다. 이 기능은 문화계승 기능의 이차적 기능이라고도 하는데 두 기능이 모두 사회화를 통하여 공인된 태도, 규범, 가치관 등의 생활방식과 행동양식을 육성하여 사회적 존재로 형성한다는 점에서 차이가 없다.

그러나 사회통합 기능은 문화전승 기능보다 강제성을 띠는 사회적 통제 내지 사회적 제재의 기능을 수반한다. 전문적이고 분화되어 있는 이질적 구성요소들을 조정하고 이들 요소들을 중심으로 각기 다른 문화 간의 대립과 갈등을 해소하고 조화를 이루기 위해서는 경우에 따라 강제성을 띤 통제와 제재가 필요하다는 것이다. 학교교육을 통한 통합적 기능은 학교사회 내에서 학생들의 바람직하고 공인된 행동은 권장되지만 비정상적인 행동에 대해서는 제재를 가하게 된다. 그 결과 학생들로 하여금 사회가 공인하는 방향으로 나아가게 된다.

교육의 과정에 있어서 가장 강력한 통제자는 역시 부모나 교사라고 할 수 있다. 부모들은 자녀의 바람직한 성장을 위해 칭찬이나 질책, 모델의 역할 등의 방법을 활용한다. 하지만 오늘날에 있어서 가족의 교육적 통제 기능은 전통사회에 비하여 상당히 약화되어 있다. 학교교육에 있어서도 과거와 같이 훈육적 통제 기능은 약화되고 있다. 이런 점에서 볼 때 교육이 담당해야 할 사회적 통합과 통제의 기능은 더욱 중요하다.

(4) 사회 구성원의 선택과 분류의 기능

사회는 그 존속을 위해 수많은 기능을 수행하는데 그 기능에 따라 지위와 역할이 달라지기 때문에 이에 적합한 지식, 기술, 자질을 요구한다. 학교교육은 이러한 여러 가지 요구에 맞게 학생의 능력, 적성, 흥미 등을 기초로 하여 인력을 선발하고 교육시켜 배치하는 기능을 가진다. 즉 학교는 서로 다른 사회적 지위에 개인을 적절하게 분배한다. 학교가 학생의 능력이나 소질 및 취미 등을 기초로 하여 학생을 선발하고 학생들은 일정한 기간 교육을 받은 후 특수한 사회적 지위를 갖게 되는 것을 학교의 선택 및 분류 기능이라고 한다.

학교교육의 사회적 선발과 분배의 기능을 보는 시각에는 상반된 두 가지가 있다. 구조기능론적 입장에서는 고학력자가 좋은 사회적 지위로 분배되는 것은 정당하다고 보는데 반해 갈등론적 입장에서는 이를 두고 학교야말로 계급의 재생산 밖에 아무 것도 하지 않는다는 점을 지적하고 있다. 갈등론적 입장에서 보면 학교교육에 대한 기회가 부모의 사회계층에 의하여 상당한 영향을 받고 있다는 것이다.

(5) 사회변화와 개혁의 기능

학교의 기본적인 기능은 문화유산의 계승이지만 문화유산의 계승은 사회화를 통하여 현상을 유지하려는 보수적, 보존적 기능이다. 사회화에 의해서 인간이 활동할 때에 인간은 꼭두각시 노릇을 하는 역할 연기자가 된다. 학교가 너무 사회화에만 치우칠 경우 사회는 현존하는 현상과 생활양식을 사회 구성원들에게 따르도록 요구하는 것이기 때문에 사회를 침체케 할 우려가 있다. 여기에 혁신과 변화가 있어야 사회가 발전할 수 있다. 학교는 한편으로는 사회화를 도와주면서 한편으로 현존하는 사회규범이나 가치관을 변화시키고 새로운 지식이나 발명, 발견을 자극하고 격려하여 변화를 촉진시키는데 이러한 학교의 기능을 변화 및 개혁을 위한 기능이라고 한다.

학교는 여러 가지 방법으로 혁신과 변화를 초래하고 자극한다. 특히 대학의 연구, 교수, 봉사의 기능 중에서 연구의 기능은 변화, 혁신, 창조와 관련이 깊다. 대학은 연구의 기능을 통해서 많은 사회변화를 가지고 새로운 아이디어나 기술의 창조에 크게 공헌한다.

(6) 사회이동 촉진 기능

현대사회는 귀속적 지위보다 업적과 지위를 더 중요하게 요구하기 때문에 개인의 학업성적, 전문적 지식 및 기술을 가정배경, 종교, 인종, 성별 등의 요소가 매우 중요하다. 전문적 지식이나 기술은 주로 학교교육을 통해서 이루어지고 학교교육은 개방사회에서의 사회적 지위 향상을 위한 조건을 충족시켜 줌으로써 사회이동을 가능하게 해준다. 사회이동은 상하 계층으로 이동하는 수직적 이동과 직종이나 지역적으로 이동하는 수평적 이동이 있다. 고학력을 중시하는 사회적 풍토에서는 학교교육을 많이 받아야만 하위계층에 속하는 직업에서 상위계층에 속하는 직업으로 상승 이동 할 가능성이 커진다. 또 고학력 위주의 사회에서는 고학력을 얻기 위해서 고등교육기관이 몰려 있는 대도시로 집중하는 수평적 이동을 초래하게 된다. 이처럼 학교교육은 사회적 수직적 이동뿐만 아니라 수평적 이동까지도 촉진하는 역할을 한다.

2) 교육과 가족

(1) 가족의 구조와 형태

사회적으로 확립된 모든 제도는 어떤 중요한 일을 수행하기 위하여 필요한 절차와 규범을 조직한 하나의 체계이다. 가족도 마찬가지로 어떤 일을 수행하기 위하여 그 사회에서 승인된 규범과 절차에 의하여 이루어진 인간의 집단이다. 가족은 어린이의 양육과 인간의 기본적 욕구를 충족시키기 위해서 조직된 친족집단이라고 정의할 수 있다. 가족이 친족집단이라 할 때 그것은 혈연적 관계가 있는 사람들의 집단만을 의미하는 것이 아니라 공통의 생활목적 및 동일한 기원이라는 생각을 가지고 있는 가까운 관계의 인간집단, 즉 우리가 흔히 친척이라고 부르는 사람들의 집단도 친족에 포함된다.

가족은 구성 범위에 따라 핵가족과 확대가족으로 구분되며, 권위의 소재에 따라 부가장제와 모가장제, 동권제(同權制)로 구분한다. 그중에서 가장 대표적인 유형인 핵가족과 확대가족을 알아보기로 한다.

① 핵가족(Unclear family)

핵가족이란 부부와 그 사이에서 태어난 미혼 자녀로 구성되는 가족으로 이 핵가족에서는 자녀들이 성장하여 결혼하게 되면 그들이 태어난 가족을 떠나 독립해서 새로운 가족을 형성하게 된다. 핵가족의 자녀에게 있어서 혼인이란 결국 핵가족으로부터의 독립을 의미하게 된다. 즉 핵가족은 가계의 혈통보다 근본적으로 부부가 중심이 되어 결합한 가정이다. 따라서 가족 구성원 사이에는 근본적으로 평등주의가 기본 원리로서 통용된다. 이것은 남녀 사이에서 뿐만 아니라 부모와 자녀 사이에서도 마찬가지이다.

핵가족은 스스로 생활을 영위해 나가야 하는 독립적인 단위조직이기 때문에 구성원 간의 상호 의존성이 강한 것이 특징이며 어떤 위기에 직면했을 때에도 외부로부터 도움을 받지 못한다. 이런 형태의 핵가족은 고도의 이동성과 분화가 요구되고 있는 현대사회의 생활에 적응할 수 있는 이점을 가지고 있다고 볼 수 있다.

② 확대가족(Extended family)

확대가족이란 핵가족의 종적인 결합으로서 자녀가 결혼한 후에도 그들의 부모와 동거하는 형태를 의미한다. 몇 세대가 하나의 가족으로 구성되므로 대개 대가족의 형태를 취하게 된다.

확대가족은 세계적으로 나타나지만 그 전형적인 유형을 중국에서 찾을 수 있다. 대가족제도의 특징은 가장 중심의 혈통과 강한 세대계승의 개념이 있다는 점이다. 비민주적 주종관계, 엄한 규율과 처벌, 보수적 가치관, 의타심 등 근대적 가치관으로 볼 때 부정적 측면이 있으나 효행이나 덕행, 가정예절, 정서적 안정, 상부상조의 인간관계, 친족간의 유대 등의 긍정적인 측면도 있다.

(2) 가족의 기능

① 성적 기능과 출산의 기능

가족은 기본적으로 성적인 욕구를 충족시키고 자녀를 출산하기 위한 조직으로 볼 수 있다. 성적 욕구는 인간의 기본적 욕구이지만 이의 충족이 잘못되는 경우에는 사회의 기본 질서가 흔들리기 때문에 어떠한 사회에서도 이와 관련된 질서와 규범이 있다.

성적 관계와 함께 자녀의 출산이 따르는 것은 필연적이다. 대부분의 사회가 가정이라는 테두리 안에서 성적 관계를 갖는 것은 합리적으로 생각하고 있기 때문에 가정 이외의 장소에서 출생하는 아동은 사회적으로 그 위치가 매우 곤란해진다.

가정이 성적 욕구를 규제하기 위한 기본적 제도라는 것을 거부하고 그 외의 방법으로 성적 욕구를 처리하려는 경향이 나타나면서 전통적 가치관의 변화가 최근에 일어나게 되었다.

② 교육적 기능

가정이 아동을 사회화하는 가장 중요한 방법은 규범적인 모범을 보임으로써 자녀들이 본받도록 하는 것과 상과 벌을 줌으로써 특수한 행동을 강화하거나 부정하는 일인 것이다. 가정에서의 성인세대와 자녀세대 간의 접촉은 자녀의 성격이나 가치관 형성에 결정적인 영향을 준다는 것은 부정할 수 없는 사실이다. 유아기와 아동기때 자녀들은 부모와 다른 가족으로부터 언어, 규범, 가치, 태도 등을 모방하여 학습하게 된다.

③ 심리적 기능

가정은 애정을 나누는 중요한 장이 된다. 정서적 불안정과 행동의 탈선이 대부분 사랑의 결핍에서 온다는 것은 결국 사람은 사랑이 필요한 존재임을 뜻한다. 사랑이 결핍되는 경우 어린아이들은 체중이 줄기도 하고 무감각한 아이가 되거나 지나치게 공격적인 아동이 되기도 한다.

가족은 혈연관계로 맺어진 강한 감정적 유대감에 기초하기 때문에 구성원들에게 심리적 안정감을 준다. 개인의 역할을 성공적으로 수행하는 데 기본적 요소가 정서적인 안정이라고 볼 때 이러한 정서적, 심리적 평형과 안정의 토대는 중요하며, 결국 가정 내에서 이루어질 수 있다는 점에서 가정의 중요도는 더욱 높다고 할 수 있다.

가정은 애정, 소속, 인정, 자존의 욕구를 충족할 수 있는 장이 되므로 가정의 정서적 · 심리적 기능은 어떠한 기능에 못지않게 중요하다고 볼 수 있다.

④ 보호의 기능

가족은 신체적, 경제적, 심리적인 면에서 가족 구성원들을 보호한다. 가족 구성원 한 사람에 주어지는 공격은 그 가족 구성원 전체의 공격으로 확대되는 경향이 많다. 그래서 그 공격에 대해서 가족 전체가 대항하여 보호하려 든다. 그리고 죄악이나 수치감, 명예심, 자존심도 결국 개인의 것이라기보다 가족 성원 전체의 것으로 되는 경우가 많다. 뿐만 아니라 경제적인 측면에서 어느 한 구성원의 궁핍이나 기아나 갈증을 내버려두지 않고 전체가 해결책을 모색하고 위기를 극복하여 경제적으로 보호를 해준다. 가족은 이와 같이 어린 성원과 노약한 성원을 양육하고 부양하며 특수한 위기나 위험, 도전에 대해 공동으로 대처하려 든다.

(3) 가족의 교육적 기능

① 핵가족의 교육적 기능

핵가족의 교육적 기능은 전통적인 확대가족에서보다도 더 심각하다. 핵가족에서는 평등주의가 지배하고 각 가족 성원은 다른 성원에 대하여 독립적인 위치를 기초로 성립하기 때문에 각자는 독립된 세계를 가지고 있다. 핵가족에서 어린이들은 가족 내에서보다도 집 밖에 나가서 친구들과 어울리는 동료집단의 문화를 발전시키게 된다. 어린이들은 부모 이외에 이들이 모방할 규범적 인물을 가정에서 갖지 못하기 때문에 핵가족에서 부모의 가정교육은 대가족제도에서 보다 더 강조된다.

핵가족에서는 부부와 자녀를 중심으로 하는 가족이 가정을 이루기 때문에 자녀수가 많아지면 양육문제가 어렵게 된다. 가정의 기초가 부부이므로 부부의 애정은 가정을 유지하는 기초이며 가정의 정서적 안정도 부부관계에 크게 의존한다. 핵가족화되면서 자녀들에 대한 교육열은 높지만 정서적, 심리적 측면에서는 불안정을 초래하는 특징을 보인다.

② 확대가족의 교육적 기능

확대가족이란 핵가족의 종적인 결합으로 자녀가 결혼한 후에도 그들의 부모와 동거하는 형태이다. 확대가족의 가장 근본적인 특징은 혈연적 결합을 기초로 하는 남자 중심으로 가계가 이어져 가는 점이다. 조부모, 자, 손자 등으로 이어져 가는 가계의 연속성에 가장 중요한 특징이 있다. 이러한 가족제도에서는 자연히 부계제의 확립과 가부장권이 강력해진다. 아버지는 가정의 대표자 및 지도자로서 강력한 권한을 행사한다. 가계를 잇기 위하여 많은 자녀, 특히 남자아이를 출산하기를 원하고 가정의 분위기는 대체로 권위주의적이다.

이러한 대가족제도 가정에서의 교육이나 사회화 방법은 대체로 일방적이다. 아버지와 아들 사이에는 절대 복종을 요구하는 주종관계가 성립하며 교육에는 규율과 엄한 처벌이 따른다. 그 대신 아버지는 아들을 보호하고 훌륭하게 길러서 결혼할 배우자를 선택해 주고 그에게 재산을 상속시켜 준다. 어린이의 양육을 위해서는 부모 이외에 조부나 조모 또는 친척이 큰 역할을 하며 어린이는 어른들로부터 독립하여 행동하는 것이 강조되지 않는다. 그러므로 어린이가 늘 어른과 접촉하는 기회가 많아서 어린이는 일찍 어른의 세계를 배우게 된다. 아버지는 어린이에 대해서 무한한 사랑을 베푸는 것과 마찬가지로 자녀는 부모에 대해서 효행과 존경심을 가져야 한다. 가정 전체에는 중심을 향해서 모여드는 구심력이 작용하게 되고 어린이들은 정서적 안정을 가질 수 있다.

(4) 부모의 자녀양육 태도

① 과잉보호적 양육 태도

확대가족에 비해 자녀의 수가 적어진 핵가족 상황에서 자녀에 대한 보호와 관심, 기대 등이 지나쳐서 문제를 야기시킨다. 관심과 보호가 지나쳐서 자녀를 자신의 보호심리에 따라 무리하게 교육시키므로 심리적 부적응을 유발하기도 한다. 자녀를 늘 보호받아야만 하는 미성숙한 존재로 생각하고 과도하게 보호하고, 염려하며, 지나친 애정을 표시하는 부모의 태도는 자녀를 자율성과 독립성이 결여된 인간으로 키울 수 있다. 이런 상황에서 자란 자녀는 자기 중심적이며 조그만 위험이나 모험도 허용하지 않으며 소극적이고 사회성이 결여된 아동으로 되기 쉽다.

② 거부적 양육 태도

부모가 자녀의 요구에 냉담하거나 무관심 또는 거절하는 태도를 말한다. 어떤 부모는 자녀가 자신의 인생에 방해가 된다고 생각하고 자녀를 거절하는 태도를 보이기도 한다. 또 자신의 결혼생활에 대한 불만이나 갈등을 자녀에게 전가하는 태도를 지닌 경우에도 거부적인 태도를 보인다. 이러한 거부적인 양육 태도는 아동으로 하여금 안정감과 자신감을 잃고 무기력하게 하며, 때로는 반항적, 공격적이고 퇴행적인 유치한 행동을 하기도 한다. 흔히 오줌싸개, 손톱빨기나 깨물기 또는 거짓말이나 도둑질 등을 하는 아동은 부모로부터의 고립감이나 좌절감을 충족시키기 위한 수단으로 이런 행동을 하게 된다. 일반적으로 거부적인 부모 아래에서 자란 아동은 애정에 지나치게 과민하여 인내력과 안정감을 잃고 공격적이고 반항적인 행동 또는 주의나 애정을 끌기 위한 행동을 나타낸다.

③ 지배적 양육 태도

자녀를 지나치게 통제하고 사랑을 억제하면서, 엄격하고 완고하게 지시하고 복종을 요구하는 태도를 말한다. 이러한 양육 태도는 가문이나 부모의 권위를 지나치게 내세우는 가정, 열등감이나 우월감이나 허영심이 강한 부모 등에게서 나타난다. 이러한 부모 아래에서 자란 아동은 겸손하고 조심성이 있으며 순종적이고, 소극적인 면이 많다. 그리고 자주성과 독창성이 부족하고 이율배반적인 행동을 하기도 한다. 또 권력에 대해서는 비굴함을 보이는 반면, 약자에 대해서는 교만함을 나타내기도하며, 자기 주위를 지나치게 의식하기도 하며, 무슨 일에나 확신을 갖지 못하며 항상 통제받고 금지당하고 있는 느낌을 받기도 한다.

④ 방임적 양육 태도

방임적 태도는 부모가 자신의 일에만 지나치게 몰두하여 자녀에 대해서는 관심이 없는 것이다. 부모는 자녀가 어떤 놀이를 하는지, 누구와 사귀는지, 공부를 하는 지에 별로 관심이 없다. 특히 어머니도 직장에 나가므로 아동이 종일 혼자 집에 있거나, 자녀를 돌볼 시간적·경제적 여유가 없는 경우 자녀는 방임된 상태로 자라게 된다. 이 경우에는 아동은 생활의 규범이나 질서를 잃기 쉽고 애정 부족을 느끼기 쉽다. 따라서 애정이나 관심을 획득하기 위해서 다른 방향으로 돌파구를 찾거나 혼자 은둔하는 경우가 흔히 생길 수 있다. 가출, 방랑, 비행, 자폐아 등은 이러한 양육 태도에서 자주 나타난다.

⑤ 민주적 양육 태도

부모는 자녀를 독립된 인격체로서 존중하고 언제나 아동에게 많은 관심과 이해를 보이며 따뜻하고 자애롭게 대한다. 또한 부모는 자녀와 대등한 인격체로서 서로 의논하고 협동하며 자녀의 자율적인 행동을 장려하는 양육 태도를 취한다. 이러한 부모 밑에서 자라나는 아동들은 일반적으로 자신을 존중할 줄 알고 책임감과 협동심이 높다. 또한 자율적이고, 능동적이며, 타인을 존중하고 사교적이다. 그리고 자기 일에 성실하고, 정서적으로 안정되어 있고, 명랑하다.

3) 교육과 지역사회

(1) 지역사회의 개념

쿡(L. A. Cook)은 지역사회를 사회학적 견지에서 일정한 지리적 범위 안에서의 토지와 주민과 문화와 인간관계의 조직 등의 생태라고 보고 다음과 같은 지역사회의 특징을 열거하였다.

① 일정한 지역

② 일정한 인구

③ 문화유산의 공유

④ 여러 종류의 봉사기관

⑤ 공동생활

⑥ 집단의식(we-feeling)

⑦ 자발적 협동심

그리고 조나센(C. T. Jonassen)은 지역사회가 갖추어야 할 여섯 가지 요소를 제시하였다.

① 사람의 집단

② 일정한 지역

③ 상호 의존적 분업

④ 공동 문화와 사회체제

⑤ 협동심과 소속감

⑥ 조직화된 태도로서의 집단적 활동

(2) 지역사회의 유형

지역사회의 유형 분류는 다양하지만 크게 농촌사회와 도시사회로 나눌 수 있다. 도시사회는 문화 형태와 생활양식이 복잡하고 인공적인 환경으로 구성되며, 도시인들은 감각이 예민하고 이기적이고 기계적인 생활을 한다. 반면 농촌사회는 문화양식이나 생활태도가 단순하고 그 규모도 간단하여 대자연에 둘러싸여 있다. 농촌 사람들은 소박하며 인정으로 맺어져 비교적 협동적이다.

지역사회의 분류에 있어서 쿡은 일곱 가지로 구분하였다.

① 촌락(Hamlet) - 인구 250명 이하

② 부락(Village) - 인구 250~1,000명

③ 읍지(Town) - 인구 1,000~5,000명

④ 소도시(Small city) - 인구 5,000~25,000명

⑤ 중도시(Middle city) - 인구 25,000~100,000명

⑥ 대도시(Metropolis) - 인구 100,000~1,000,000명

⑦ 특별도시(Great metropolis) - 인구 1,000,000명 이상

올센(Olsen)은 공통성 정도를 기준으로 ① 향토사회(local community), ② 지방사회(regional community), ③ 국가사회(national community), ④ 세계사회(world community)로 구분하였다.

(3) 지역사회 학교

지역사회 학교란 지역사회의 자료를 학교 학습내용에 도입하여 아동과 학생들로 하여금 자기가 속한 지역사회를 이해하고 그 곳에 좀더 깊은 감정을 느끼게 하고, 지역사회의 여러 직업 분야를 이해하게 하고, 흥미와 능력에 따라 실제 작업을 체험케 하자는 것이다. 또한 학교는 지역사회 주민들의 활동을 돕고 주민들에게 개방하여 지역사회의 센터로서의 역할을 하도록 하는 것이다. 지역사회 학교는 전통적 학교에 대한 비판과 더불어 지역사회와 학교가 밀접한 관련을 가짐으로써 지역사회의 발전과 지역 주민들의 교육적 욕구를 충족시켜 주는 것을 목적으로 하는 학교를 뜻한다.

지역사회 학교운동은 1940년대 미국의 미시간 주에서 하나의 사회교육운동으로 출발하여 듀이(Dewey)와 올센을 거치면서 크게 성공하였다.

쿡과 올센은 지역사회 학교의 특징을 다음과 같이 제시하였다.

① 인간의 전체적인 생활에 참여함으로써 아동을 교육한다.

② 학교 내에서나 일반사회에 있어서 생활의 민주화를 찾는다.

③ 청년 혹은 성인을 위한 지역센터로서의 기능을 갖는다.

④ 지역사회의 개선을 위하여 지역사회 내의 다른 기관 및 집단과 협동한다.

⑤ 학습과정에 있어서 전체 지역사회를 그 자원으로 활용한다.

⑥ 교사를 지역사회의 지도자로서 역할을 하도록 교육한다.

(4) 지역사회 학교의 기능과 영역

학교를 지역사회에 참여시키고 지역사회의 개선에 힘쓰게 하며 주민에 의해 의식적으로 학교가 활용되게 하려는 지역사회 학교의 기능을 요약하면 다음과 같다.

① 교육과정을 지역화하는 기능
② 주민과 학교가 바람직한 관계를 유지하는 기능
③ 지역사회 개발을 위하여 봉사하는 기능
④ 지역사회 기관의 조정 기능
⑤ 민주적 과정을 실천하는 기능

지역사회 학교의 활동 영역을 다음과 같이 요약할 수 있다.
① 현장학습 활동
② 봉사활동 : 청소활동, 자연보호 활동, 꽃길 가꾸기, 영농지원 활동, 여가선용 지도, 의료진료 활동 등
③ 지역사회 자원의 교육적 활동
④ 문화 · 체육활동 : 주민 계몽 강연, 사회교육 강좌, 문화예술 공연, 전시회, 강연회, 운동장 개방, 체육대회 등

4) 사회계층과 교육

(1) 사회계층의 개념

교육사회학자들뿐만 아니라 학업성취도를 연구하는 많은 교육학자들은 학교교육의 성취도와 방향에 가장 크게 영향을 미치는 요소로서 사회계층을 들고 있다. 사람이 사회계층을 벗어나서 살아가기 어려운 것만은 틀림없다. 교육에 미치는 사회계층의 영향을 검토하려는 이유는 바로 이 때문이다.

먼저 사회계층과 사회계급이라는 용어가 어떻게 다른가를 살펴보자. 사회계층은 사회계급보다 넓은 뜻으로 이해할 수 있다. 사람은 누구나 일정한 사회적 지위를 가지고 있으며 생활에 필요한 수입을 얻기 위하여 일을 하는 직업을 갖게 된다. 또한 각각의 구성원은 특정한 인종에 속하며 서로 다른 가족적 배경을 가지고 있다. 뿐만 아니라 각 사람이 가지고 있는 능력이나 기술도 모두 다르다.

서로 다른 사회적 지위나 능력 및 기술 때문에 주어지는 보수도 다르고, 사회 구성원에 대한 평가도 다르며, 위신과 특권도 다르다. 따라서 이를 종합해보면 사회계층은 서로 다른 배경에 따라 위계를 이루고 있다. 이와 같이 위계적인 사회체계 속에서 직업 · 정치적 위치 · 가족적 배경 · 인종 · 개인의 능력 및 기술에 의하여 사회적 특권 · 위신 · 이익 등이 사회적으로 불평등하게 분배되어 있는데, 이런 가운데서 서로 비슷한 위치에 있는 인구의 집단을 사회계층이라고 한다. 따라서 사회계급은 재산, 교육, 직업, 사회적 지위 등이 비슷한 계층을 의미하며, 이들은 비슷한 생활습관 · 태도 · 행동 · 가치관을 가지고 있는 사람들의 집단이라 할 수 있다.

하지만 사회계층은 인도의 카스트(Caste) 제도와 같이 출생과 함께 결정되는 폐쇄적이고 세습적인 것인데 비해서, 사회계급은 하층에서 상층으로 또는 상층에서 하층으로 상승 또는 하락할 수 있는 개방적인 것이다. 이런 뜻에서 사회계급은 사회계층의 한 형태로 볼 수 있다.

한편 우리나라에서는 광복 이후 사회계급에 관한 연구가 활발하지 못하였고, 학자들이 사회계급이라는 용어의 사용을 꺼려하는 경향마저 있었다. 따라서 사회계급이라는 말을 꼭 써야 할 때에도 사회계급보다 더 중립적인 용어인 사회계층이라는 용어를 써왔다. 사회계급을 실재로 볼 것이냐 아니면 개념상으로만 존재하는 것으로 볼 것이냐에 대한 문제는, 아마 개념상 존재하는 것으로 보는 것이 옳을 것이다. 왜냐하면 어떠한 사람도 사회계급이라는 개념이 가지고 있는 특징을 가지고 있을 뿐, 그 사람 자신이 하층계급이거나 상층계급인 것은 아니기 때문이다. 다만 사회계급이라는 하나의 개념을 가지고 인간과 사회를 볼 때에 우리는 현실사회를 보다 더 잘 이해할 수 있다.

(2) 사회계층의 결정요인

그러면 어떠한 요인이 사람들을 특수한 사회계층에 속하게 만들고 그들로 하여금 독특한 사회계층의 부분 문화를 발전하게 하는가? 여러 가지 요인이 있겠

모든 사람이 바람직한 사회구성원이 될 수 있도록 도와주어야 한다. 이것이 사회계층의 이동에 있어서 학교교육이 갖는 중요한 과제이다.

오늘날 학교교육이 사회계층의 형성과 깊이 관련되어 있는 것은 부인할 수 없다. 특히 의사, 변호사, 교수, 목사 등과 같은 전문직에 종사하는 사람들은 전문교육을 받지 않고서는 그러한 위치를 차지하기가 거의 불가능하다. 만약 농촌 출신의 청소년이나 근로계층의 우수한 자녀들이 성적이 우수하여 일류대학을 졸업하여 전문직에 종사하게 된다면 그런 경우 학교는 그의 사회이동에 기여한 바가 크다고 할 수 있을 것이다. 학교의 도움이 없었던들 그는 부모와 비슷한 생애를 보냈을지도 모르기 때문이다. 또한 학교는 중류사회의 문화를 가르쳐 주고 사회계층의 이동에 필요한 여러 가지 정보와 기술을 알려 주기도 한다. 그러므로 두뇌가 명석한 청소년들은 그가 가정으로부터 이러한 것을 배우지 못했다 할지라도 공식적인 학교의 활동에서 이러한 것을 배울 수도 있고 비공식적으로 친구들과 어울려 다니면서 배울 수도 있다.

(4) 교육과 사회계층의 이동

교육과 사회계층 이동의 관계에서 우리가 고찰하려고 하는 것은 교육, 특히 현대 사회의 학교가 사회계층의 이동에 얼마나 공헌할 수 있는가 하는 문제이다. 흔히 우리는 농촌의 부모들이 대학이 상승적인 사회이동의 첩경이며 대학에만 가면 입신출세가 가능한 것으로 생각하고 가산을 팔아 가면서까지 자녀들을 대학에 보내는 것을 볼 수 있다. 과연 학교교육은 사회이동을 가능하게 하는 것인가? 학교와 사회이동의 관계에 대한 명백한 이해는 자녀교육을 위하여 경제적으로 무리하게 투자하는 것에 대해서 냉정히 반성해 보는 기회를 줄 것이다.

학교가 사회계층 이동에 얼마나 공헌하는가를 경험적으로 측정하는 데는 많은 어려움이 있다. 사회계층의 이동에는 높은 지능, 좋은 학교, 부모의 사회경제적 지위, 높은 성취동기, 좋은 결혼 등 여러 가지 요소가 작용하고 있으며 이들 요소는 상관관계가 높다. 어떤 청년이 상류사회로 이동했을 때 그의 입신출세가 어느 정도까지 부모의 덕택인지 또는 높은 성취동기 때문인지, 아니면 결혼에 힘입은 것인지를 현실적으로 분석하기는 매우 어렵다. 왜냐하면 지능이 높으면 좋은 학교를 가고, 좋은 학교에 가기 위해서는 부모의 사회·경제적 영향이 많이 작용하기 때문이다.

3. 교육과 문화

1) 문화의 개념

(1) 문화의 의미

인류학자나 사회학자나 사학가들 사이에 의견이 다르기 때문에 문화의 정의를 한 마디로 설명하기란 쉬운 일이 아니다. 문화는 한 집단에서 형성된 여러 가지 각각 다른 생활양식의 종합체라고 볼 수 있다. 영국의 인류학자인 타일러(Tylor)는 문화를 "사회의 일원으로서 인간에 의하여 습득된 지식이나 신앙 · 예술 · 도덕 · 법률 · 풍습, 그리고 다른 습관 등을 포함한 복잡다단한 전체"라고 정의하고 있다. 또 어떤 사회학자는 "문화란 미개한 사람이거나, 문명화된 사람이거나를 막론하고 사람의 집단이 가지고 있는 물질적 · 사회적 가치를 뜻하는 것이다"라고 했으며, 미국의 크럭혼(Kluchohn)은 "문화란 후천적, 역사적으로 형성된 외면적이고 내면적인 생활양식의 체계이며, 집단 전원 또는 특정 성원에 대한 공유된 생활양식, 행동규범, 가치관념, 윤리관, 사상관, 초자연관 등을 들 수 있다"고 했다.

문화는 두 가지 측면이 있다. 하나는 물질적인 것이요, 또 하나는 비물질적인 것이다. 전자는 손으로 만질 수 있는 것으로 구체적인 형태를 갖춘 것이다. 이는 가공하지 않은 자재거나 가공된 생산품이거나, 모든 종류의 도구와 인간이 만든 사물을 뜻한다. 비물질적 문화는 손으로 만질 수 없는 것이다. 이것은 행동양식과 지식의 종류를 포함한다. 예를 들면, 풍습, 신앙, 습관, 도덕, 민속양식,

정치적 이념, 편견, 종교 등이다. 시대와 역사를 통하여 새로운 경험이 개조됨에 따라, 이에 적응할 수 있도록 유행된 사회적 유산인 각종 다양성을 지닌 문화는 진보해 왔다. 이러하여 일정한 민족에게는 일정한 특성을 지닌 생활양식이 이루어진 것이다. 그러한 생활양식은 한 사회에서 성장 발달하는 한 사람 한 사람의 사회적인 유산이다. 이 사회적 유산이 강력한 영향을 주며 우리 생활에 없어서는 안될 것으로 되어있다. 끝으로 문화 개념을 보다 확실히 하기 위하여 오늘날 사회학이나 문화인류학에서 공동으로 인정하는 학문적 개념으로서의 문화를 요약하면 다음과 같다.

- 문화는 집단의 공동 생활양식이다.
- 문화는 뜻을 내포하는 사회적 접촉과정을 통하여 형성된다.
- 문화는 그 개인의 발달과정을 통하여 형성된다.
- 문화는 한 개인의 'Personality'의 중요한 요소이다.
- 문화는 한 세대에서 다음 세대로 가르침을 통하여 전해지고 축적될 수 있다.
- 문화는 인간의 생리적 · 사회적 요구를 충족시키는 역할을 하며, 동시에 그 사회가 요구하는 일정한 행동양식을 마련해 준다.
- 문화는 그 속에 '뜻'을 내포하고 있다.
- 문화는 그 존속이 그 사회의 계속적인 기능(작용)에 달려 있으며 개인으로부터는 독립되어 있다.

(2) 문화의 형성

인간이 동물과 다른 점은 직립보행한다는 점, 양손을 자유로이 사용하여 도구를 만들고 사용할 수 있다는 점, 불을 사용할 수 있다는 점 등 무수하게 구분되어지는 특징이 있으나, 근본적인 차는 언어를 지니고 있어 사고할 수 있으며 따라서 인간으로서의 문화를 갖고 있다는 점이다.

다시 말해, 인간은 대뇌 중에 지각성 언어중추가 있어 타인의 말을 이해할 수 있으며 운동성 언어중추가 있어 목청, 입술, 혀를 움직여서 말을 하는 언어능력을 지니고 있고, 이같은 언어능력의 가능성은 오랜 세월을 두고 흐르는 인류생활 속에 지역별로 언어의 발생을 가능하게 하였다. 또한 언어의 발생은 인간으로 하여금 기억 및 사고의 능력을 발달시켰으며 언어를 통한 사람 상호 간의 교섭은 인간이 애써서 얻은 지식이나 기술을 다른 사람에게 전달할 수 있어 하나의 문화로 축적되어져서 오늘날의 찬란한 인간문화를 형성하게 한 것이다.

문화형성의 요인은 크게 나누어 개인 및 사회이다. 개인이 문화형성에 기여하는 면을 심리학적인 측면에서, 사회가 문화형성에 기여하는 면을 사회학적인 측면에서 논하기로 한다.

심리적인 측면에서 볼 때 개인이 문화형성에 기여하는 동인은 인간 욕구이다.

첫째, 문화형성에 기여하는 인간 욕구는 정서적 적응에의 욕구이다. 다시 말하면 호의적 반응을 구하는 욕구이다. 개인은 대중 속에 어울려 생활하고 직장에서 일을 하고, 식사를 같이 하고 있거나 하는 것은 형식적이며 문화적으로 정한 행동반응일 뿐이고, 그 중에서도 호의적 반응을 구하는 욕구야말로 개인으로 하여금 사회적으로 시인받게끔 행동하게 되어, 결국 사회화·문화화로 이끄는 동인이 된다.

둘째, 보편적인 심리적 욕구는 영속적 안정에의 욕구이다. 인간은 시간이라는 감각을 지니고 있어 미래에 보다 나은 결과를 초래하도록 기대하면서 현재의 욕구만족을 지연시키거나 현재의 불만을 참는 것이다. 이와 같이 현재를 미래에 연결시키며 안정과 보람을 구하는 이 욕구가 개인으로 하여금 문화형성으로 이끄는 동인이 된다.

셋째, 문화형성에 기여하는 동안 가장 뚜렷한 동인은 신기한 경험을 구하는 호기심의 욕구이다. 사람은 어려서부터 끊임없이 주변 환경과 더불어 상호작용을 하며 자기 갱신을 하고 있는바, 환경에 대하여 소극적으로 또는 적극적으로 접촉하려는 호기적인 동인이 원인이 되어 결국 값진 문화를 그때마다 형성하게 된다.

사회적인 측면에서 볼 때, 문화형성에 기여하는 동인은 역시 사회 자체이다.

인간은 사회적 동물이요 사회적 실재인 바, 개인의 생활은 사회생활을 통해서 가능하다. 그런 점에서 사회 자체가 문화형성에 기여하는 몇 가지 점을 지적하면 다음과 같다.

첫째, 인류의 생존과정은 개인보다는 사회집단이 중요한 단위로 되어 있다. 그러기에 문화의 형성도 사회라는 차원에서 고찰될 수 있다.

둘째, 사회는 개인의 일생보다 오래 존속되기 때문에, 문화의 형성과정이란 관점에서 볼 때 전통문화의 형성은 사회라는 단위를 통해서만 가능하다.

셋째, 사회는 그 자체가 기능을 가지고 있는 하나의 단위이다. 사회는 개인과 개인으로 구성되어 있으나 자체의 존속과 문화발전을 위하여 구성원인 개인에게 구속을 가하여 규칙과 규범을 지키도록 강요하며 제 활동을 분담 실시하게 하고 있다. 이와 같이 사회는 활동을 분할함으로써 사회의 구조가 결합되어, 그 안에서의 유기적인 관계 속에 새로운 문화는 형성된다.

(3) 문화의 유형

우리는 흔히 문화를 물질문화와 정신문화로 나누어 생각한다. 베버(A. Weber)는 문화와 문명으로, 린톤(R. Linton)은 일반문화, 특수문화, 선택문화, 또는 정적 문화(기성문화)와 동적 문화로 구분하였다.

물질문화란 인간의 제작물로서 미술품, 공예품, 생활필수품, 주택, 무기, 기계 등을 말한다. 정신문화란 예술, 도덕규범, 윤리, 종교, 법제, 사상, 사회조직 등 인간의 정신적 성취를 말하는데 이것들은 하루 이틀에 완성된 것이 아니라 오랜 세월이 계속되는 동안에 형성 · 변용되어 온 것이다.

베버가 말한 문화와 문명에 있어서, 문명은 인류에게 보편적으로 전파 가능한 것이고 또 축적도 가능하지만 문화는 본질적으로 전파나 축적이 힘들다고 하였다. 또한 린톤이 말한 정적 문화란 사적사실, 전통, 풍습에서 발견된 지식 등을 말하고, 동적 문화란 이상, 희망, 태도, 사고방식 등을 말한다.

(4) 문화의 내용

문화는 가치, 신념, 규범의 3가지 요소로 구성된다. 여기서 가치와 신념은 문화의 개념이고 규범은 사상을 행하는 방식이다. 그리고 이에 덧붙여 항아리, 양동이, 라켓 같은 물질적 항목도 문화의 일부로 생각할 수 있으나 이것을 문화의 내용으로 생각할 것이냐에 대해서는 논의가 많다. 그러나 이것을 빼고 생각한다는 것은 문화를 행동의 추상으로만 정의하게 됨으로써 너무 단순화한 경향이 있다.

가치란 바람직하고 아름답고 도덕적인 것에 관한 관념으로서 어떤 것이 가치있고, 또 어떤 것이 가치없는지를 규정하게 된다. 이것이 곧 문화의 핵심이다. 가치는 과학적인 의미로 증명될 수는 없다. 다이아몬드는 견고하다고는 할 수 있으나 그것이 아름답다는 것을 증명할 수는 없다. 왜냐하면, 전문가든 일반인이든 사람들의 의견의 일치를 따지는 외에 미를 검정할 수 있는 방법은 없기 때문이다. 이러한 이유에서 많은 사회학자들은 문화를 판단할 수 없다는 견해를 갖고 있다. 따라서 A문화가 B문화보다 "좋다"거나 "더 훌륭하다"는 이야기는 있을 수가 없다. 따라서 문화적으로 상대성(상대주의 cultural relativism)을 주장하게 되는 것이다.

신념이란 사실에 관한 개념으로서 검증이 가능하다는 점에서 가치와는 구별이 된다. 이러한 검증은 "지옥은 더운 곳이 아니다"와 같이 가설적인 경우도 있다. 신념에는 진위가 있는 반면에 가치란 진위가 아닌 것으로, 과학의 법칙에 비한다면 불안정한 것이다.

규범이란 사회 내에서 행동을 지도하는 문화적 규칙으로서 문화에 대한 사회학자들의 관심의 초점이 되고 있다. 이는 적극적이거나 또는 소극적인 명령으로 표현된다. "교실에서는 담배를 피워서는 안된다", "열심히 숙제를 해야 한다"와 같이 "해야 된다"거나 "해서는 안된다"와 같은 것이 다 규범적인 진술이다.

(5) 문화의 기능

문화의 기능이란 문화가 개인 또는 인간사회에 대하여 어떤 역할을 하는가 하는 것이다. 문화란 인간의 생리적 · 사회적 요구를 충족시켜 주는 역할을 한다고 하겠다. 즉 문화란 인간의 의 · 식 · 주 문제를 해결하는 수단의 역할은 물론 사회적으로 인간의 요구를 충족시켜 주고 있다고 하겠다. 인간이 생활하는 데 있어서 중요한 요건의 하나가 사회질서의 유지라고 할 수 있다. 그런데 인간이란 각 개인이 개성을 가지고 있는 것은 물론 각 이질적인 집단을 형성하고 있기 때문에 사회질서를 유지하는 것은 쉬운 일이 아니다. 사회질서 유지를 위하여는 법이라는 것이 있지만 법만으로 이루어지는 것이 아니고 준법정신의 기본이 되는 것이 바로 문화인 도덕, 습관 등이라고 하겠다.

인간은 문화를 통하여 인간과 인간과의 상호작용을 하는 생활방식을 배우게 되고 또 인간의 생명, 보존, 유지, 번영을 위한 방식을 배우는 기능을 가지고 있으며, 인간 삶의 가치를 갖게 하는 것이다. 즉 개인의 가치관을 형성하는 데 있어서 많은 영향을 주고 있다고 하겠다.

이 외에도 개인의 사람 됨됨이(personality)를 형성하는 데 있어서 문화가 주도적 역할을 하고 있음은 물론 새로운 문화를 창조하는 데 있어서 원동력이 된다. 위에서도 이미 설명한 바와 같이 문화란 일조일석에 이루어지는 것이 아니고 오랜세월이 흘러감에 따라 형성되고 그 바탕 위에서 새로운 문화가 형성되는 것은 재론할 필요가 없다. 현대의 문명도 금일에 와서 창조된 것이 아니고 오랜세월에서 만들어진 문화 위에서 그 속도를 가속화시켜 형성된 것이다. 오늘의 인간이 생활하는 데 있어 불편이 없게 된 것도 이 문화의 기능이라고 하겠다.

2) 교육과 문화

(1) 교육의 영향

사회 안에 교육적 작용이 없어졌다고 가정한다면 문화나 사회는 그 기능을 상실하여 유치한 원시적 상태로 퇴행할 것이다. 이런 점에서 교육은 분명히 문화사회의 보존 기능을 가진다.

여러 시대를 거쳐 형성된 문화는 교육을 통하여 자라나는 세대에 전승되는 것이며, 그렇게 함으로써 사회의 존속 또한 가능하다. 이와 같은 문화적 전통의 전달과 사회 존속의 작용을 교육의 보수적 기능이라 한다.

한 걸음 더 나아가 문화사회의 발전작용인 것이다. 인간이란 스스로 진·선·미 등의 가치에 대한 동경을 가지고 자연적 성능을 가치화하며 성장·발달하는 것이다. 그러므로 인간 발달을 조성하는 교육은 피교육자에게 내재하는 가치희구의 정신을 불러일으켜서 조상들이 창조하고 계승하여 온 문화를 체득하게 하고 이의 체득(體得)을 통하여 한층 높은 가치희구의 정신을 자극 촉진하게 하여 가치실현의 능력을 발달시켜 기성문화 이상의 문화를 창조하게 하는 작용이 있는바, 이를 교육의 창조적 기능이라 한다.

넓은 의미의 교육이란 사회의 입장에서 본다면 문화를 올바르게 이해시키며 경험의 축소로 문화를 전달하는 것이며, 개인의 입장에서 본다면 사회가 요구하는 문화형을 몸에 익혀 사회에 순응하는 과정이다. 또한 교육이란 한 걸음 더 나아가 새로운 문화를 창조 개발하도록 촉진시켜 보다 살기 좋은 사회로 개조시키는 과정인 것이다. 바로 이러한 점에 교육이 문화적 기능으로서의 문화형성에 미치는 영향이 지대함을 알 수 있다. 다시 말하면 교육은 문화적·사회적인 발전 변화에 개인들을 적응시키며 촉진시키는 기능을 지니고 있으며 또한 교육은 문화발전을 조정하고 문화의 적극적인 발전수단으로 작용한다는 것이다.

(2) 문화의 영향

문화가 발달하지 못한 미개사회에 있어서는 어린이의 생활과 어른의 생활 사이에 넓고 깊은 단층이 없었다. 이런 사회에 있어서는 어린이들은 어른들과 함께 자연스럽게 생활하면서 성장하고 쉽게 어른들에 동화되어 갔다. 이와는 반대로 문화가 발달한 오늘날에 있어서는 문화내용이 증가하여 어린이와 어른의 세계를 차단하는 현상이 나타나고 있다. 다시 말하면 두 세계 사이에는 넓고 깊은 단층이 생겨난 것이다. 이와 같은 양 세대의 단층을 좁히고 다리를 놓기 위하여 무엇이 필요한 것인가, 그것은 바로 교육을 통해서만 가능하다. 이 말은 문화가 교육의 필요를 제기했다는 말이며 문화의 내용이 곧 교육의 내용이 되어야 한다는 뜻을 함축하고 있다.

인간은 탄생과 더불어 고립된 개체가 아니고 하나의 사회 속에 떨어진다. 인간을 둘러싸고 있는 사회문화는 어린이에게 무형의 영향력을 행사한다. 따라서 어린이는 차츰 그 문화에 동화하면서 언어, 행동, 사고, 태도 등을 형성하게 된다. 그러나 넓고 깊은 문화의 수용이 그러한 비형식적 교육의 영향만으로는 불가능하므로 의도적인 교육을 통해서 인간은 문화적 행동, 기능, 태도 및 지식 등 문화화, 사회화, 필요한 일절의 경험과 학습을 전개시킬 수 있다. 이와 같이 사회 안에서 형성된 문화는 그 사회 안에서 생활하며 성장하는 인간에게 자연스러운 교육이건 의도적인 교육이건 간에 교육적 작용을 통해서 그 문화를 수용하는 문화화 과정을 갖게 한다.

한 개인의 성장·발달을 규정하는 요인은 선천적으로 타고난 소질과 그를 둘러싼 환경이라고 할 수 있다. 유전에 의하여 계승된 소질은 개인 발달의 가능성을 주며, 환경은 발달에 구체적인 내용을 주는 것이다. 결과적으로 유전과 환경의 어느 한 부분이라도 부족하다면 정상적인 발달을 기대하기는 어렵다. 따라서 개인이 생존하기 위하여는 각 개인이 속한 문화와 사회환경에 적응하지 않을 수 없다. 이와 같은 적응의 과정이 교육이며, 쉽게 합리적으로 적응할 수 있게 하는 과정이 또한 교육인 것이다.

하지만 인류가 쌓아올린 문화유산은 너무도 넓고 깊다. 따라서 아무리 유도적인 학교교육일지라도 한 개인이 수용할 수 있는 문화에는 능력상 제한이 있다. 문화내용의 증가, 문화의 발달속도의 증대, 문화의 다양성 등은 지식폭발을 초래하고 있어 문화내용의 정비 및 선택이 교육적 과제로 결부된다. 그런 점에서 현대교육이 주로 갖는 관심은 기성의 정적 문화내용보다 앞으로 형성될 가치가 있는 동적 문화내용 쪽으로 옮겨가고 있다. 다시 말하면, 문화유산은 전통, 습관, 역사적 사실, 확정된 지식 등의 정적인 것보다는 현재의 생활태도, 사고방식,

가치관, 신념, 태도, 경제가치 등의 동적 문화내용을 교육내용 삼는다. 하지만 아무리 동적 문화에 관심이 있다 해도 정적 문화인 문화유산을 떠나서는 교육내용이 성립될 수 없으므로 결국 문화내용이 교육내용의 중심이 된다는 것을 부인할 수는 없다.

(3) 교육과 문화의 관계

문화가 인간과 더불어 출발하여 인간생활을 지배했듯이 교육도 인간과 더불어 출발하여 인간생활을 지배하고 있다. 문화의 형성은 자연적이며 복합적인 오랜 인간생활의 과정을 통해 마련된 것이다. 이와 같이 형성된 문화의 가치, 신념 및 규범은 인간생활에 지대한 영향을 미치고 있다. 교육에 있어서도 의도적이든 비의도적이든 교육이 인간생활에 미치는 영향은 지대하다. 그런 점에서 문화와 교육의 관계에 대한 논의는 있음직한 일이다.

문화는 후천적 역사적으로 형성된 외면적이고 내면적인 생활양식의 체계로서 인류의 역사와 더불어 넓고 깊은 인간문화를 형성 축적하고 있는 것이다. 그런데 사회 안에 형성된 문화는 사회 안에서 성장하며 생활하는 인간에게 지대한 작용을 한다. 한국 사회에 태어난 사람이 한국말을 익혀 쓰며 한국다운 생활양식을 가지며 심지어 한국적인 인성을 지니게 되는데 비하여 미국 사회에 태어난 사람이 미국말을 익혀 쓰며 미국다운 생활양식을 가지며 미국적인 인성을 지니게 되는 것이 바로 그 사회 안의 문화가 그 사회 안의 인간에게 지대한 작용을 하고 있음을 입증하는 것이 된다.

미개사회에서 형성된 문화는 보잘것없을 정도로 어린이가 성인과 더불어 생활하는 가운데 습득되지만 지금과 같이 고도로 발달된 문화는 의도적인 교육을 통해서만 부분적이나마 문화생활에 적응할 수 있다. 다시 말하면 오늘날의 고도화된 문화는 체계적이고 의도적이며 선택적인 교육의 필요를 제시했으며, 그러한 내용은 교육을 통해서만 문화화된 개인으로서 행복하게 살 수 있으며 사회화된 개인으로서 사회에 유용한 생활을 전개할 수 있다.

이와 같이 문화의 발달은 교육의 필요를 초래했고, 문화의 내용이 교육의 내용으로 작용했음을 고려할 때 문화와 교육의 관계는 문화가 독립변인이며 교육이 종속변인인 관계를 나타낸다고 할 수 있다.

높은 정도의 문화는 교육적 작용을 절실히 요청하게 되었고 문화내용이 곧 교육내용으로 작용되었다는 관점에서 문화가 독립변인이요 교육이 종속변인인 듯 싶으나, 교육은 문화보존이란 기능과 문화발전이란 창의적 기능을 지니고 있어 교육 없이는 문화소멸을 초래하고, 교육 없이는 문화발전을 기대할 수 없다는 관점에서 교육이 독립변인이요 문화가 종속변인인 것으로 생각할 수도 있다.

이와 같이 문화와 교육의 관계는 상호관계를 지닌 상관성으로 결론짓는 것이 타당할 것이다. 다시 말해 새로운 문화의 형성은 교육에 반영되어야 할 것이며 알찬 교육작용은 새로운 문화발전에 기여하는 기능을 수행하므로 결국 문화는 교육에 영향을 주며, 교육은 문화에 영향을 주면서 인류의 역사와 더불어 상호발전을 하고 있는 것이다. 즉 문화는 교육에 대하여 독립변인이며 종속변인이고 교육은 문화에 대하여 또한 독립변인이며 종속변인인 것이다.

4. 교육과 사회변동

교육은 사회변동과 깊은 관계를 가지고 있다. 산업화를 바탕으로 하는 현대사회의 급격한 변동은 전통적인 농업사회를 바탕으로 발달해 온 교육의 목적 · 내용 · 방법 등에 대해 근본적인 검토를 요구하고 있다. 여기서는 사회변동에 따른 교육의 방향을 모색하기 위하여 사회변동의 개념 · 사회변동의 특징 · 사회변동의 원인 및 사회변동과 교육과의 관계를 살펴보기로 한다.

1) 사회변동의 개념

사회변동이란 말은 흔히 쓰이지만 그 개념을 명백히 정의 내리기는 어렵다. 사회변동 · 사회변화 · 사회진보 · 문화변동 등은 비슷한 용어들로서 때로는 같은 뜻으로 쓰이고 때로는 다른 뜻으로도 쓰인다.

사회변동은 사회구조와 사회관계가 변화해 가는 것을 의미한다. 사회관계 혹은 사회구조는 사회를 이루고 있는 여러 가지 요소들이 서로 결합하여 있는 유형을 말한다. 대표적인 예로 계급구조 · 권력구조 · 경제구조 등이 있다. 일정한 연령층이 분포, 출산율의 변화, 노동조합의 출현으로 근로자와 사용자 간의 관계 변화, 핵가족의 출현에 따른 남편과 아내의 지위 및 역할 변화 등은 사회의 구조 및 관계의 변화를 나타내는 사회변동의 모습들이라 할 수 있다.

문화변동은 사회관계나 사회구조의 변동 외에 철학 · 종교 · 과학 · 예술 · 가치관 및 규범 등 문화가 변동하는 것을 말한다. 자동차의 발명과 보급, 새로운 언어의 창조, 도덕개념의 변화, 음악 · 예술 · 무용 및 성에 대한 태도의 변화 등을 포함한다. 하지만 성에 대한 평등은 남녀 간의 역할과 지위 및 관계 등의 변화를 동시에 수반하므로 사회구조와 관계의 변동을 문화변동으로부터 과연 구분할 수 있을까 하는 문제가 있다. 여기서는 사회변동 자체에 대한 충분한 검토를 하는 것보다는 교육과 관련해서 고찰하려는 것이므로 사회변동의 개념 속에 사회구조 · 사회관계 및 문화변동을 포함하여 넓은 뜻으로 쓰려고 한다.

다음은 사회변동 · 사회변화 · 사회진보의 구별이다. 변동은 문자 그대로 역동적이며 움직이는 점에 중점을 두는 경우이고, 변화는 움직여서 변한 상태가 그대로 계속되는 정적인 것이다. 역동적인 면을 강조하기 위하여 사회변동이란 용어를 쓰려고 하지만 용어의 지루함과 단순성을 피하기 위하여 문화변동 및 사회진보 등의 용어를 적절하게 섞어 쓰려고 한다. 사회진보와 사회변동은 인간이 바람직하다고 생각하는 방향으로 변하여 나가는 것이며, 변동에 가치판단이 가미되는 경우 진보가 된다. 그러나 바람직하다거나 좋다는 기준을 세우는 것은 논쟁의 대상이 되기 쉬우므로 사회과학자들은 진보라는 용어보다 변동이라는 용어를 즐겨 쓴다.

2) 현대 사회변동의 특징

현대사회가 과학기술의 발달, 지식과 정보의 폭발, 인구의 급증 및 도시집중화, 관료제화, 교육수준의 향상 등 여러 면에서 급격한 변화를 나타내고 있는데 과연 이러한 변화는 언제까지 계속될 것이며 과거의 변동과 어떤 차이가 있는가? 현대사회의 변동의 특징을 다음에서 살펴보겠다.

첫째, 변동의 규모 · 범위 · 속도의 심각성이다. 변동은 불가피하고 가속적이며 축적적으로 일어나고 있다. 그 크기는 어느 때보다 크고 그 범위는 전세계적이어서 영향을 받지 않는 곳이 거의 없을 정도다. 즉 변동은 그 규모·속도·범위에 있어서 그 어느 때보다도 심각하다. 무어(W. Moore)는 이 점을 다음과 같이 지적하고 있다.

① 어느 사회이건 급격한 변동이 자주 그리고 끊임없이 일어나고 있다.

② 변동은 결코 일시적이거나 지역적으로 고립되어 나타나는 것이 아니다. 이러한 변동은 재건설 시기에 나타나는 일시적인 것이 아니고 연쇄적 체계를 이루어 나타나는 것이며 결과적으로 전세계적으로 나타나고 있다.

③ 현대사회의 변동은 어느 곳에서나 가능하고 그 결과는 어느 곳에서나 중요한 영향을 미치기 때문에 이중적이다.

④ 미리 계획된 변동이거나 신중하게 고려된 개혁의 이차적인 결과에서 오는 여러 문제는 과거 어느 때보다 그 변동의 크기나 영향에 있어서 심각하다.

⑤ 어떤 면은 급격한 변화 속에서 사라져 감에도 불구하고 물질적인 기술과 사회전략은 급격하게 확대되어 가고 있으며 그 순효과(純效果)는 퇴화되어 가는 몇 가지 면이 있음에도 불구하고 오히려 가속적이며 축적적이다.

⑥ 변동 그 자체가 정상적인 것처럼 되었고, 이 변동은 현대사회에 있어서 사회의 기능적인 면과 개인의 경험에 광범위한 영향을 주었다. 이는 현대사회가 보다 밀접히 통합되어 있는 데서 오는 현상이라기보다는 오히려 생활의 모든 면이 변화의 정당성이나 기대로부터 벗어날 수 없기 때문인 것이다.

둘째, 변동의 계속성이다. 현대사회의 변동은 인류가 원하든 원하지 않든 계속되리라는 것이다. 무어가 지적한 바와 같이 변화는 가속적이며 축적적이다. 언제까지 이 변화가 계속될 것인가에 대해 예언할 수 있는 사람은 없다. 급격한 변화 때문에 인류가 적응할 능력이 없어서 그 사회가 무너져 버리거나, 우리가 찾아낼 수 있는 새로운 아이디어가 고갈되어 더 이상 변화를 할 수 없는 경우에 변화는 그친다고 하는 사람도 있다.

하지만 이러한 이유 때문에 사회의 변화가 중단될 것이라고는 아무도 믿지 않을 것이다. 무엇 때문에 변화가 계속될 것인가에 대해서는 단정적으로 말하기 어렵지만 현재의 과학적 수준 그 자체가 장래의 과학적 발달을 가져오는 원인이 되기 때문에 현존하고 있는 높은 과학적 수준이 장래의 변동을 약속하고 있다고 본다. 이에 대해서는 변동의 원인을 설명할 때에 다시 언급하겠다.

셋째, 과학기술의 발달과 가치관의 변화이다. 과학 자체의 발달보다 그것이 사회규범이나 가치관에 어떠한 영향을 미치는가하는 것이 사실은 더 중요하다. 과학기술이나 근대화는 원래 물리적 환경에 대한 통제와 변화가 그 논쟁점이었으나, 현대사회에 있어서는 물리적인 면에 대한 것보다 사회적인 면에 대한 변화와 더불어 가치관에 대한 변화가 논의의 쟁점이 되고 있다.

지금까지 우리는 흔히 과학은 가치중립적(value-free)인 것이므로 물질적인 면에서의 과학의 발달은 정신적인 면의 변화인 가치관의 변화와는 관계없는 것이라고 생각하여 왔다. 하지만 오늘날 대부분의 과학자들은 과학이 가치중립적이라는 말은 연구결과에 연구자 자신의 가치관이 영향을 주어서는 안된다는 것으로 해석하고 있다. 그러나 과학기술의 발달은 불가피하게 인간의 가치관을 변화시킨다.

과학은 농업사회를 산업사회로 변화시켰다. 산업사회에서는 농업사회에서 중요시하던 효도가 독립심에 대한 존중으로 변화되어 가고, 혈족 간의 긴밀한 유대는 사회 전체를 대상으로 하는 사회연대의식으로 변해가고 있다. 이와 같이 과학기술의 발달이 인간의 정신적인 면인 가치관의 변화를 가져온다는 사실에서 우리는 현재 우리 사회의 급격한 변동이 가치관의 단절과 방향감각의 상실, 명철한 판단의 둔화 등의 현상을 가져오고 있음을 알 수 있다.

3) 사회변동의 원인

사회변동은 발명 · 발견 및 이들의 전파에 의하여 일어난다. 발견은 이미 존재하고 있는 사실이나 관계에 대한 새로운 인지이다. 혈액순환이나 만유인력과 같은 것은 발견이며, 이러한 지식의 증가에 의하여 인류사회는 무한한 변화를 가져왔다. 발명은 낡은 문화적 개념을 새로이 이용하거나, 몇 개의 낡은 관념들을 새로이 결합하는 것이다. 20세기에 이루어진 어떠한 발명도 그것들이 관념적으로는 이미 오래 전부터 인류사회에 존재하였으며 또 완전히 독창적인 발명이란 존재하지 않는다.

발견이나 발명은 사회변동이 일어나는 과정이기는 하지만 사회변동의 원인은 아니다. 그러면 사회변동의 원인은 무엇인가? 이 문제에 대하여 학자들은 아직 뚜렷한 하나의 이론을 제시하지 못하고 있다. 기독교의 윤리와 같은 정신적이고 관념적인 것이 문명발달의 원인이라고 하는 이론이 있는가 하면 기호조건이 사회발전의 원인이라는 이론도 있다. 다만 사회변동이 어느 하나의 요인에 의하여 일어난다기보다는 복합적으로 작용하여 나타난다는 점에는 대부분이 동의하고 있다. 아래에서 이러한 몇 개의 요인들을 살펴보고자 한다.

첫째, 다양한 국가와의 빈번한 접촉은 사회변동을 가져 온다. 예를 들어 어떤 국가는 여러 국가와 교류가 활발한 지역에 위치하고 있어 다른 국가와 활발한 교류가 이루어지는 반면, 또 다른 국가는 여러 가지 이유로 인해 교제가 활발히 이루어지지 못했다. 대표적인 예로 지중해와 중앙아시아의 여러 나라들은 다른 사회와 일찍부터 접촉했으므로 일찍이 찬란한 문명의 꽃을 피웠다. 한편 우리나라가 근대화에 뒤쳐진 이류를 하나만 꼽는다면 조선조 말엽에 쇄국정책을 들 수 있을 것이다. 하지만 쇄국정치 중에 개화운동에 앞장섰던 인사들은 청국·일본·미국 등에서 외래문물과 빈번한 접촉을 한 사람들이었다.

둘째, 현존하는 문화의 수준, 즉 과거로부터 내려오는 지식이나 기술의 축적은 변동을 가지고 오는 원동력이 된다. 이 이론은 특히 오그번(W. Ogburn)의 연구에 의하여 널리 알려졌다. 고대 그리스의 아리스토텔레스(Aristoteles, 384~322 B.C.)가 풀지 못했던 수학 문제를 오늘날은 평균 수준의 학생들이 척척 풀어 나가지만 그것은 그들이 아리스토텔레스보다 우수해서라기보다는 축척된 지식의 덕택일 것이다. 사실 라디오가 발명된 후에 텔레비전을 발명해 내는 것은 그다지 어려운 일이 아니지만 라디오의 발명 없이 텔레비전을 발명하기란 상당히 어려운 일임에 틀림없다. 하늘을 날고자 하는 꿈은 근대 초기의 인간이나 고대사회에도 있었으나 그때는 이용할 수 있는 지식이나 기구들이 거의 없었으므로 비행기가 발명될 수 없었던 것이다. 이러한 이론은 현재 축적되어 있는 과학 및 문화의 수준이 바로 앞으로의 계속적인 변동의 원인이 된다는 것을 시사하고 있다.

셋째, 사회의 구조와 사회 구성원의 태도 및 가치관도 사회변동의 속도에 많은 영향을 준다. 정치 · 경제 · 종교 · 학문 · 예술 등 사회의 여러 부분이 구조적으로 서로 얽혀 있는 경우에는 덜 얽혀 있는 사회에 반해 상대적으로 변화가 느리다. 예를 들면 종교 · 결혼 · 직장 · 학교 · 가족 등이 서로 밀접하게 얽혀 있는 사회에서는 종교나 학교 등이 변하려고 해도 다른 요소들의 저항 때문에 변하기가 어렵다. 전통적인 인도사회는 사회생활이 계급제도와 얽혀 있었기 때문에 사회변동이 어려웠던 것이다. 하지만 미국 사회는 이것들이 각각 분화되어 있기 때문에 변화에 대한 저항이 그만큼 적었다.

또 사회 구성원의 태도나 가치관이 얼마나 권위주의적이고 폐쇄적이냐 또는 얼마나 민주주의적이고 개방적이냐 하는 데도 달려 있다. 권위주의적이고 폐쇄적인 사회에서는 새로운 변동이 잘 전파되지 못하는데 비하여 개방적이고 비판적인 민주사회에서는 새로운 변화가 환영을 받는다. 그러나 유교적인 사회는 연령에 권위를 부여하고 과거를 존중하는 과거지향적인 사회이므로 새로운 변화가 나타나기 어렵다.

넷째, 사회변동은 사회가 새로운 변동을 얼마나 절실하게 인지하느냐에 달려 있다. 사회는 그 필요가 절실할수록 사회 구성원들의 주의를 집중시킨다. 제2차 세계대전 중 맨하턴 프로젝트(Manhattan Project)는 원자탄을 발명시켰다. 또 1973년부터 전세계를 휩쓸었던 석유파동 때문에 각국에서는 새로운 에너지 개발에 박차를 가하게 되었던 것이다. 1975년 1월 미국 의회는 원자탄을 발명시킨

1. 교육심리학과 심리학

심리학(psychology)은 철학적 심리학에서 출발하여 분트(Wundt)가 1879년 독일의 Lipzig 대학에 심리학 실험실을 설치하여 인간의 정신을 요소로 분석하고 이를 토대로 정신과정을 이해하고자 하는 데서부터 과학적 심리학이 시작된 것으로 본다. 이를 구성주의(structionalism) 학파라 한다. 구성주의 심리학은 인간의 마음을 이해하고자 하였으며 마음을 과학적으로 연구하는 방법인 내성법을 사용하였다. 하지만 이 방법은 개인의 주관적 보고에 의존한 한계를 넘지 못하여 과학적이고 객관적이지 못하다는 비판에 직면하게 되었다.

구성주의 이후에 심리학은 인간 행동을 주제로 삼는 자연과학의 일부가 되어야 한다고 주장하며 분트와 정반대의 입장을 취하는 학파가 등장하게 되었다. 인간의 과학적 연구를 기치로 새로운 심리학의 학파로 등장한 것이 행동주의 심리학파이다. 여기에 기여한 학자로는 러시아의 파블로프, 미국의 왓슨과 스키너가 대표적이며, 1930년대에 상당한 발전을 하기에 이르렀다. 초기의 행동주의 학파에서는 엄격한 과학적 방법의 적용을 최선으로 생각하여 오로지 인간의 외현적 행동만을 연구대상으로 삼았다. 이러한 이론은 스키너에 의해서 더욱 세련되어지고 교육현장에도 많은 기여를 하기에 이르렀다. 심리학에서 행동주의의 기여가 지대하였으므로 심리학의 정의를 "인간 행동의 과학적 연구"라고 하는 이유가 되기도 하였다. 행동주의 심리학은 더욱 발전하여 관찰학습 등으로 발전하기에 이르렀다.

행동주의 이후의 심리학 학파는 인지주의 심리학이다. 인지주의의 주요한 연구의 관심은 인간의 정신적 과정이다. 이러한 최근의 심리학 학파는 인간의 이해를 위해서는 인간의 정신과정을 컴퓨터 유추의 방법이나 행동을 통한 유추의 방법으로 객관적 연구를 할 수 있음을 강조하였다. 인지심리학의 등장은 인간 이해의 도구로서 인간의 행동만을 주장해 온 행동주의 심리학의 영역을 정신적 영역으로 확대하도록 하였으며 이들의 기여는 교육학과 공학에 이르기까지 광범위하게 이루어지고 있다. 한 예를 들면 인공지능의 연구 같은 것이 있다.

지금까지 열거한 심리학의 여러 입장들은 결국 인간 이해의 방법은 무엇이 최선인가라는 문제로 귀결되며 결론은 인간 이해의 주요한 수단이 인간의 행동과 정신과정이라는 점이다. 그래서 최근의 심리학의 정의는 "인간의 행동과 그 이면의 생리적, 정신적 과정을 과학적으로 연구하는 학문"으로 정의되고 있다.

이러한 심리학의 흐름은 교육학의 정의를 "인간 행동의 계획적 변화"라고 볼 때 계획적 변화의 기제인 심리학의 학습이론이 교육학에 중요한 기여를 하게 된다. 교육학에서 이러한 분야를 교육심리라 하며 교육심리학은 "심리학의 원리를 교육학에 적용하고자 하는 학문"으로 정의된다. 교육심리학에서 주로 다루는 부분은 발달심리학, 학습자의 개인차 문제, 학습이론, 수업이론, 성격심리, 학습의 동기, 자기효능성, 그리고 생활지도 등의 영역이다. 본 장에서는 이들 중에서 교직과목 이수자에게 적합한 분야를 선택하여 가능한 한 이론을 답습하기보다는 실제 교육 현장 또는 생활 장면에서 적용 가능성과 활용도가 높은 내용으로 교육심리학 분야를 제시하고자 한다.

2. 교육심리학의 정의와 분야

1) 교육심리학의 정의

교육학이나 심리학 모두 인간을 이해하기 위한 학문으로서 연구의 대상이 인간인 학문이다. 그러므로 연구의 방법 또한 인간적인 면을 고려해서 이루어져야 한다. 교육학은 복합학문의 성격을 지니며 교육의 목적은 철학으로부터, 방법은 심리학으로부터 원리와 지침을 가져와서 이루어진 학문이다. 그리고 교육심리학은 교육학과 심리학을 묶어서 만들어진 통합학문의 성격을 지닌다. 이런 이해를 바탕으로 교육심리학의 정의를 살펴보아야 한다.

스키너(Skinner, 1958)에 의하면 "교육심리학이란 모든 종류의 교육문제에 대해서 이미 확립된 심리학적인 원리를 응용하는 것이다"라고 하였으며, 굳(Good, 1959)은 "교육심리학이란 교육의 심리학적 문제의 연구와 함께 교육에 있어 심리학적 원리의 실제적 응용이다"라고 정의되고 있다. 교육학사전(1970)에 따르면 교육심리학은 "항상 일어나는 개인 및 집단의 문제를 심리학적인 방법과 절차에 따라서 교육목적에 맞도록 해결하는 원리와 기술을 찾으려는 심리학의 한 분야이다"로 정의되고 있다. 이러한 내용들을 요약해서 교육심리학을 정의해 본다면, "교육심리학은 교육적 문제의 해결을 심리학적 원리와 방법을 이용해서 하고자 하는 학문"으로 정의할 수 있다.

위의 정의에서 유념하여야 할 부분은 심리학적 원리를 적용해야 할 교육적 문제에는 어떤 것이 있는가?(교육심리학의 범위)라는 문제와 이런 문제의 해결을 위하여 이용되는 심리학적 연구방법에는 어떤 것들이 있는가?(연구방법)라는 것이 중요한 관심문제가 되며 이러한 과정을 거쳐서 밝혀진 교육심리학의 연구내용들을 살펴보는 것이 중요하다. 따라서 본 장에서는 이러한 내용을 중심으로 교육심리학을 소개하고자 한다.

2) 교육심리학의 분야

박준희(1960)에 따르면 교육 및 교육문제의 해결에 심리학과 사회학적인 기초가 필수적임을 강조하고 있으며 교육받는 사람의 심리학적인 발달과정이나 학습과정의 실제적인 연구 없이는 교육의 실제란 어렵다고 보고 있다. 다시 말해 교육이 훌륭한 철학에 의해 아무리 좋은 목적과 목표를 갖는다 할지라도 구체적이고 기술적인 방법에 관한 이해 없이는 소기의 목적을 수행하기란 거의 불가능하다.

이러한 주장에서 보듯이 교육심리학의 주요 영역이 피교육자의 심리학적 발달과정과 학습과정의 이해가 필수적이기 때문에 이런 분야에 대한 연구와 이해가 반드시 따라야 한다. 또한 이러한 교육심리학의 분야란 가정과 사회를 무시하고 존재하거나 실제를 논할 수 없는 만큼 교육심리학은 통합적이고 역동적으로 고려되어야 할 분야이다. 따라서 생활지도 분야와 관련된 성격, 동기 등에 관련된 내용도 교육심리학의 주요 분야에 해당한다.

여광응 등(2004)에 따르면, 교육의 심리학적 기초에 해당하는 분야는 크게 발달심리학적 분야, 사회심리학적 분야, 학습심리학적 분야, 인성심리학적 분야, 그리고 심리측정과 평가와 같은 5가지 분야로 나눌 수 있다. 이신동(1994)은 1954년부터 1988년까지의 교육심리학의 교재 내용을 분석하여 이를 바탕으로 교육심리학의 구체적인 분야들을 다음과 같이 열거하고 있다.

① 발달심리학

② 동기와 학습

③ 학습심리학

④ 지능과 학습

⑤ 인지능력

⑥ 기억과 망각

⑦ 성격심리학

⑧ 정신건강

⑨ 태도 및 가치

⑩ 수업과 교수, 수업 모델 및 교수이론

⑪ 교사심리학

⑫ 학습부진아

⑬ 직업교육

⑭ 교육평가

⑮ 상담심리학

3. 인간발달과 개인차

1) 발달심리학의 교육적 의미

인간은 생명이 시작되면서부터 발달적인 변화를 경험하게 된다. 그러므로 교실내의 학생들 역시 시간의 흐름에 따라 지속적인 변화를 거듭하고 있으며 그 결과 모든 학생들은 다른 특성(즉, 개인차)을 지니고 있다. 이러한 발달적 변화와 개인차는 유전과 환경의 상호작용 결과로 형성된 것이다. 교사는 학생들의 연령에 따른 변화를 이해하고 지능, 성격, 인지양식과 같은 특성에서의 개인차 변인을 고려할 수 있는 능력을 갖추어야 효과적으로 학생의 바람직한 변화를 이끌어 낼 수 있다. 뿐만 아니라 장애학생들이 대부분 일반학교에서 통합교육을 실시하고 있는 현실을 감안할 때 이들 학생에 대한 이해를 바탕으로 효과적인 변화를 이끌어 내기 위해서도 교사는 발달적 특성과 개인차에 대한 이해가 매우 유용한 교사의 자질에 포함되어야 한다.

교육의 목적이 인간이 지닌 잠재력을 계발하여 올바른 방향으로 변화를 유도하는 것이기 때문에 발달에 관한 지식은 학습자를 이해하는 데 있어서 가장 우선되어야 할 부분이다. 즉 발달에 대한 이해를 기초로 교육 경험의 선정 및 조직, 그리고 교육방법의 적용 등이 이루어질 수 있어야 하며 결과에 대한 평가를 위한 기준으로서도 발달의 이해가 필요하다.

인간의 발달에 대한 논의는 크게 두 가지 영역으로 구분해서 이루어진다. 첫째는 발달의 이론이다. 여기서는 인간 발달의 포괄적이고 일반적인 가정이나 원리를 다룬다. 발달의 이론을 통해서 인간 발달의 지배적인 원리를 규명하여 인간 발달의 단계를 정하기도 하고 정신적, 신체적 발달의 정도나 방향을 예측할 수 있다. 이와 같은 발달이론의 전체를 다루는 것은 무리가 있어 본 장에서는 발달의 이론적인 부분의 기술만을 간략히 소개하기로 한다.

둘째는 발달단계별 구체적인 행동 특성을 다룬다. 행동의 특성은 여러 가지 경험적 연구의 결과를 중심으로 각 단계별 행동의 특성을 기술하는 것이다. 이러한 행동의 특성들이 인간의 발달단계별 행동을 이해하는 것에 도움이 되며 학습의 진행과 평가에 도움이 된다.

본 장에서는 발달의 이해를 각 발달단계별 행동의 특성 이해를 중심으로 기술하고자 하며 주로 발달의 가변성이 아주 큰 청년기 이전 단계를 중심으로 다루고자 한다. 물론, 인간의 기대수명이 길어지고 노인인구가 많아지면서 최근에는 발달연구에 아주 중요한 부분으로 성인이나 노인 발달이 활발히 연구되고 있지만 교사가 되기 위한 교직과목의 이수에는 관련성이 적다. 하지만 교직과목을 이수하는 학생들은 노인 발달에 대해 관심을 가져보는 것도 의미가 있을 것이다.

2) 발달의 일반적인 원리

학습자의 발달 특성과 이에 맞는 적정시기의 교육에 관한 대표적인 이론은 해비거스트(Havighurst, 1952)의'발달과업(developmental task)'이다. 해비거스트에 따르면 발달과업은 계열성을 지니며 전 단계가 완수된 이후에 다음 단계로 발달이 이행된다고 보았다. 각 연령 혹은 발달단계에 따른 발달의 주요 과제가 무엇인가를 판단하는 주요한 이론으로서 해비거스트의 이론은 기여한 바가 크다. 대부분의 학자들이 공통적으로 주장하는 가장 일반적인 발달의 원리를 제시하면 다음과 같다.

① 발달은 일정한 순서와 방향성을 지닌다.

유아기의 아동은 머리와 몸통에서부터 팔, 다리 혹은 발 등의 순서로 발달한다. 그리고 큰 운동에서 미세한 운동으로 발달하여 분화와 통합의 과정을 이루어 나간다. 이러한 발달의 방향성은 구조적 변화와 기능적 변화 모두에 적용된다. 예를 들면, 유아는 방바닥의 어떤 물건을 집기 위해서 초기에는 온몸으로 움직이다가 점차 엄지와 집게를 이용해서 물건을 잡을 수 있게 된다.

② 발달은 연속적으로 일어나지만 발달의 속도는 일정하지 않다.

발달과 성장은 모든 부분이 같은 속도로 진행되지는 않는다. 즉, 논리적 사고력이 초등학교 시기부터 발달하기 시작하지만 초기에는 서서히 발달하다가 청년기가 되면 활발하게 발달한다. 논리적 사고력이 연속적으로 발달은 하지만 발달의 속도가 청년기에 그 이전의 시기보다 더 빨리 일어나는 것이다. 인간의 다양한 부분의 발달에서 이러한 발달적인 변화에서 속도 차이를 보여준다. 이와 같이 어떤 부분의 발달이 일정 기간 동안 급격히 변화하는 경우를 발달의 '결정적 시기(critical period)'라 한다. 로렌쯔(Lorenz)의 알에서 부화한 새끼 오리의 어머니에 대한 학습에서 결정적 시기를 잘 보여주고 있다.

③ 발달은 분화와 통합의 과정을 밟는다.

신체의 각 부분들은 각각 고유한 기능을 수행하기에 편리하도록 분화되고 또 각각의 부분들은 유기체 전체와 관련되어 움직여서 반응을 효과적으로 수행한다. 그러므로 발달과정은 전체적인 움직임에서 세부적이고 구체적인 움직임으로 분화를 하는 과정과 세부적인 발달을 거친 각 부분들은 또한 전체적인 움직임으로 통합되기도 한다. 이러한 분화와 통합도 발달의 주요한 내용이 된다. 예를 들면, 유아는 신체, 인지, 그리고 사회정서적인 부분들이 각각 분화되어서 발달적인 성취를 하게 된다. 그리고 이들 부분들은 하나로 통합되어서 인간의 반응을 결정하도록 발달하게 된다.

④ 발달에는 개인차가 있다.

발달에서의 개인차는 발달의 정도(양)와 속도에서 나타난다. 즉 동시에 출생한 아동이라 하더라도 '말하기', '걷기' 등의 행동에서 정도와 양의 차이를 나타낸다. 흔히 부모는 자신의 아이가 다른 아이에 비해서 늦게 말하거나 걷는 행동을 보이는 경우에 자신의 아이가 상대적으로 능력이 부족하다는 의심을 하는 경우도 흔하지만 이러한 초기의 발달적인 차이가 반드시 질적으로 혹은 양적으로 부족한 결과를 가져오는 것은 아니다. 예를 들면, 초등학교 혹은 중학교 시기에 다른 친구들에 비해서 상당히 키가 작았던 친구가 성인이 되었을 때 다른 친구들보다 오히려 더 큰 키를 가진 경우를 흔히 보게 된다. 그러므로 최근의 느린 변화가 반드시 최종적인 결과를 예측해 주는 예언변인이 되지는 않는다.

3) 발달단계별 행동 특성

일반적으로 발달의 단계는 최근의 전 생애적 접근방법에 근거해서 볼 때 태내기에서부터 노년기까지 일생을 10가지의 발달단계(태내기, 영아기, 걸음마기, 학동 초기, 학동 중기, 청년 초기, 청년 후기, 성인 초기, 성인 중기, 성인 후기)로 나누어진다. 본 장에서는 위의 10가지 발달단계 중에서 공식적인 교육과정에 속해 있으면서 외부적인 변화가 현저한 시기인 청년기까지를 개략적으로 중요한 특성만을 중심으로 다루어 보고자 한다.

(1) 영아기 발달 특성(출생~1세)

출생 후 약 1개월간의 대단히 어리고 적응능력도 약한 시기를 신생아(neonate)라고 한다. 이때를 지나면 신체적·정신적 성장이 급등하는 영아기가 된다. 모든 영아들의 성장은 일정한 순서로 이루어지며 성장의 속도는 영아에 따라 큰 차이가 있다.

① 신체발달

성장급등기(growth spurt)이다. 신체발달의 특징 중 두드러진 것이 신체의 크기이다. 출생 후 1년경에 체중은 약 3배, 신장은 약 1.5배 정도 증가한다. 이 시기의 주된 성장은 몸통과 다리 부분에서 일어난다. 모든 영아들의 성장은 일정한 순서로 이루어지며 성장의 속도는 영아에 따라 큰 차이가 있다.

② 사회적 발달

애착(attachment)이 형성된다. 영아와 양육자 간에 형성되는 긍정적 정서관계로 흔히 어머니로부터 떨어지기 싫어하는 시기이다. 애착 형성의 주요한 원인이 되는 것은 접촉이다. 양육자가 우유 또는 모유를 공급해 주는 것보다 더 중요한 것이 접촉이다(Harlow & Zimmerman, 1959). 하지만 이때 유념해야 할 것은 가장 접촉이 빈번히 주어지는 장면이 바로 어머니가 아이에게 모유를 줄 때라는 것이다.

영아기의 애착이 성인기의 신뢰감의 바탕이 된다는 점에서 영아기의 애착행동은 중요한 의미를 지닌다.

③ 지적 발달

인간의 대뇌는 뇌신경세포의 생리적 발달에 기초해서 보면 3세기경에 성인 대뇌 크기의 약 80%의 발달을 보여준다. 그러므로 인생 초기 3년을 지적 발달의 결정적시기로 보는 시각도 있다. 그러므로 이 시기의 영아에게 충분한 자극과 양질의 자극(예를 들어, 호기심을 자극하는 장난감 같은 것)을 제공해 주는 것이 지적 발달에 많은 기여를 할 가능성이 크다(White et al., 1979).

(2) 유아기의 발달 특성(2~6세)

이 시기의 유아는 부단히 움직이고 떠들어댄다. 행동은 부자연스러우며 언어 또한 부정확하다. 자신을 다른 대상과 구별된 하나의 존재로 인식하게 되고 행동이나 언어에 질서를 익혀가는 시기이다.

① 신체 발달 : 과활동성(過活動性)

이 시기의 아이들은 대단히 바쁘게 움직인다. 뛰고 넘어지고 뒹굴면서 모험적 행동들을 감행하는 시기이다. 유아기의 아이들은 놀이 자체가 즐겁고 재미있는 시기여서 흔히 놀이에 지나치게 몰두해서 몸이 상하기 쉬운 시기이다. 부모나 교사들은 유아들이 적당한 휴식을 갖도록 유도해야 한다. 또한 충분한 영양을 섭취하도록 해 주어야 한다.

유아기의 아동들은 신체운동에 있어서 흔히 왼손보다 오른손의 사용이 빈번해지고 오른손잡이가 확립되는 시기이다. 인간이나 동물 모두 활동 시에 어느 한 쪽을 선호하는 경향을 지닌다. 대개 3~4세경에 약 90%의 유아들이 오른손을 선호하게 된다. 흔히 문화적 편견에 의해서 왼손의 사용을 억제하며 왼손잡이의 여러 가지 좋지 못한 면을 지적하고 있지만 이는 편견에 지나지 않다. 그러므로 왼손잡이를 교정하려 하고 오른손잡이를 고집하는 것은 현명하지 않다.

② 사회적 발달

유아의 사회성 발달에 특히 중요한 것이 아동의 놀이이다. 아이들에게 있어서 놀이는 그것이 하나의 유희라기보다는 하나의 세계이며 현실이기 때문에 놀이를 통해서 인지적 성장을 하며 또래와의 상호작용을 통하여 사회적 발달이 촉진된다.

파튼(Parten, 1932~1933)의 연구에 따르면 놀이는 다음의 4가지 유형으로 분류된다.

- 혼자 놀기(solitary play) : 가까운 거리에 아이들이 있다 하더라도 서로 다른 장난감을 가지고서 다른 놀이를 하며 서로 상호작용하려 하지 않는다.
- 병렬놀이(parallel play) : 바로 옆에서 다른 아이들이 가지고 노는 것과 비슷한 장난감으로 놀지만 그들의 놀이는 서로 독립적이며 서로 유기적인 관계가 없다.
- 연합놀이(associative play) : 장난감을 서로 나누어 갖고서 여럿이 함께 어울려 논다. 그러나 각 아동은 어떤 역할이나 지위도 갖지 않으면서 다른 아

이의 기분이나 욕구는 거의 고려하지 않는다.

- 협동놀이(cooperative play) : 단일한 하나의 놀이에 함께 참여한다. 지도자, 역할, 그리고 규칙 등이 있으며 놀이의 목표가 있다.

위의 놀이 형태는 유아의 사회화에 중요한 역할을 한다. 또래들과 더 많이 접촉할수록 사회적 관계에 대해서 학습할 기회가 많아진다. 그러므로 가능하면 협동놀이 형태로 놀이를 하도록 이끌어 주는 것이 좋다.

③ 지적 발달

언어발달은 아동의 인지구조와 인지능력의 발달결과로써 획득된다(Maratsos, 1983). 그리고 아이들의 언어발달은 사고발달과 지적 발달을 가져올 수 있으므로 아이들이 자유롭게 자기의 생각, 감정, 경험 등을 표현할 수 있는 기회를 제공해 주는 것이 중요하다. 이 시기는 상상력과 창의력이 풍부하다. 학습 경험이 쌓여 가면서 사고가 점점 고정화되고 경직되어 가는 경향이 있으므로 이 시기에 가능한 한 무한한 상상력을 발휘할 수 있도록 기회를 제공해 주는 것이 중요하다.

④ 자율성의 획득

이 시기가 되면 아이들은 자기 존재에 대한 인식이 시작되면서 자기 자신을 주장하고 싶어 한다. 그래서 부모로부터 독립해서 자율성을 획득하고자 자기 방식을 고집하게 되고 부모가 제공해 주는 것이나 지시를 무조건적으로 거부하고자 한다. 이러한 의미에서 이 시기를 제1 반항기라 한다.

아이들이 자율성을 획득하고 독립적인 존재감을 갖도록 하기 위해서 이 시기에 부모가 지나치게 간섭하거나 좌절과 비평으로 인해 수치심과 자기 의심을 발달시킬 수도 있는 시기이다.

(3) 아동기의 발달 특성(6~11세)

아동들은 이제 부모와의 접촉을 벗어나서 또래와의 접촉을 강화해 나간다. 공식적인 학교교육을 경험하는 시기이므로 집단생활이 중요해지며 이를 통해서 사회적 규범 및 기술을 익히게 된다. 이 시기에는 특히 교사의 역할이 중요하다.

① 신체발달

학동기 초기까지는 아이들이 아직도 상당히 활동적이며 놀이를 하고 싶어 한다. 그러므로 수업에 집중하지 못하고 장난을 치거나 떠들고 움직이는 행동이 빈번하다. 이에 대해 지나치게 강압적으로 규제하기보다는 이를 인정하고 가끔씩 주의력을 흐트리고 활동을 할 수 있는 것을 시킴으로써 융통성을 찾는 것이 좋다.

③ 지적 발달

아동기의 지적 발달은 기억능력의 증강을 나타내고 있음도 지적할 수 있다. 이른바 기계적 기억은 8~9세를 정점으로 하여 차츰 감소하고, 그 대신 논리적인 기억이 증강된다. 새로운 경험은 이전에 경험한 기억의 논리적 배열 안에 추가되어 추상적인 사고의 기초가 된다.

이러한 지적 활동으로 인하여 아동기의 마지막 무렵이 되면 일상생활 장면에서 어른의 설명에 불만을 품기도 하고 그것을 비판하는 일이 적지 않다. 부모와 교사는 이러한 행동의 유형을 정확히 파악하여 아동의 지적 호기심을 충족시킬 수 있는 상황 마련에 노력하여야 한다. 이러한 것을 일방적으로 억압하게 되면 그들의 관심은 좁아지게 되어 지적 능력의 계발도 저해받게 된다.

(4) 청소년기의 발달 특성(12~22세)

이 시기는 폭발적인 신체적 변화를 경험하게 되며 성적 발달과 더불어서 성에 대한 강한 호기심을 보여준다. 청소년이 자율성과 독자성을 획득하도록 하기 위해서 부모는 이전의 부모-자식의 관계를 재검토해야 할 시기이다.

독립된 하나의 인격체로서 성인의 삶에 밑거름이 되는 시기이므로 이 시기에 자신의 정체성 확립이 대단히 중요하다. 다양한 역할들의 경험을 통해서 정체감이 확립되어야 할 시기이다.

① 청년 전기(11~8세)

• 신체발달

성장급등(growth spurt)과 성적 성숙이 촉진되는 시기이다. 키, 몸무게, 근육 등의 변화가 현저하며 남성, 여성의 신체적 특징이 뚜렷이 나타나는 시기이다. 즉 체모, 변성, 그리고 가슴의 발육들이 뚜렷이 나타난다. 이 시기에 속한 소녀들은 자칫 잘못하면 과도한 살빼기를 시도하여 체지방을 잃게 되어 모가 난 외모를 지니게 될 수도 있다.

신체의 급격한 변화로 인해 비만이 되지 않을까 우려하게 되어 체중 조절을 위해 엄격하고 과도한 식사 조절을 시도하기도 한다. 하지만 이 시기는 충분한 영양공급이 절대적으로 필요한 때이므로 신체적인 발달을 저해하지 않도록 각별히 신경을 써야 할 시기이기도 하다. 최근 마른 몸매가 미의 중요한 기준이 되면서 지나치게 날씬한 몸매를 갖고자 하는 청소년은 물론이고 초등학교 학생들이 늘어나면서 신경증적 '거식증' 혹은 '폭식증'의 질병을 갖는 청소년이 급증하고 있다. 교사는 적절한 식습관 및 운동을 통한 균형잡힌 몸매를 갖도록 지도하는 것이 매우 중요하다. 이 시기의 정상적인 신체발달은 긍정적이고 자신감 있는 자아의 형성과 관계된다.

• 사회성 발달

이 시기에 아동들은 점차 독자적이며 독립적인 삶을 추구하고자 하며 상대적으로 가족보다는 친구와의 우정관계를 더 중요시한다. 이때에 부모들은 자녀들의 성장을 기뻐하면서도 한편 자녀들로부터 거부를 두려워할 수도 있다. 특히 어머니들이 자녀들의 독립을 수용하지 못해서 자녀들과 마찰이 일어나기도 하며, 가족 간의 애정관계를 중요시하는 우리나라의 어머니들이 이때 상당한 갈등을 경험하기도 한다.

청소년들은 친구와의 우정관계를 중요시한다. 가정 밖에서 많은 시간을 보내게 되며 기쁨과 슬픔을 함께 공유하려 한다. 또한 이들은 또래집단을 형성해서 공통의 신념이나 가치관을 형성하게 된다. 이 시기의 또래집단을 흔히 도당집단이라하며 흔히 개인의 가치보다는 집단의 가치를 중시한다.

• 정서발달

이 시기의 청소년의 정서는 강력하며 변화가 심하다. 이들의 이러한 정서의 특징은 신체적 변화에 기인한 것으로 한때 생각되었으나 최근에는 이것이 청소년기의 갑작스런 역할의 변화와 적응의 문제들이 갖는 복합성에 기인한 것으로 고려되고 있다. 즉 부모－자녀 간의 관계의 변화, 새롭고 급격한 변화의 이성관계, 폭넓은 교우관계 등의 다양한 사귐의 변화들이 강한 정서로의 변화를 가져온 것으로 본다.

② 청년 후기(18～2세)

이 시기는 아동기의 마지막 단계이면서 인생이 준비가 완성되어야 할 시기이다. 그러므로 자신의 독자적이며 독립적인 삶을 살아가기 위해 필요한 개인의 가치와 목표를 설정해야 한다. 무엇보다도 자신의 개인적 정체감의 확립이 요구되는 시기이다. 또한 원만한 이성관계를 통한 배우자의 선택과 사회적 활동의 무대가 될 직업의 선택과 같은 중요한 문제를 해결해야 할 시기이다.

이 시기의 아동들은 자율과 독립이 요구된다. 즉 많은 부분의 활동에서 스스로 판단해서 행동하고 결과를 책임져야 할 시기이다. 즉 돈을 계획성 있게 쓰기, 스스로 공부하기, 스스로 가사에 참여하기 등이 있다. 자율성과 독립성이 이루어지기 위해서 신체적 힘과 인내가 요구되기 때문에 신체적 성숙이 필요하다. 특히 우리나라의 부모들은 이 시기의 자녀들을 지나치게 어린애처럼 취급해서 의존적인 행동이나 사고에 머무르지 않도록 유념해야 한다. 자식의 독립이 기쁨이 되어야 하지 우려나 슬픔이 되어서는 결코 안된다. 부모의 의견을 무시한다고 해서 부모를 멀리하려는 것으로 생각하기보다는 무시의 정당성이 인정된다면 스스로 인생을 살아갈 준비가 되어가는 것으로 생각해 줄 수 있는 인식의 전환이 요구되는 시기이다.

4. 지 능

1) 지능의 교육적 의미

지능은 인간의 가장 대표적인 개인차 요인이다. 기능의 개인차는 교수-학습과정과 깊은 관계에 있다. 교육의 대상인 학생을 이해하기 위해서는 인간의 지적 특성에 대한 파악이 필수적이다. 즉 동일한 교사의 행동이나 동일한 정보를 제공하더라도 학생의 지적 특성에 따라 정보의 수용 속도 및 정보의 활용방식이 달라질 수 있다. 지적 특성 중에서도 교수-학습과정과 보다 밀접하게 관련된 것이 지능이다. 지능의 본질과 발달에 대해서는 복잡한 이론들이 있으나 본 장에서는 개략적인 내용만을 다룬다.

2) 지능의 본질

지능이란 무엇일까? 지능을 한 마디로 정의하기란 대단히 어려운 일이다. 포괄적인 의미에서 지능이란 것이 인간의 지적 능력이라고 할 수 있겠지만 인간의 지적 능력이 그 종류와 깊이 면에서 무한정한 것이기에 이를 구체적 측정 가능한 용어로 정의를 내리기란 어쩌면 불가능한 일인지도 모른다. 그래서 지능에 대한 학문적인 정의보다는 이를 측정하는 기법이 먼저 발달하고 여기에 따라서 제한적인 의미로 지능이 정의되어 오고 있는 것이 현실이다.

지능검사를 처음 개발한 비네(Binet)는 지능을 "판단하고 이해하고 추리하는 능력"으로 간주하였다. 이보다 발전한 지능검사를 개발한 웩슬러(Wechsler)는 지능을 "목표를 가지고 행동하고, 합리적으로 사고하며, 환경을 효과적으로 다룰 수 있는 능력의 집합"으로 정의하고 있다.

지능의 정의는 광범위하게 이루어지고 있다. 하지만 이들의 정의는 모두가 지능의 어느 중요한 한 부분만을 정의하고 있거나 서로 비슷한 것을 각기 다른 관점에서 표현하고 있는 정도이다. 이러한 정의들 가운데서 웩슬러는 가장 포괄적으로 정의하였다. 웩슬러는 그의 정의에서 일반지능과 지적 요소를 구분하여 일반지능을 추정하는 데 지적 요소의 추정만으로는 불충분하다는 점을 지적하였다. 다시 말해서 흔히 생각하는 지능에 동작성 항목 혹은 얼굴 기억과 같은 안면 지각적 요소 등을 추가하여 지능을 포괄적인 의미로 정의하였다.

3) 지능의 측정

학습과 개인의 학업성취 등과 밀접히 관련된 지능을 수치화하여 이를 학교 수업에 반영하는 것은 대단히 중요한 문제이다. 이런 점에서 지능을 측정하는 방법은 어떠한 것이 있으며 이들의 활용을 어떻게 할 것이며 이들 측정의 한계점은 무엇인가 하는 것을 이해하는 것은 대단히 중요한 문제이다. 따라서 본 장에서는 지능의 측정 문제를 다루어 보고자 한다.

지능의 측정을 위해서는 우선적으로 지능의 본질을 어떻게 규명하고 이를 어떻게 조작적으로 정의하는가 하는 것이 중요하다. 이러한 지능의 본질에 대해서는 크게 요인분석적 접근법과 인지적 접근법 두 가지가 있다. 먼저 요인분석적 접근법은 지능의 구성요인을 규명하기 위해서 요인분석법을 이용한다. 이 접근법은 여러 가지 지능을 측정하고 있는 검사들을 모아서 이들 속에 포함된 문항들을 상관관계를 통해서 분석하고 이를 토대로 이들 문항 속에서 서로 상관이 높은 것을 모아서 새로이 요인별로 분석하여 정말로 지능을 구성하는 대표적인 요인들이 과연 어떤 것이 있을 수 있는지를 알아보는 것이다.

요인분석적 접근을 통해서 규명된 요인으로는 다음과 같은 것들이 있다. 일반지능요인, 특수지능요인, 공간능력, 지각속도, 수리능력, 언어의 이해능력, 기억, 언어유창성, 귀납적 추리, 그리고 미국의 심리학자 길포드(Guilford)가 주장하는 120개의 지능구조 단위 등으로 밝혀지고 있다.

또한 최근의 인지심리학의 발전에 의해서 심리학자들의 지능의 정의에도 영향을 미쳐서 지능의 구성요소적 정의에 대신해서 지능이라는 요소에서의 개인차를 인지적 처리과정에서의 개인차로 규명해 보고자 하는 움직임이 활발해졌다. 따라서 호른(Horn, 1982)은 지능의 주요한 결정인자인 정신능력을 유동지능과 결정지능의 두 가지 유형으로 분류하였다. 여기서 유동지능이라 함은 정보처리의 속도와 정확성에 관계된 것으로 간주하며 이는 개인의 생물학적, 유전적 요인에 의해서 주로 결정된다고 보았다. 한편 결정기능은 관계의 이해와 판단 및 문제해결에 관계하며 주로 개인의 경험과 지식에 기초한다고 하였다. 따라서 청년기 이후에는 경험이 많이 좌우되는 결정지능의 증가에서 개인차가 상당히 나타날 수 있다고 보았다. 이 말의 의미로 볼 때 우리의 지능은 일찍이 결정되어 버리는 결정주의와는 달리 상당히 오랜 기간 동안 발전과 변화가 가능한 것으로 볼 수 있는 점이 상당한 의미를 지닌다.

인지론적 접근법 가운데 가장 최근의 이론이 스턴버그(Sternberg, 1985)의 지적성분 과정을 5개의 과정으로 분류한 것이다. 즉 그는 지적 성분 과정을 상위성분, 수행성분, 획득성분, 파지성분, 그리고 전이성분으로 분류하였다.

현재로서는 지능의 측정에 있어서 최선의 방법은 요인분석적 접근법과 정신과정의 성분접근법을 상호 보완적으로 활용하는 것이다. 즉 요인분석적 접근법을 이용해서 한 개인이 어떤 정신능력(다시 말해서, 지능의 요소)이 우수하고 어떤 능력이 부족한지를 알 수 있으며 성분접근법을 통해서 특정한 정신능력이 부족하거나 우수한 것이 어떠한 정신과정을 통한 차이인가를 이해할 수가 있다. 그러므로 우리는 개인의 지적 능력의 부족을 파악하게 되면 이러한 부족이 정신과정상 어떠한 문제인가를 이해함으로써 문제의 근본적인 해결책을 찾아볼 수 있다.

4) 지능검사

지능은 일반적인 의미로 정의한다면 우리가 이 세상을 살아가는 문제(다시 말해서 적응의 문제)를 얼마나 성공적으로 해결하여 생존하며 남보다 더 잘살 수 있는 가를 결정짓게 하는 요인이라고 할 수 있다. 그래서 이러한 인생의 성공을 결정짓는 요소를 지능의 하위 요소로 볼 수 있으며 여기에는 기억력, 추리력, 분석 및 종합력, 그리고 판단력 등 우리가 흔히 지능의 요소라고 하는 것들이 포함되고 있다. 따라서 우리가 교육을 통해서 무엇인가 바람직한 것을 학습하고 이를 실생활에 응용하여 잘 살아가는 것을 가르치고 배우려 한다고 볼 때 지능의 개인차가 상당히 중요한 의미를 지닌다. 지능을 측정하기 위한 도구가 지능검사이며 여기에는 실시대상에 따라 아동용, 성인용, 그리고 학생용 검사들이 있다. 또한 실시방법에 따라서 개인지능검사와 집단지능검사가 있다. 이들 중에서 가장 대표적인 것이 비네(Binet) 지능검사와 웩슬러(Wechsler) 지능검사이다.

(1) 비네 지능검사

고등정신을 측정하고자 하는 최초의 지능검사가 1905년 최초로 비네(Binet)와 시몬(Simon)에 의해서 만들어졌다. 이들의 검사에서 중요한 개념이 정신연령(MA), 생활연령(CA), 그리고 지능지수(IQ)이다. 여기서 지능지수는 지능검사의 결과를 지표로 나타내는 수치이다. 여기서 지표란 말의 의미는 지능지수가 지능의 절대적인 양의 개념이 아니라 상대적인 비교의 수치라는 점이다. 지능지수의 수치화는 정신연령과 생활연령의 비로써 나타낸다. 즉, MA/CA×100의 공식을 통해서 얻어지는 수치이다. 이 검사의 가장 큰 문제점은 지능의 포괄적인 능력을 측정하기보다는 주로 언어적인 능력을 평가하고 있다는 것이다. 우리나라에서는 많은 학교에서 이 검사를 이용해서 지능을 평가하고 이것을 포괄적인 의미의 지능으로 해석하는 경우가 많은 것이 현실이며, 이러한 문제의 대두로 인해서 새로운 유형의 지능검사들이 출현하게 되었다.

(2) 웩슬러 지능검사

이 검사는 1955년에 만들어졌으며 처음에 성인용 검사에서 출발하여 현재는 아동용 검사까지 개발하여 많은 곳에서 광범위하게 활용되고 있다. 우리나라에서는 1963년에 전용신, 서봉연 및 이창우에 의해서 번안되어 이용되고 있다. 그리고 1947년에 아동용 검사도 번안되어 이용되고 있다. 이 검사는 언어성 검사와 동작성 검사로 구분되어서 이루어진다. 그리고 각 영역별로 하위 항목이 구성되어 있어서 지적 기능을 세부적으로 검사할 수 있다는 장점이 있으며 넓은 연령층으로 검사를 실시하는 것이 가능하다. 또한 이 검사는 지능의 측정뿐만 아니라 심리적적응 상태, 성격적 특성, 정신병리적 특성, 그리고 뇌 손상의 상태 등도 평가가 가능한 정보를 포함하고 있다는 것이 중요한 특징이다. 따라서 성격평가 및 임상적 진단에도 유용하므로 현재로서는 적어도 지능검사를 받으려면 이 검사를 받는 것이 대단히 적절하다.

5) 지능의 분포

지능의 정의로서 비교적 널리 보급되어 있는 것은 '새로운 사태에서 직면하는 과제를 해결하는 능력'이다. 현재 실시되고 있는 지능 측정에서는 지적 과제의 달성양이 연령에 상응하는가 어떤가에 의해 지능 수준을 나타내는 것이 대부분이다. 즉 피험자가 속하는 연령집단의 표준 달성 양과 비교하여 같은 정도이면 보통 수준의 지능, 적으면 보통 이하의 지능 등으로 한다. 지능검사에서 이것을 나타내는 척도가 지능지수(IQ) 또는 지능 편차치인 것이다. 일반적으로 지능검사는 이러한 IQ가 정상분포를 이루도록 구성되어 있다. [그림 6-1]의 IQ 분포는 비네(Binet) 검사의 한 예를 나타내고 있다. 이러한 분포가 안정된 것이면 지능의 지표로서의 타당성이야 어쨌든 간에 IQ척도는 지적 수준을 비교하는 데 도움이 될 것이다. 하지만 실제의 측정에서는 대상 집단의 구성에 따라 IQ분포는 그 평균이 변화한다. 그 요인으로서 연령 범위 · 성별 · 학력 · 가정환경 · 지역의 차이 · 직업의 차이 등을 들 수 있다. 지금까지의 많은 연구결과를 종합해 보면, 연령에서는 7~12세 어린이에 비해 2~6세 어린이의 분포가 넓은 경향을 나타내고, 남성은 여성에 비해 IQ평균이 높으며, 또 학력과 IQ의 상관이 높다는 것을 발견할 수 있다. 그리고 가정환경, 특히 부모의 직업에 대하여 지적인 직업을 가진 가정과 육체노동이나 직업이 없는 가정의 어린이 간에 차가 있으며, 도시 어린이의 IQ평균이 시골 어린이의 IQ평균에 비해 높다는 것이다. 따라서 교육의 실제에 있어서는 IQ의 의미와 한계를 고려하여 지능검사를 활용할 필요가 있다.

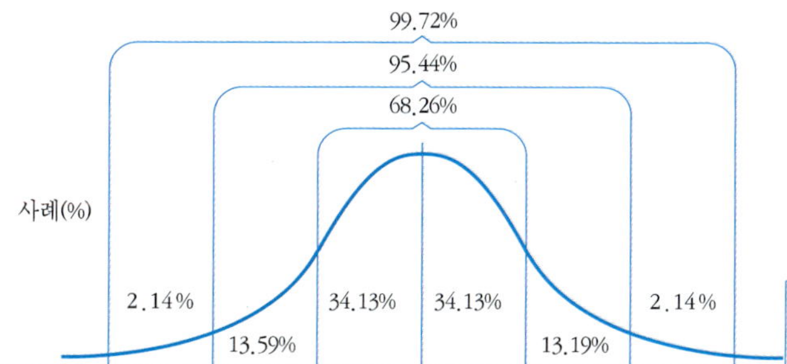

								평균	표준편차
IQ	55	75	85	100	115	135	145	105	15
Z-점수	−3.0	−2.0	−1.0	0	+1.0	+2.0	+3.0	0	1.0
소점	20	30	40	50	60	70	80	50	10

[그림 6-1] 지능지수의 분포

5. 학습과 기억

1) 학습의 교육적 의미

교육이 '인간 행동의 계획적 변화'라면 무엇보다도 필요한 것이 변화의 방법에 대한 문제이다. 변화는 어떤 방식으로 가능한가 하는 이러한 변화의 방식을 다루는 것이 바로 학습과 교수의 내용이 된다. 변화는 단순한 행동의 변화에서부터 고차원적인 정신과정의 변화에 이르는 광범위한 내용의 변화를 의미하며 다양한 형태의 변화를 설명하는 다양한 학습이론들이 존재한다. 따라서 본 장에서는 여러 학습이론들의 개략과 이러한 학습이론들의 교육적 적용에 대해서 살펴본다.

2) 학습의 정의

흔히 학습이라고 하면 많은 사람들이 이를 공부(study)라고 이해하는 경우가 많다. 하지만 학습(learning)은 심리학에서 보다 광범위한 의미로 쓰여지며, 학습은 "경험이나 연습의 결과로 일어나는 행동상의 비교적 영속적인 변화"로 정의하고 있다. 이러한 정의 속에는 학교에서의 공부도 포함되지만 자동차 운전을 한다든지, 스키를 탄다든가 하는 것 또한 학습의 한 유형이다. 따라서 학습이란 인간이 다양하게 변화하는 환경에 맞추어서 자신의 행동을 변화시키는 모든 과정과 여기에 비롯되는 모든 행동상의 변화를 포함하는 것이 된다.

학습에서 관심을 가져야 할 중요한 문제가 인간 혹은 유기체가 어떻게 학습을 하거나 할 수 있도록 할 수 있는가 하는 문제이며 이러한 학습의 과정을 설명하고자 하는 것이 학습의 이론이다. 또한 교육의 정의에서도 중요한 것이 "변화"이다. 그러므로 교육을 통해서 얻고자 하는 바람직한 방향으로 행동의 변화를 이끌어 내기 위해서는 반드시 필요한 것이 학습이론이다. 따라서 본 장에서는 학습이론을 개략적으로 살펴보고자 한다.

3) 학습이론

(1) 행동주의 이론

행동주의(behaviorism)에서는 인간의 이해를 위해서는 인간의 행동만을 연구과제로 하여야 한다고 주장한다. 그래서 인간의 외현적 행동만을 연구의 주제로 삼고자 하는 심리학의 한 분야이다. 이들은 인간의 행동은 자극에 대한 반응으로 야기된다고 주장하며 정신과정은 주요한 의미를 갖지 않는다고 간주하였다. 그래서 이들의 관심은 어떻게 하면 자극과 반응의 연합(조건형성)이 가능한가 하는 것이다. 조건화를 설명하는 이론에는 고전적 조건화 이론과 조작적 조건화 이론이 있다.

① 고전적 조건화(Classical conditioning) 이론

이 이론을 주장한 대표적인 학자는 러시아의 파블로브(Pavlov)이다. 그는 원래 생리학자로서 개의 타액 분비에 관심을 가졌다. 개의 침샘 분비에 관해 연구하던 중에 개가 음식물을 제공하기도 전에 먹이를 주는 조교의 발소리만 듣고도 타액을 분비하는 사실을 발견하였다. 여기서 그의 의문은 원래 개가 사람의 발소리에 타액을 분비하는 것은 있을 수 없는 일이지만 어떤 과정을 통해서 개가 발소리란 자극에 대해서 타액 분비란 행동을 하게 되었을까 하는 점이다. 그는 이러한 개의 행동을 조건화 이론으로 설명하게 되었다.

실험의 방법은 개의 타액선에 튜브를 삽입하여 타액의 분비 정도를 측정할 수 있는 장치를 설치하였다(그림 6-2).

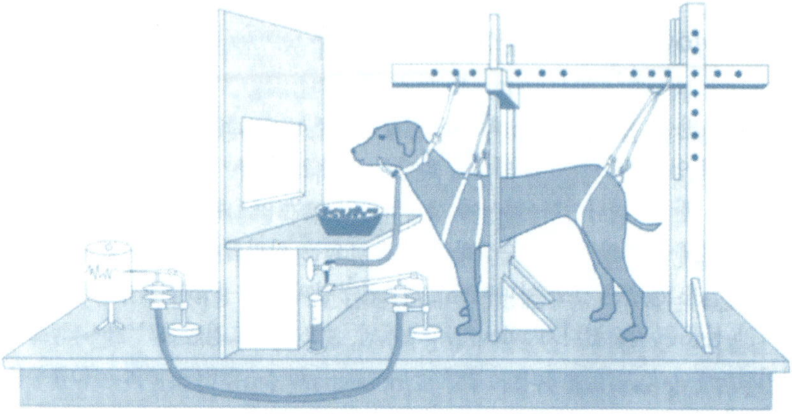

[그림 6-2] 파블로브의 조건화 이론에 사용된 장치

실험의 첫 순서는 소리굽쇠를 울려서 원래 개가 소리굽쇠에 대해서 정위반응(소리가 나면 그쪽 방향을 응시하는 정도의 반응)만 하는 것을 확인한 이후에 소리를 들려 줌과 동시에 먹이를 제공하는 것을 반복해 보는 것이었다.

연구자의 관심은 과연 개가 소리만 들려 줘도 이것이 조건화되었을 때 타액을 분비하는 행동을 할 수 있는가 하는 것이다. 연구의 결과는 개가 소리를 들려주면 이것이 먹이의 출현을 신호한다는 것을 학습하고서 먹이가 제공되지 않더라도 개는 이러한 단서에 타액을 분비하는 조건화가 가능하였다. 이후의 이들의 관심은 과연 언제 소리를 들려 줘야 하며 어느 정도로 소리를 들려 주는 것을 반복하여야 하는가 하는 것이며 또한 이렇게 조건화된 행동은 더 넓은 범위로 어떻게 일반화 되며 다른 소리와의 변별은 어떻게 가능할까 하는 것이었다.

한편 미국의 왓슨(Watson)은 이러한 조건화를 인간을 통해서 실험하였으며 이론을 검증하였다(그림 6-3).

[그림 6-3] 왓슨의 실험(권석만 외, 1996)

이러한 조건화 이론은 오늘날에도 인간의 공포, 불안 등을 해소하는 주요한 방법들을 제시해 주고 있으며 이러한 행동의 개선에 많은 기여를 하고 있다.

② 조작적 조건화(Operant conditioning) 이론

고전적 조건화 이론은 개체의 어떤 행위보다는 환경적인 조건에 의해서 개체가 대단히 수동적인 상태로 환경에 예속되고 마는 행동을 설명하고 있지만 이것이 개체의 모든 행동을 지배한다고 보기는 어렵다. 그래서 미국의 스키너(Skinner)에 의해서 인간의 능동적인 행동의 유발이 앞서는 조건화 과정에 대한 새로운 이론이 확립되었으며 인간의 환경에 대한 행동(조작적 행동)의 조건화 과정을 설명하고자 하였다.

스키너의 실험은 다음과 같은 형태로 이루어졌다. 굶주린 쥐(다시 말해서, 환경에 대해서 어떠한 조작이라도 가해 보려는 것으로 동기화가 잘 되어 있는 쥐)를 상자 속에 집어넣는다. 그리고 이 상자의 한 쪽에는 지렛대가 설치되어 있으며 여기에는 자동적으로 행동의 빈도를 측정 기록하게 되어 있는 장치가 연결되어 있고 먹이통도 같이 연결되어 있다. 만일 쥐가 지렛대를 누르게 되면 먹이통으로 먹이가 자동적으로 떨어지게 되어 있었다. 쥐가 처음 상자 안에 들어가게

되면 쥐는 여러 가지의 행동을 하게 된다. 그러다가 어느 순간에 지렛대를 눌렀을 때 먹이가 나오게 된다(그림 6-4). 여기서 먹이가 중요한 학습을 일으키는 요소가 되며 이를 스키너는 '강화'라고 하였다. 쥐는 강화가 주어지는 행동을 반복하게 되면서 상자 안에 들어가게 되면 자연스럽게 지렛대를 누르는 행동을 학습하게 되는 것이다. 여기서 쥐의 행동 즉 지렛대를 누르는 행동이 바로 상자란 자극에 대해서 쥐가 반응을 형성하게 되는 행동이다. 우리는 이러한 행동을 조작적 조건화된 행동이라 부른다.

[그림 6-4] 스키너의 조작적 조건화 실험장치

이러한 조작적 조건화 이론은 학교 장면, 생활 장면, 그리고 동물들의 훈련 등에서 폭넓게 활용된다. 예를 들어서 정신병원의 환자를 모범생으로 만드는 과정을 한 번 생각해 보자. 이들 환자들은 행동이 거칠거나 비규범적일 수 있다. 그러나 동시에 이들이 병원에 수용된 상태에서는 수많은 강화물들이 존재하게 된다. 외출의 허가, 식사 제공, 면회 허락, 그리고 자유 활동의 기회 제공 등 많은 것이 있을 수 있다. 환자에게 이러한 강화물을 이용해서 충분히 조건화가 가능하며 이것이 한 번 혹은 몇 번의 기회로 어려울 경우에는 쉬운 행동부터 시작해서 어려운 행동의 조건형성으로 서서히 진행하는 조형(shaping) 등의 방법을 사용하는 것이 가능하다.

강화를 이용해서 바람직한 방향으로 행동을 유도할 수 있지만 바람직하지 못한 행동의 변화가 어려운 경우도 흔히 접할 수 있다. 이런 경우에는 처벌의 방법을 사용하기도 한다. 즉 유기체에게 혐오적인 어떤 것을 제공하여 어떤 행동이 자신에게 불편하도록 하여 이런 행동을 없앨 수도 있다. 이런 방법을 어린이들이 학교를 싫어하게 하는 하나의 이유가 될 수도 있다. 즉 학교의 공부와 교사의 행동, 그리고 분위기 등이 개인에게 불쾌한 자극이 되어 학교 생활 자체를 도피하려는 일탈적인 학생의 행동들이 이러한 이유로 조건화된 것으로 설명이 가능하다.

(2) 인지적 학습이론

인지적 학습이론에서는 행동주의가 오직 외현적(overt) 행동만을 통해서 인간을 연구하여야 하며 행동은 환경의 영향을 절대적으로 받는 것으로 보는 즉 인간을 수동적인 존재로 간주하는 이론에 비해서 인지주의에서는 인간의 사고(혹은 인지 cognition)를 주요한 연구의 과제로 간주하고 있다. 다시 말해서 인간 행동의 결정 인자는 사고(thinking)라는 것이다. 학교 장면을 예로 들어 설명하면, 행동주의에 입각한 교육은 학생의 보다 나은 학습을 위해서 환경적인 조건(예를 들어서, 강화의 원리 이용, 수업 기자재의 활용 등)의 변화를 통한 학습의 증진을 도모할 것이며, 인지주의적 이론에 의한 학교교육에서는 무엇보다도 학생의 사고방식, 학습하려는 동기 혹은 의지 등에 초점을 맞추게 된다.

인지론적인 이론에 입각한 학습관련이론을 요약해 보면 다음과 같다.

- 학습은 강화에서 일어나는 것이 아니라 내적 욕구에 의해서 일어난다.
- 학습은 자극을 구조화하고 관계를 형성하는 것이다.
- 개인의 과거 경험과 현재의 관심이 중요하다.
- 학습에 중요한 것은 발견이다.

인지이론의 교육적 시사점은 다음과 같은 것들로 요약된다.

- 흥미있고 관심있는 문제의 학습(학습동기 부여)

- 아동의 자기 중심적 사고에서 탈피할 수 있도록 하는 교육 필요
- 발견학습에서 시도하는 접근법 : 자유학습, 허용적 분위기, 그리고 다양한 학습 영역

4) 기억의 정의

기억은 과거 경험의 흔적으로 정의된다. 우리는 경험을 통하여 학습을 하며 이는 머릿속에 기억이 되어 있기 때문에 우리의 행동에 영향을 미치는 것이 가능하다. 또한 과거의 기억이 있기에 과거란 것도 우리의 머릿속에 존재할 수 있는 것이다. 즉 우리는 경험의 흔적을 떠올려서 지난날의 아름다운 추억에 젖어볼 수도 있는 것이다.

교육학에서 '기억'이 관심의 영역이 되는 것은 학생이 학습을 하려는 행동을 하였지만 이것이 우리의 기억저장고 속에 저장이 되어 있지 못해서 학습노력을 무의미하게 만들어 버릴 수 있는 상황에서의 개인차 요인을 밝히거나, 기억 내용의 회상을 잘하고 못하고의 차이를 밝힌다거나 한꺼번에 많은 양의 정보를 기억할 수 있는 능력을 어떻게 발휘할 수 있는가 하는 문제 등이 관심이 될 수 있다.

5) 기억의 과정

기억의 과정이란 정보를 어떻게 머릿속에 집어넣고, 어떻게 이를 저장하며, 그리고 어떻게 이를 머릿속에서 끄집어 내는가 하는 문제 등과 같은 일련의 과정을 의미한다. 다시 말해서 정보의 흐름이 어떻게 이루어지는가를 말한다. 여기에는 약호화, 저장, 그리고 인출의 과정이 포함된다.

(1) 약호화(Encoding)

우리가 외부의 어떤 정보를 머릿속에 기억하기 위해서 우선적으로 필요한 과

정이 약호화 과정이다. 무엇을 머릿속에 저장하기 위해서는 외부의 정보를 머릿속에 저장 가능한 어떤 형태로의 변환을 통한 저장이 이루어져야만 한다. 머릿속에 저장 가능한 형태의 정보는 음성적, 심상적, 그리고 의미적 정보가 있다.

또한 이 과정에서 관심이 가는 것은 어떤 요인이 약호화에 영향을 미칠 수 있는가 하는 것이다. 약호화에 영향을 미치는 요인에는 각성, 정신집중, 선택적 주의, 정보의 묶음화, 반복, 암송, 정교화 등의 방법이 있다.

이는 창고에 물건을 보관해 두는 것과 같은 것이다. 창고 속의 물건과 마찬가지로 잘 정리해 두면 찾기도 쉬울 것이다. 여기서의 관심은 찾아내는 것보다는 어떻게 하면 보관이 오랫동안 잘 될 수 있는가 하는 것이며 여기에 관계된 인간의 생리적, 심리적 기제(mechanism)가 무엇인가 하는 것이다. 여기에 대해서 밝혀진 것은 별로 없다. 단지 정보의 유지나 저장이 뇌의 단백질 합성과 관계가 있다는 정도만이 보고되어 있을 뿐이다.

(3) 인출(Retrieval)

인출이란 기억된 정보를 끄집어 내는 것을 말한다. 인출의 형태는 두 가지가 있다. 첫 번째는 재생(recall)이다. 재생이란 머릿속의 정보를 회상해 내는 것으로서 논술식 시험이나 구두면접과 같은 경우 특정한 질문의 해답과 관계된 머릿속의 정보를 찾아내는 형태를 말한다. 두 번째는 재인(recognition)이다. 재인이란 이미 주어진 어떤 형태의 정보가 머릿속의 정보와 일치하는지의 여부를 판단하는 다시 말해서 재인식하는 것을 말한다. 객관식 시험의 정답을 찾아내는 것이나 어떤 인물의 얼굴이 이전에 알고 있던 사람인가 아닌가를 판단(얼굴 재인: face recognition)하는 것과 같은 형태의 인출 과정을 말한다.

6) 기억의 유형

기억의 유형이란 머릿속의 저장정보가 어떤 저장 형태로 보관되어 있는가를 말하는 것으로서 창고가 일시보관소, 장기보관소 등의 형태로 나누어지는 것과 같은 의미이다. 저장고의 형태는 감각기억, 단기기억 혹은 작업기억, 그리고 장기기억의 형태가 있다(그림 6-5).

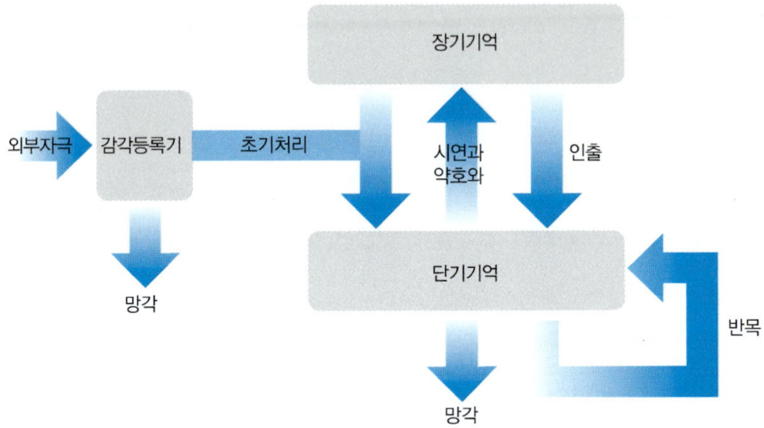

[그림 6-5] 기억의 유형과 정보처리과정(김영채 외, 1988)

(1) 감각기억(Sensory storage)

감각기억이란 우리의 감각기관을 통해서 수없이 많은 정보가 머릿속으로 들어 왔을 때 이 많은 정보를 일시적으로 저장하는 형태의 저장고이다. 이때 정보의 유지시간은 0.5초 정도로 짧다. 이 저장고의 역할은 수많은 정보들이 우리의 감각기관을 자극하고 이내 없어지지만 약간의 시간동안 이들 정보를 보관하여서 추가적인 처리를 필요로 할 때 이들 정보를 활용 가능하도록 하여 준다. 여기에 저장된 정보는 정보처리자가 이들 정보 중에 주의집중을 하게 되면 이것은 다음 저장 단계인 단기기억 속으로 들어가게 된다. 여기서의 정보의 형태는 감각된 형태와 유사한 감각적 형태로 저장된다. 예를 들면, 시각적 잔상과 같은 형태이다.

(2) 단기기억(Short-term memory)

단기기억이란 작업기억(working memory)이라고도 불려지는 기억저장고로서 우리들이 머릿속에서 무엇인가를 생각하는 상태, 즉 작업을 하는 상태에서 정보를 보관하고 있는 형태의 기억저장고이다. 예를 들어서 우연히 길에서 오랜 친구를 만났을 경우에 친구가 알려 준 친구의 전화번호를 잊어버리지 않기 위해서 머릿속에 이를 계속 생각하고 있는 상태의 기억저장고이다. 여기서의 정보의 형태는 음성적(echoic)이다. 정보의 유지시간은 15~20초 정도이다. 이때 정보를 시연 반복하지 않으면 정보를 이내 잊어버리게 된다. 정보의 저장용량은 상당히 제한적이다. 밀러(Miller)에 의하면 5~9개의 덩어리(chunk) 정도의 저장용량이다. 이를 흔히 신비의 숫자(magic number) 7이라 한다. 여기에 보관된 정보는 정교화(elaboration) 시연을 통해서 장기기억 속으로 들어갈 수 있다.

(3) 장기기억(Long-term memory)

장기기억이란 우리가 머릿속에 오랫동안 기억하고 있는 정보를 저장하는 곳을 말하며 과거의 기억이라고 하면 흔히 여기에 기록된 정보를 단기기억 속으로 가져와서 이를 회상 혹은 재인하는 상태를 말한다. 장기기억 속의 정보의 형태는 의미론적(semantic)이다. 저장량은 무한정이며 지속시간 역시 영구적이다. 문제는 장기기억 속에 정보가 분명히 들어 있지만 이를 찾아내지 못하는 경우가 있다는 것이다. 그리고 재미있는 현상은 우리들이 분명히 정보를 기억하고 있다고 인식이 되긴 하지만 이를 정확히 기억해 내지 못하는 경우도 흔하게 있다는 점이다. 한 가지 예가 머릿속의 생각이 밖으로 표현이 잘 되지 않아서 혀끝에 맴도는 경우이다. 이를 설단 현상이라 한다.

6. 성격과 적응

1) 성격과 적응의 교육적 의미

학교교육에서는 학생들의 지적, 신체적 발달 외에도 정서적 발달도 주요한 교육목표가 된다. 학생들은 생활의 대부분을 학교에서 보내므로 학교생활을 통한 잠재학습의 효과가 그들의 성장에 크게 영향을 미치게 된다. 그러므로 학교에서 올바른 성격의 지도와 형성 및 건강한 경험의 축적을 통한 훌륭한 인격형성은 교육자의 중요한 과제이다. 따라서 본 장에서는 성격의 제 이론과 바람직한 성격에 대해서 그리고 적응과 적응의 문제들에 대해서 개략적으로 다룬다.

2) 성격

성격(personality)은 라틴어 'persona'가 어원으로서 '가면'을 뜻한다. 인간이 사회적 환경 속에서 타인들에게 보이는 전체적 인상이라는 것이다. 성격의 정의는 다양하며 일치된 것은 없지만 "개인의 독특한 사고양식과 행동양식"으로 일반적으로 정의된다. 이 정의 속에는 개인은 어느 정도 안정되고 일관성 있게 환경에 적응해 나가는 능력의 소유자라는 의미를 내포하고 있다. 그리고 개인은 성격이 어느 누구도 같지 않고 서로 다른 독특성을 지닌다는 것이다. 즉 동일한 자극 상황에서도 개인은 저마다 다르게 반응한다는 의미이다.

(1) 성격의 형성 요인

성격의 형성은 여러 가지 요인에 의해서 오랜 기간 동안 이루어진다. 그래서 한 번 형성된 성격은 고칠 수는 있겠지만 이것이 어디에서 어떻게 형성되었는지를 분명히 규명해 내기가 어렵다. 그러므로 성격 형성에 영향을 미치는 유전적, 환경적 요인을 이해하는 것이 성격의 이해에 많은 도움이 될 것이다.

① 유전적 요인

부모로부터 물려받은 유전적 소질은 주위 환경에 의해서 강화되기도 하고 새롭게 변화되기도 한다. 교육적 가치는 환경적으로 어떻게 성격이 형성되고 성숙된 성격자가 되도록 이끌 수 있는가에 있다. 중요한 유전적 요인에 대해서 간단히 살펴본다.

- 신체적 특성

신체적 조건(예를 들어, 체격 · 얼굴의 생김새 등)이 성격 특성을 결정짓지는 않는다. 다만 신체적 조건은 성격 형성의 중요한 하나의 요인이 된다. 예를 들어서 키가 작고 몸이 약한 사내아이가 공격적이며 싸움을 잘 하는 성격을 소유하기란 현실적으로 어려울 것이다. 흔히 이런 남자들은 대인관계에서 상당히 친절하다.

- 자율신경계

자율신경계는 교감신경계와 부교감신경계로 나뉘어져 있다. 이들은 서로 길항작용을 한다. 교감신경은 위급 시에 신속히 대처하고 생존하는 데 도움이 되는 행동(예를 들면 맥박의 증가, 소화 억제 등)을 하며, 부교감신경은 평온 상태에서 에너지를 축적시키는 행동(예를 들면 혈관 확대, 소화기관의 원활한 활동 등)을 한다. 교감신경계와 부교감신경계의 균형이 유지되지 못함으로써 어떤 성격적 특성을 가질 수가 있다. 즉, 교감신경은 지배적인 성격으로 성미가 급하고 긴장하기 쉬운 행동을 하며, 부교감신경이 지배적인 성격은 차분하며 이완되고 느긋한 행동을 하기 쉽다.

② 환경적 요인

환경적 요인으로 고려되는 것으로서는 부모의 양육방식, 형제 서열, 개인의 독특한 경험 등이 있다. 어린 아동은 그들의 생활을 거의 절대적으로 부모와 함께하기 때문에 부모의 양육방식은 대단히 중요하다. 특히 어머니가 많은 시간을 함께하므로 어머니의 반응양식이나 양육방식은 특히 중요하다. 또한 개인은 저마다 특별한 경험을 하게 된다. 이 중에서도 부모의 사망, 부모의 이혼, 어린 시절의 질병, 친구와의 이별, 전학, 상·벌, 그리고 성공과 실패의 경험들이 자신감이라든가 신경질적인 성격 형성과 깊은 관계가 있다. 본 장에서는 성격 형성의 환경적 요인 중에서도 특히 중요하며 많은 사람들이 상식적으로 고려하고 있는 형제 서열에 대해 좀더 상세히 살펴본다.

인간의 성격형성에 있어 형제·자매는 중요한 요인으로 작용한다. 형제들은 그들이 하나의 집단으로서 또래집단, 경쟁집단으로서의 기능을 하게 되므로 성격 형성에 영향을 미치게 된다. 형제가 많을수록 서로간의 경쟁과 협동 등을 통해서 남을 이해하고 돕는 등의 원만한 성격을 형성할 가능성이 크다. 반면에 외아들, 외딸과 같은 경우는 경쟁 없이 부모로부터 일방적으로 사랑을 받으며 크게 됨으로써 사회성이 떨어질 가능성이 높다.

성격형성은 형제 서열과 깊은 상관을 갖는다. 흔히 우리가 알고 있듯이 맏이는 권위적이며 성취 지향적인 성격의 소유자이다. 중간에 속한 아이는 어쩌면 가장 불행한 출생순서에 있다. 그래서 현재보다는 미래에 희망을 거는 야심가 또는 혁명가적인 성격이 되기 쉬우며 사교적이다. 막내 아이는 흔히 의지력이 약하거나 사교성이 떨어지기 쉽다. 하지만 이러한 성격은 주어진 환경에 길들여진 경우이기 때문에 환경을 거스르는 경우에는 상식적인 생각과는 달리 예를 들어서 맏이가 지나치게 권위와 책임감 등을 강조당하는 상황에 적응하지 못해 오히려 나약하고 의기소침한 성격을 소유할 수 있음도 알아야 하겠다.

(2) 성격의 이론

성격의 이론은 유형론, 특성이론, 정신분석이론, 그리고 현상학적 이론들이 있다. 이들 중에서 대표적인 성격이론인 정신분석이론만을 여기서는 다룬다.

인간의 성격 구조를 심리적 차원에서 양화(量化)했던 특성론에 반대하면서 인간의 행동을 지배하는 근본적인 동기가 무의식적인 요소임을 밝히고자 하는 노력이 프로이트(S. Freud)에 의해서 이루어졌다. 그는 유기체의 어떤 행동도 결코 우연히 일어날 수 없고 거기에는 반드시 원인이 있다고 하는 심리적 결정주의를 강조했다. 또한 그의 개인 행동의 본능적 측면과 무의식적 결정인을 강조하고 대부분의 행동이 충동에 의해 일어난다고 보았다.

프로이트는 성격은 세 가지 구조(원초아, 자아, 초자아)로 구성되어 있다고 생각한다. 원초아(id)는 성격의 무의식적인 부분으로 기본 욕구들의 저장고이며 성격의 기초가 된다. 내적이거나 외적인 자극에 의해 이 부분의 에너지가 증가하면 긴장을 유발하게 되며, 이때 원초아는 즉각적인 긴장 감소를 추구하게 되므로 현실성이나 도덕성을 전혀 고려하지 않고 자기 만족감을 추구하게 된다. 원초아의 이러한 경향성을 쾌락 원리(pleasure principle)라고 부른다. 프로이트는 원초아의 충동은 주로 성적 본능과 공격적 본능이라고 생각했다. 자아(ego)는 원초아로부터 분화된 것으로 외부 세계와 직접적으로 대처하고 있으므로 바람직하지 않은 결과를 초래하지 않으면서 동시에 원초아의 충동을 만족시키는 행동을 선택하는 역할을 한다.

즉 자아는 원초아와 초자아를 모두 부분적으로 만족시키는 타협점을 찾으려 한다. 자아는 현실 원리(reality principle)에 의해서 작용하는데, 현실 원리란 적절한 대상이나 환경조건이 나타날 때까지 원초아에서 생긴 긴장의 발산을 지연시킬 수 있는 능력을 말한다. 초자아(superego)는 도덕 가치관 등을 포함하는데 일반적으로 양심으로 생각할 수 있다. 그에 의하면 초자아는 어린이가 부모의 명령이나 금지 등을 내면화함으로써 발달한다고 보았다.

프로이트는 원초아와 초자아는 언제나 끊임없는 갈등 상태에 있으며 자아는 이것을 조정하려 한다고 가정한다. 성격의 역동성이란 긴장 발산을 추구하는 원초아와 이 충동을 억제하려는 초자아 간의 계속적인 상호작용과 갈등을 포함하며 이런 힘의 성격을 동기화한다.

성격의 세 가지 구조 중 어떤 것이 힘을 발휘하는가가 성격을 결정한다. 즉 원초아, 자아, 초자아가 서로 균형을 이룰 때 성숙한 성격자가 된다. 하지만 사람들마다 원초아가 강한 사람, 자아가 강한 사람, 초자아가 강한 사람으로 구분되기도 한다. 이러한 성격은 5세 이전의 심리 · 성적 발달에 의해서 형성된다.

3) 적응과 적응기제

적응(adjustment)이란 개체의 생리적, 심리적 욕구 충족을 저해하는 여러 가지 환경적 장애 요인을 극복해 나가는 끊임없는 과정이라 할 수 있다. 따라서 적응이란 개체와 환경 간의 균형 있는 조화적인 관계를 유지하는 행동 과정이며, 욕구 좌절 또는 갈등을 합리적으로 해결하는 행동 과정이라 볼 수 있다.

우리는 자기 자신이나 다른 사람에게 해를 끼치지 않고 주위 세계에 자신의 욕구를 현실적이고도 융통성 있게 잘 처리해 나가는 사람을 가리켜 적응된 사람(adjusted person)이라 부르고 그렇지 못한 사람을 가리켜 부적응된 사람(maladjusted person)이라 한다. 하지만 우리는 한편으로 완전한 적응과 다른 한편으로 완전한 부적응을 상정할 때, 이 양극단 사이의 연속선상에서 적응을 생각해야 하며 실제로 대부분의 사람의 적응 행동은 이 양자 사이의 어딘가에 위치한다.

적응하고 있다는 것의 기준으로는 다음과 같은 두 가지 측면이 만족되지 않으면 안된다. 첫째, 그 개체에 있어 심리적 불쾌, 정신 기능의 약화, 신체 기능의 약화 등을 가져오지 않을 것, 둘째, 그 행동이 사회의 규범에 어긋나지 않을 것을 기준으로 한다. 그 행동이 사회적으로 문제가 없을지라도 개인의 욕구를 극히 억압하는 결과를 초래한다든지, 또 개인의 욕구를 충족하기 위한 행동이 그 사람의 대인관계를 그르치게 한다면 그것은 적응하고 있다고 말할 수 없다.

사람은 욕구 좌절이나 갈등 상태에 봉착했을 때 자기 나름대로의 해결방법을 찾으려 한다. 그 가운데서 문제 장면에 대한 정확한 판단과 아울러 자기의 능력과 기능을 고려하여 사회적으로 용인될 수 있는 방향으로 합리적 반응을 하는 반면, 그 문제에 대한 직접적인 해결을 시도하지 않고 방어적이나 도피적인 비합리적 반응을 보이기도 한다. 하지만 모든 욕구 좌절 장면에 대해 항상 합리적 반응을 하기는 어렵다. 대체로 좌절 장면이란 합리적인 해결이 어려운 경우이며, 현실적으로 문제해결이 어려운 경우가 많다.

따라서 우리는 여러 가지 방법을 사용하여 비합리적 자기방어를 하게 되는데, 이를 적응기제(adjustment mechanism) 또는 방어기제(defense mechanism)라고 한다. 이와 같이 방어기제란 욕구충족이 어려운 현실에 당면하여 자기 열등감을 의식하거나 체면 유지가 곤란하여 불안을 일으킬 때, 문제의 직접적인 해결을 시도하지 않고 현실을 왜곡하여 자기를 보호함으로써 심리적 평형을 유지하기 위하여 이용되는 반응양식이다. 방어기제의 분류는 매우 다양하나 중요한 몇 가지를 살펴보도록 하자.

(1) 억압(Repression)

사회적으로 용납될 수 없는 욕구나 충동을 의식해서 몰아내고 억누르는 가장 보편적인 자기방어이다. 억압은 의식적으로 이루어지는 것은 아니며 자신은 그와 같은 욕구를 지니고 있다는 사실을 자각하지 못하고 있다.

(2) 동일시(Identification)

남의 성격이나 역할을 따서 자기의 일부로 삼는 과정을 말한다. 자기 자신을 사회적으로 우러러보는 인물이나 집단과 친근하고 동일하다고 생각함으로써 직접 충족시킬 수 없는 욕구를 충족시키는 기제이다(예 : 성공한 친구를 자주 들먹이는 경우).

(3) 투사(Projection)

자신의 바람직하지 못하고 용납할 수 없는 생각이나 충동을 다른 사람 때문이라고 책임을 전가함으로써 자신의 열등감에서 탈피하려는 기제이다(예 : 붓이 나빠 글씨가 잘 안 된다고 하는 경우).

(4) 합리화(Rationalization)

승인하고 싶지 않은 욕구나 행위에 적당한 이유를 붙여 정당화하는 기제이다(예 : 여자에게 거절당한 청년이 "어차피 나는 그녀에게 싫증이 나기 시작했었어"라고 말하는 경우).

(5) 보상(Compensation)

신체적 구조 · 성격적 특성 · 지적 성취 등에 대한 실제적 또는 상상적인 결함을 그와 다른 측면을 잘 해냄으로써 그 결함을 극복하려는 심리 기제이다(예 : 몸이 약한 학생이 호신술을 익히는 경우).

(6) 반동형성(Reaction formation)

자기의 욕구 · 충동 · 감정이 너무도 받아들일 수 없는 것이기에 그것과는 정반대의 강한 욕구나 감정을 표현하는 심리 기제이다(예 : 전처의 자식을 지나치게 사랑하는 후처).

이 밖에도 대상(substitution), 승화(sublimation), 퇴행(regression), 부정(denial) 등이 있는데 이것들은 반드시 이상 반응으로만 볼 수 없으며 정상인에게도 얼마든지 찾아볼 수 있다.

4) 갈등

갈등(conflict)이란 상반되는 두 개 이상의 행동 목표가 서로 대등한 힘을 가지고 있을 때 그 중 어느 하나를 선택해야 할 경우 경험하는 심리를 의미한다. 즉 거의 같은 장의 힘(field forces)이 대립된 상태이다. 우리의 행동 목표나 행동 대상은 아주 매력적이고 바람직한 것에서부터 아주 매력 없고 바람직하지 못한 것과의 연속선상에 놓여 있다. 이때 매력적이고 추구해 보고 싶은 행동 목표는 정적 유의성(positive valence)을 띠고 있다고 하며, 반대로 두려워하거나 피하고 싶은 목표는 부적 유의성(positive valence)을 갖고 있다고 한다. 이러한 유의성의 대치 관계에 따라 다음과 같이 갈등의 유형을 나눌 수 있다.

(1) 접근 대 접근

정적 유의성을 띠고 있는 두 개의 상호 배타적인 행동 목표가 동시에 나타날 때 일어나는 갈등을 말한다. 이때 대안 선택 행동(alternatives)은 두 목표의 상대적인 등가성(equivalence)과 중요성에 따라 결정된다(예 : 대학편입과 취업이라는 두 목표 중 하나를 선택해야 할 경우).

(2) 회피 대 회피

부적 유의성을 띠고 있는 두 개의 상호 배타적인 행동 목표가 동시에 나타날 때의 갈등이다. 접근-접근 갈등과는 달리 이 갈등은 대체로 미결정 기간이 길고 결정이나 선택을 회피하려는 경향이 있다.

C/H/A/P/T/E/R

07

교육의 행정학적 기초

1. 교육행정 및 경영의 개념
2. 교육행정 원리
3. 교육행정 주요 발달이론
4. 교육행정의 주요 영역

교육행정 및 경영은 전국 또는 일정 지역을 대상으로 교육부, 교육위원회, 교육청이 학교교육은 물론 학교외교육(學校外教育) 그리고 평생교육을 포함한 일체의 교육에 관한 정책을 수립하고 집행하기 위하여 교육에 필요한 제반 인적·물적 자원을 지원·조장·감독하는 일련의 행위라고 할 수 있다. 아울러 교육행정 및 경영은 교육 수요자를 위한 양질의 교육서비스 제공에 대한 요청과 더불어 교육행정업무의 전문화, 과학화, 지방자치시대에 부응하는 교육행정의 민주화·자율화 등의 특징을 파악하는 데 있다고 할 수 있다. 교육행정에 대한 이해는 다양하고 창의성 있는 교육활동을 통하여 교육의 수월성과 경쟁력 제고를 위하여 어느 때보다 교육행정의 중요성이 부각되고 있으며 교육 실제의 개선을 위해 교육행정 및 경영에 대한 이론 구축이 필요한 것이다.

이러한 교육행정 및 경영에 대한 기본적 이해로서 개념과 원리를 파악하고 교육행정의 발달을 중심으로 주요 이론의 성격 및 특징을 규명한다. 마지막으로 교육행정 및 경영에서 다루는 주요 영역을 설명한다.

1. 교육행정 및 경영의 개념

교육행정(educational administration)에 대한 개념은 교육경영이라는 측면을 포괄하는 개념으로서 교육이라는 활동과 학교 조직과 이를 둘러싸고 있는 외부 조직이나 환경에 대한 내용을 체계화한 것이라는 두 가지 측면에서 파악되어야 한다. 교육행정과 교육경영을 구분하여 설명하면 교육행정은 목적지향적 성격이 강하며, 교육경영은 수단지향적 성격이 강한 개념이라고 할 수 있다. 이러한 개념을 포괄하는 교육행정에 대한 개념의 정의는 다양하게 논의되고 있다.

교육행정에 대한 기존의 정의는 수단적 · 봉사적 활동, 행정과정, 사회적 과정, 협동적 행위, 일반행정의 일부(국가공권설, 조건정비설, 행정행위설), 포괄설(법규해석적 정의, 조건정비적 정의, 정책실현설, 행정행위설(행정영역 구분론, 기능주의론, 행정과정론, 공권적 작용론), 협동행위론(조건정비설, 행정과정론, 사회과정론, 협동행위론), 분류체계론(조건정비론, 행정과정론, 사회적 과정론, 행정일반론, 협동적 행위론)으로 분류하고 있다(신중식 외, 1985: 11-15; 남정걸, 1991: 14-19; 이형행, 1992: 15-19; 김윤태, 1994: 15-19; 윤정일, 1994: 9-14; 정일환, 1998: 19-23). 이러한 논의를 중심으로 ① 법규해석론, ② 조건정비론, ③ 행정과정론, ④ 사회적 과정론, 그리고 ⑤ 협동적 행위론의 다섯 가지 관점으로 나누어 살펴본다.

1) 법규해석론

법규해석론적 정의에 의한 교육행정은 '교육에 관한 행정'이라고 보는 입장이다. 즉 국가 통치작용 가운데 입법 · 사법을 제외한 행정작용은 내무, 외무, 군무, 법무, 재무 등 다섯 가지로 분류되며, 이 중에서 내무행정은 다시 보육행정과 경찰행정으로 분류되고, 보육행정의 한 영역으로서 교육에 관한 행정이 바로 교육행정이라는 점이다. 이러한 교육행정의 개념 규정은 교육행정을 일반행정의 일부로 봄으로써 교육행정의 자주성, 전문성, 독립성, 특수성, 특히 교육자치와 관련시켜 볼 때 바람직하지 못한 관점이라고 할 수 있다.

이러한 관점의 교육행정은 교육법규를 해석하고 교육정책을 집행해 나가는 데에 중점을 두고 있으며, 행정작용에 있어서는 권력, 통제적, 강제적 요소를 강조하는 입장이다. 따라서 자율적이고 독창적인 교육실천은 이단시될 경우 법령 위반이 되어 교육은 통제적인 틀 속에서 획일적으로 이루어질 가능성이 높다.

2) 조건정비론

조건정비론에 입각한 교육행정은 교육행정을 '교육을 위한 행정'이라고 보는 입장이다. 이는 교육활동이 설정된 교육목표에 따라 잘 수행될 수 있도록 밑에서 위로 조성해 주고 지원해 주는 교육의 자주성을 강조하는 행정이라고 할 수 있다. 교육행정은 지방분권적이고 자율적인 교육행정으로서 행정작용은 국가의 권력으로부터 출발하지 않고 교육의 실제적 필요에 입각해서 기능적으로 수행된다.

즉 교육행정이 교육 실제에 어떠한 작용을 하고 있는가 하는 사실 인식에서 출발하여 교육행정의 본질을 파악하려는 입장이다. 이러한 관점에서 교육행정은 교육의 핵심적인 활동인 교수와 학습의 효율화를 위하여 필요한 제반 인적 · 물적 조건을 정비하고 지원하는 수단적 · 봉사적 활동으로 파악하는 입장이라 할 수 있다.

3) 행정과정론

행정과정론은 행정가는 조직 목적을 설정한 후에 그 목적을 달성하는 데 필요한 적절한 행동을 취하는 과정을 생각하게 된다는 점에서 출발한다. 행정의 출발점을 교육기관의 목표로 인식하고, 교육정책과 계획은 이 목표를 달성할 수 있도록 수립되어야 함을 시사하고 있다. 따라서 학교 행정가는 학교 조직 내에서 전략적 계획을 수립하고, 인적 · 물적 자원을 조직 · 배분 · 조정함으로써 정책을 집행하고 나아가서 조직의 목적을 달성하게 된다고 보고 있다.

이 모형은 페이욜(Fayol)에 의하여 시작되었으며, 어윅(Urwick)과 귤릭(Gulick)은 행정과정을 계획, 조직, 인사, 지시, 조정, 보고, 예산의 POSDCoRB 일곱 요소로 제시하여 행정을 과정 면에서 분석하고 있다. 이러한 행정과정을 시어스(Sears, 1950)는 교육행정 과정을 계획, 조직, 지시, 조정, 통제의 다섯 가지 요소로 분석 · 제시하였으며, 이후 그레그(Gregg), 뉴만(Newman)과 슈머(Sumer), 존슨(Johnson) 등에 의하여 행정가의 기능으로서 교육행정 과정이 설명되어 왔다. 특히 그레그는 교육행정 과정으로 의사결정, 계획, 조직, 의사소통, 영향, 조정, 평가 등을 주요한 요소로 간주함으로써 초기의 교육행정학자들이 통제, 지시, 명령 등의 권위주의적이고 지시적인 교육행정과정에서 조직 구성원의 참여를 유도하는 민주적인 교육행정을 강조하고 있음을 알 수 있다.

4) 사회적 과정론

교육행정을 사회적 과정론으로 파악하는 것은 게젤스와 규바(Getzels & Guba, 1957)가 제시한 사회적 과정모형으로 설명되는 교육행정 이론에서 찾을 수 있다. 사회적 과정모형은 사회학적 용어인 기관, 역할, 기대 등의 개념으로 설명되는 조직·규범적 차원과 심리학적 용어인 개인, 인성, 욕구 성향 등의 개념으로 설명되는 개인·인간적 차원에 의하여 사회적 행동이 나타남을 보여주고 있다.

이 모형은 양 차원 제 요소 간의 상호작용 관계를 비롯하여 개인 상호 간의 지각, 상·하급자 간의 일치도, 개인 및 조직 갈등의 유형, 리더십 유형 등과 같은 교육행정 및 학교조직에서 적용되는 측면을 제시해 주고 있다. 따라서 학교조직에서 학교장의 리더십, 학교조직과 조직 구성원(교사) 사이의 갈등 등을 다룸으로써 보다 민주적이고 자율적인 학교행정 운영의 필요성을 시사해 주고 있다.

5) 협동적 행위론

협동적 행위론은 교육행정을 교육조직의 공동 목표를 달성하기 위해 합리적인 협동행위를 이룩하려는 작용으로 보는 입장이다. 이 관점은 행정대상(정부조직, 기업체, 학교, 군대, 교회, 병원 등)의 특수성보다는 그들 간의 공통점을 보다 강조하면서 행정을 정의하는 입장이다.

이때 강조되는 집단과 조직은 군중과 폭도 같은 우연적·일시적인 것이 아니라 정부조직, 노동조합, 기업체, 학교, 군대, 교회 등과 같이 지속성을 지녀야 하며 반드시 달성하려고 하는 공동 목표를 상위 목표로 하여 각양각색의 하위 목표를 가진 구성원들로 이루어진다. 그리고 합리적 협동행위란 인간의 노력, 시간, 비용을 가능한 최소화하면서 최대의 효과를 올리기 위하여 두 사람 이상의 힘을 합하여 조정하는 것을 의미한다.

앞서 교육행정의 개념에 대한 각각의 관점은 교육행정이 갖는 여러 가지 성격의 일면을 강조한 것으로 나름대로 타당성을 지니고 있으나 교육행정 현상의 본질을 완전히 파악하기에는 보편성이 결여되어 있는 것도 사실이다. 따라서 각각의 입장을 상호 보완적 관점에서 파악함으로써 교육행정 현상의 실체를 포괄적으로 이해할 필요가 있다.

2. 교육행정 원리

교육행정이 정치, 경제 및 사회체제의 변화, 교육인구의 증가, 교육여건의 개선, 교육과정의 개편, 교육투자의 확대 등 교육체제 환경의 변화에 대응하기 위해서는 현상유지보다는 쇄신과 발전에 치중하는 역동적 행정으로 변모되어야 할 것이다. 교육행정이 설정한 목표를 효율적으로 달성하고 제 기능을 발휘하기 위해서는 본질적으로 지향해야 할 이념 내지 원리가 있다. 이를 법제 면에서의 원리와 운영 면에서의 원리로 구분하여 기술하면 다음과 같다.

1) 법제 면에서의 원리

교육행정의 기본원리는 교육정책의 구체적 표현인 교육법규 면에서 찾아볼 수 있다. 법규란 본래 규범적인 것일 뿐만 아니라 비교적 안정성을 가지고 있기 때문에 이와 같은 기본원리를 찾기는 어려운 일이 아니다. 법제 면에서 교육행정의 기본원리로는 법치행정의 원리, 자주성의 원리, 기회균등의 원리, 적도집권의 원리 등을 들 수 있다.

① 법치행정의 원리

교육행정은 헌법을 비롯하여 교육기본법, 초·중등교육법, 고등교육법, 지방교육자치에 관한 법률, 지방교육재정교부금법, 사립학교법 등의 제 법률과 그것을 기초로 하는 대통령, 교육부령 및 훈련 등 각종 명령에 의거하여 집행되고 있다. 교육행정이 법치행정의 원리를 따른다는 것은 법에 의한 행정뿐만 아니라 행정이 교육관계 법규의 제정이나 수정 과정에 참여한다는 것도 의미한다. 법치행정의 원리야말로 법률주의에 의한 행정으로서 모든 민주국가에 있어서 생명이라고 할 수 있다.

② 자주성의 원리

교육의 자주성과 독자성을 존중해야 한다는 원리로서 국·공립학교에서 특정한 종교교육을 금지하고 있는 것도 교육의 자주성의 좋은 예이다. 또한 교육자치제를 실시해 오는 것도 교육의 자주성과 정치적 중립성을 제도적으로 보장받기 위한 조치로서 자주성 존중의 원리가 지켜지고 있는 산 증거이다.

③ 기회균등의 원리

기회균등의 원리는 민주주의의 기본원리로서 특히 교육행정에 있어 가장 뚜렷하게 실현되고 있는 원리이다. 헌법 제31조 제1항에 "모든 국민은 능력에 따라 균등하게 교육을 받을 권리를 가진다"고 하였으며, 교육기본법 제4조에 "모든 국민은 성별, 종교, 신념, 사회적 신분, 경제적 지위 또는 신체적 조건 등을 이유로 교육에 있어서 차별을 받지 않는다" 등의 조항은 교육의 기회균등을 제시한 구체적인 예라고 할 수 있다. 오늘날 취학 전 교육의 확대, 의무교육의 확충, 특수교육의 실시, 평생교육의 추진 등 제반 교육행정 시책은 모두 기회균등의 원리를 구현하려는 조치이다.

④ 적도집권(optimum centralization)[1]의 원리

우리의 교육행정은 본래 고도의 중앙집권체제 하에서 발전하여 왔기 때문에 최근에 지나친 중앙집권을 지양하고 지방분권을 도모함으로써 양극간에 균형을 얻으려는 노력이 지속되고 있다. 대체로 중앙집권주의는 현대사회에 있어서 행정의 능률을 올리는 데 필요한 보장이 되며, 분권주의는 민주적 권한의 이양과 참여의 기회를 보장하는 지표가 된다고 할 수 있다. 따라서 적도의 균형을 취한

1) 중앙집권과 지방분권 사이에 적도의 균형점을 확보하는 행정조직 형태.

다는 것은 현대 교육행정의 절실한 요청이다.

2) 운영 면에서의 원리

실천적 활동으로서의 교육행정에 관한 규범이 되는 원리로서 자율성의 원리, 민주성의 원리, 효율성의 원리, 합목적성의 원리, 안정성의 원리 등을 들 수 있다.

① 자율성의 원리

자율성의 원리로서 이는 각종 교육기관이나 지방교육 행정기관이 자주적으로 운영하는 것을 의미한다. 이 원리는 일선학교와 지방교육 행정기관이 그 조직의 관리 · 운영에 관하여 필요한 기준을 자주적으로 설정 · 집행하며, 조직 발전에 필요한 제반 정책을 독자적으로 결정하는 것을 의미한다. 이는 중앙정부의 지나친 통제 위주의 집권적 행정체제를 지양하고 지방분권을 도모함으로써 교육행정의 자율적 운영을 실현하고자 하는 원리이다. 또한 이 원리는 자율의 폭을 학교행정에까지 확대되도록 추구하고 있으며, 개방사회에서 새로운 적응을 위해서 다양성과 창의성이 존중되고 환경과 여건 변화에 유연하게 대응할 수 있는 능동적 행정체제를 구축하려는 이념이다.

② 민주성의 원리

민주성의 원리는 교육에 관한 중요한 정책을 수립하는 데 있어서 광범위한 교육 관련 집단들의 참여를 통하여 공정한 민의를 반영하도록 하며, 결정된 정책의 집행과정에서는 권한이양을 통하여 기관장의 독단과 전제를 막는 것을 의미한다.

교육행정기관이나 교육관련 기관의 장이 그 기관의 운영에 관한 궁극적 책임을 가지고 있음에도 불구하고 교육행정 기관장이 정책자문위원회, 각종 심의회 또는 위원회 등을 두어 시책의 결정과정에서 중지를 모으는 것이나 교장이 직원회, 협의회, 연구회 등을 두어 의사소통의 길을 열고 일방적인 명령이나 지시보다는 협조와 이해를 바탕으로 업무를 집행해 가는 것은 모두 민주성의 원리에 입각한 것이다. 민주성의 원리는 다음의 효율성 원리와는 배타적일 수도 독립적일 수도 있으며, 자율성의 원리와는 그 이념상 같은 맥락을 가지고 있는 것으로 파악할 수 있다.

③ 효율성의 원리

효율성의 원리는 교육행정이 능률적이고 효과적으로 집행되어야 함을 의미한다. 교육조직을 둘러싸고 있는 여러 가지 상황의 변화들, 예를 들면 교육에 대한 사회적 책무성의 검증, 교육조직의 규모 확대, 기능의 복잡화 등은 효율성의 이념을 부각시키고 있다. 교육에 있어서 능률이란 교육활동에 최소한의 인적·물적 자원과 시간을 투입하여 최대의 교육적 성과를 가져오게 하는 것을 의미한다. 그리고 교육행정이 조장적·봉사적 기능뿐만 아니라 변화와 발전을 주도하기 위하여 새로운 정책 목표를 세우고 이를 실천하는 데 효율성의 원리는 바로 교육정책 목표달성을 극대화하려는 개념이다.

④ 합목적성의 원리

합목적성의 원리는 바람직한 교육정책을 수립하고 그 정책목표에 타당한 교육행정 활동이 수행되어야 한다는 것이다. 즉 목표와 수단 간에 괴리가 있어서는 안된다는 것이다. 또한 앞서 살펴본 바와 같이 교육행정의 본질은 그 자체의 목적을 가지고 있다기보다는 교육목표 달성을 위한 수단적 활동이며, 바람직한 교수-학습을 이루게 하고, 그 성과를 높이는 데 있다. 따라서 교육을 위한 행정의 입장에서 교육계획에서부터 집행, 평가에 이르기까지 교육행정의 전 활동이 타당성 있고 합목적적으로 수행되어야 한다는 원리이다.

⑤ 안정성의 원리

안정성의 원리는 교육활동의 지속성·안정성을 확보하기 위한 원리이다. 교육정책의 일관성과 교육활동을 충분히 지원해 줄 수 있는 재원의 확보가 이루어져야 한다는 점이다.

이 외에도 교육행정의 기본이념 내지 원리로서 합리성, 전문성, 융통성, 도덕성, 인간성 등을 들 수 있으며(노종희, 1992: 16-21), 이러한 교육행정의 기본원리는 교육행정의 기능 수행은 물론 학교경영이나 학급경영에서도 적용될 수 있는 확대된 개념으로 사용되고 있다.

3. 교육행정 주요 발달이론

교육행정이론 발달의 정리는 교육행정 현상에 관한 설명을 완전하게 이해하고 촉진하는 이론적 배경을 제공하고, 우리가 교육행정 현상을 연구해 나갈 때에 의지해야 할 이론적 틀을 마련하는 데 길잡이가 된다.

교육행정이론은 크게 조직의 구조, 과업을 중시하는 고전적 이론(과학적 관리론, 행정관리론, 관료제론), 조직 구성원을 강조하는 인간관계론, 고전적 이론과 인간관계론의 단점을 보완한 행동과학이론, 조직 · 조직 구성원 · 환경의 역동적인 상호작용을 강조하는 개방체제이론, 그리고 교육행정 현상에 대한 새로운 패러다임으로서 대안적 이론으로 구분할 수 있다(Hoy & Miskel, 1996; Hanson, 1992).

1) 고전적 이론

고전적 이론은 1900년대부터 1930년대까지 발달한 이론으로 기본적으로 조직의 구조적 및 물리적인 면에 치중하였다. 고전적 교육행정이론의 성립 배경은 1776년 아담 스미스(Adam Smith)에 의해 제기된 생산성 향상을 위한 분업의 중요성 강조였다고 할 수 있다. 즉 스미스는 『국부론』에서 핀의 제조과정을 단순작업 과정에서 분업과정으로 전환시키면 1인의 생산량이 240배로 향상되어 20개에서 4,800개로 늘어나게 된다고 주장하였다. 이러한 스미스의 주장은 그 후

건을 유지해 가는 일, 지시(directing)는 조직의 장이 여러 가지 의사결정을 하고 그것을 각 부서에 대한 명령과 지식 등의 형태로 구체화하는 일, 조정(coordinating)은 각 부서별 업무수행의 관계를 상호 관련시키고 원만하게 하는 통합·조절하는 일, 보고(reporting)는 조직의 장이 작업의 진전 상황을 기록, 조사·연구, 감독 등을 통하여 자기 자신은 물론 하위 직원들에게 알려 주는 일, 예산(budgeting)은 조직의 목표 달성에 소요되는 제반 예산의 편성, 회계 및 재정 통제, 결산 등을 포함하는 일등이다(신철순, 1995: 49-50). 따라서 행정관리론자들은 조직을 폐쇄체제로 보고 조직 구성원들의 인간 행동 요소보다는 조직 부서 간의 구조적 관계를 강조하였다.

(3) 관료제 이론

관료제는 정치적 의미로서 권력을 장악하고 있는 소수 통치집단의 지배 현상으로, 그리고 조직구조적 의미로서 대규모 조직의 집단관리 현상으로서 계층제의 형태를 지닌 구조로서 웨버(Weber, 1946)가 제시하였다. 이러한 웨버의 관료제에서 권위의 개념은 아주 중요한데 전통적 권위, 카리스마적 권위, 그리고 합리·합법적 권위 중 합리·합법적 권위가 관료제의 기초로 강조되고 있다. 웨버는 관료제를 이념형(ideal type)으로 보고 그 특징으로 분업과 전문화, 몰인정성, 권위의 위계, 규정과 규칙, 경력 지향성 등 다섯 가지를 들고 있다. 이와 같은 관료제의 특징들은 합리적 의사결정과 행정적 효율성을 극대화 해준다.

한편, 웨버는 관료제 모형이 지니고 있는 순기능으로서 전문성, 합리성, 엄격한 순응과 조정, 계속성과 통일성, 유인체제로 보았으며, 역기능으로서 권태, 사기 저하, 의사소통 저해, 경직성과 본말전도, 업적과 연공서열제와의 갈등을 들고 있다(Hoy & Miskel, 1996: 108). 이러한 웨버의 관료제론은 조직의 능률성과 합리성에 관련된 구조 유형을 분석하는 데 기여하였으며, 특히 대규모 복합조직의 기능을 파악하는 데 유용한 틀을 제시하였다는 점에서 높이 평가받고 있다.

(4) 고전적 조직이론의 교육행정에의 적용

기업조직에서 시작된 고전적 이론의 내용은 일반행정과 교육행정 전반에 걸쳐 많은 영향을 주었으며, 대규모 조직운영에 있어 합리화, 표준화, 기계화 등을 통해 능률의 극대화를 도모하였다. 교육행정의 연구와 실제 운영에 고전적 이론을 도입한 학자는 보비트(Bobbitt), 스폴딩(Spaulding), 스트레이(Strayer), 그레그(Gregg), 아보트(Abbott) 등을 들 수 있다. 이상에서 기술한 바와 같이 교육행정에서의 고전적 이론들은 교육분야 특히 학교관리와 장학행정에서의 절약과 능률의 강조, 교육행정 과정의 탐색, 학교조직의 관료제적 특성 파악 등을 통하여 효율적이고 과학적인 교육행정을 제시하였다.

2) 인간관계론

고전적 조직이론이 1930년대 초까지 교육행정 영역에 지대한 영향을 주었지만 1930년대의 경제공황으로 조직관리의 한계를 느끼게 되었으며, 지나치게 조직의 공식적인 구조나 과업조직, 구성원의 경제적 · 물리적 측면만을 강조함으로써 조직 구성원의 사회심리적 측면, 조직 내부에 존재하는 비공식조직, 정치적인 요소 등을 간과하여 조직의 목표 달성이나 생산성이 떨어진다는 비판을 하게 되었다. 이러한 입장에서 조직 구성원의 사회심리적 측면을 강조하는 인간관계론을 주장하게 되었다.

(1) 인간관계론

인간관계론적 접근을 최초로 시도한 학자는 폴렛(Follet)으로서, 그는 조직의 기본문제는 민주적 정신과 인간관계를 형성하고 유지하는 것이라고 하여 조직운영의 심리학적 관점을 도입하였다. 이후 메이요(Mayo), 레스리스버그(Roethlisberger)등 하버드 대학 경영학 교수팀이 미국 서부전기회사의 호손(Hawthorne) 공장에서 1924년부터 1932년까지 8년간에 걸쳐 수행된 일련의 실험 소위 '호손 실험'이 인간관계론을 잉태하게 하였다. 이 실험의 목적은 조직 내에 인간적 요인에 변화를 주면 생산성이 어떻게 되는가를 규명하여 과학적 관리론이 갖고 있는 비합리적인 인간관과 기계적 도구관을 부정하고, 조직관리의 인간화를 도모하려는 것으로 인간관계론의 기초를 형성하였다.

호손 실험은 4개의 단계를 통해서 이루어졌는데, 첫 번째는 조명 실험이 이루어졌으며, 두 번째는 계전기 조립 실험이었다. 이러한 실험을 통하여 연구자는 작업능률의 향상에 영향을 미치는 요소는 노동시간이나 급료, 휴식시간, 급식 등과 같은 작업의 물리적·환경적 조건들보다는 오히려 작업 자체에 대한 자부심, 자기표현의 기회를 포함한 우리의식이 강한 작업 풍토 등의 변인이 크게 좌우함을 증명한 실험이었다. 세 번째 실험은 직접·간접적인 면접 프로그램을 통하여 얻어진 결과는 조직 내에 존재하고 있는 형식적·공식적 조직보다 오히려 비형식적이고 비공식적인 조직의 영향력이 생산 규모의 결정에 크게 작용하고 있다는 사실을 증명함으로써 비공식적 조직의 중요성을 인정하게 되었다. 마지막으로 네 번째 실험은 건반 배선관찰 실험이다. 이 실험은 비공식조직의 중요성을 확인하기 위한 실험으로서 그 결과 생산의 정도는 작업 구성원들의 지능, 손재주, 기타의 기능들과 무관하며, 단지 그 집단에서 생산량의 증가 원인은 구성원 상호 간의 비공식적인 관계임을 밝혔다.

이 실험의 결과는 고전적 이론에서 제시했던 단순한 공식구조로만 인식하던 조직이 구성원, 비공식집단, 집단 상호 간의 관계로 이루어지는 다원적인 사회정치체제로 인식하게 되었으며, 특히 조직 구성원에 대한 인간적 측면을 부각시키게 되었다(Hoy & Miskel, 1996: 15). 그러나 인간관계론은 지나치게 비공식적 집단이나 조직 구성원의 사회심리적 측면만을 강조한 나머지 오히려 생산성 저하, 노동자와 경영자 간의 갈등 문제, 폐쇄된 조직 내부의 문제 등을 야기시키게 되었다는 비판을 받고 있다.

(2) 인간관계론의 교육행정에의 적용

1930년대로 접어들면서 교육행정 분야는 20세기 초에 교육계 내부에서 자생된 민주적 행정철학의 영향과 메이요 등이 주도한 호손 실험 연구를 바탕으로 형성된 인간관계론의 영향을 동시에 받으면서 변화의 과정을 겪게 되었다. 20세기 초에 등장한 교육행정의 민주적 관점은 새로운 사회사상, 학교조직의 성격 변화, 학교의 전제적·권위적 장학 실제에 대한 일부 학교의 반발 등 여러 요인의 복합적 작용으로 교육자들 간에 처음으로 전개된 일련의 신념에 기초를 둔 학교경영 철학이었다.

민주행정의 필요성과 인간관계의 중요성을 강조한 학자들은 듀이(Dewey), 요크(Yauch) 등이 있으며, 당시의 모든 교육관계 저서나 논문에서 민주교육, 민주교육행정, 민주장학, 민주교수법 등을 다루고 있었다. 하지만 1930년대 이후 민주교육, 민주행정, 민주장학 등을 주장하는 사람들이 많았던 데 비하여 이를 지지하는 사람들 간에는 민주라는 용어의 개념이 모호하여 지나치게 단순화되었거나 오도되는 경우가 없지 않았다. 또한 학교행정에서 인간관계를 지나치게 강조함으로써 생기는 오해도 적지 않았다. 좋은 인간관계와 민주적 행정에 대한 지나친 강조는 흔히 교육조건이 어떠해야만 하며 교사와 학생은 어떻게 행동해야 한다는 당위적이고 규범적인 처방과 같은 것을 의미하였다. 이러한 규범적 처방의 형태로 제시되었던 대부분의 행정원리들은 사실상 교육 현장에서 성공한 행정가의 체험이나 상아탑 속에 있는 교수들의 민주주의 이념에 근거한 것이었다. 이와 같이 교육행정에 대한 인간관계론적 접근은 말로만 성찬이었을 뿐 학교조직과 운영의 실제에 대한 이론적 연구는 소홀하였다. 그럼에도 불구하고 전반적으로 볼 때 인간관계론은 교원의 사기 및 교원과 학생 사이의 신뢰감의 중요성을 인정하였고 특히 민주적·참여적 행정을 강조함으로써 교육행정의 발전에 유익하였다. 인간관계론적 관점을 통하여 교육행정분야에 적용시킨 학자로는 쿠프만(Koopman), 요크(Yauch), 그리피스(Griffiths) 등을 들 수 있으며, 이들은 교육행정에서 인간관계의 중요성, 민주적 지도성의 개념 규정, 조직 형태의 민주화, 조직 구성원의 의사결정에의 적극적 참여 등을 강조하였다.

3) 행동과학이론

고전적 행정이론과 인간관계론이 각각 사회적 관계의 영향과 공식적 구조의 영향을 무시하였기 때문에 행동과학이론(behavioral science theory)은 이 두 입장을 통합하여 조직을 분석하고 있다. 따라서 행동과학이론은 사회학, 심리학, 정치학, 경제학 등의 학문분야에서 추출된 원리를 추가하여 이론을 정립시켰으며, 공식구조와 비공식 집단 간의 상호작용을 강조하여 공식적 조직 내에서 행해지는 조직 구성원의 직무행동에 관심을 두었다. 공식구조와 비공식 집단 간의 상호작용을강조하는 행동과학이론이 대두하게 되었다.

1950년대 이후 미국을 중심으로 교육행정학 교수, 교육행정가 및 행동과학자들의 노력에 의하여 크게 발전하였으며 대표적인 학자로서 버나드(Barnard), 시몬(Simon), 만(Mann) 등이 있으며 당시 교육행정에 대한 이러한 이론화 운동을 '신운동(New Movement)'이라 하였다(Halpin, 1970: 162-163; 이형행, 1983: 87).

① 교육행정학의 연구에 있어 이론의 중요성을 인정하고 이론에 근거한 가설 연역적 연구방법을 택해야 한다. ② 교육행정을 일반행정이나 기업행정 등과 다르게 보는 편협한 관점을 택하지 말고, 행정 앞의 형용사와는 관계없는 행정은 행정 자체로서 과학적인 연구주제가 될 수 있다. ③ 교육은 사회체제로서 가장 잘 이해될 수 있는 것이므로 교육행정 연구는 행동과학적인 접근방법에 크게 의존하지 않을 수 없다.

그리고 교육행정의 이론화에 대한 신운동은 처음에는 교육행정학자와 교육행정가들 사이에서 이루어지다가 교육행정학자와 사회과학자들 간의 협동적 연구계획에 의해 더욱 촉진되었는데, 1946년과 1947년에 미국 교육행정가연합회의 기획위원회가 주장한 교육행정의 전문화 활동, 1947년에 결성된 미국 교육행정학 교수협의회의 활동, 1950년 Kellogg 재단의 후원을 받아 하버드 대학을 비롯한 5개 대학이 중심이 되어 수행한 교육행정 협동 프로그램 활동 등이다.

(1) 행동과학론의 교육행정에의 적용

1950년대 이전까지 교육행정이론의 대부분은 뛰어난 행정가의 체험 사례, 대학교수의 공리사변 그리고 이들의 규범적 처방에 의존하고 있었다. 하지만 1950년대 이후 교육행정 연구에 행동과학적 접근이 시도되고 이론화 운동이 전개되면서부터 그 양상은 달라지기 시작하였다. 교육행정 연구는 종전의 체험 사례 중심의 연구와 규범적 형태의 연구에서 조직화된 분석적 · 체계적인 연구로 전환되기 시작하였다. 또한 단일학문 중심의 사실적 관찰에 근거한 교육 현장 중심의 연구에서 인접과학을 망라한 다학문적 접근방법을 통한 이론 개발을 지향하는 학문중심 연구로 관심을 돌리기 시작하였다. 이러한 교육행정의 이론지향적 경향은 행동과학적 접근방법을 통해 교육행정의 이론 부재 현상을 극복하려는 시도로 시작되었다고 볼 수 있다. 따라서 행동과학적 접근은 교육행정이론의 체계적 발전, 교육행정의 전문화, 교육행정가 양성 프로그램의 개발 등에 영향을 주었다고 할 수 있겠다.

4) 개방체제이론

과업 또는 능률을 강조하는 고전적 조직이론이나 조직 구성원의 사회심리적 측면을 중시하는 인간관계론, 그리고 양자간의 상호작용을 도모한 행동과학이론은 궁극적으로 조직의 내부에서 이루어지는 변인에만 초점을 두어 조직 외부의 역동적이고 변화하는 환경과의 관계를 전혀 고려하지 않고 폐쇄체제로써 파악하였다. 그러나 교육행정체제가 변화하는 주변 환경과의 상호작용 없이는 그 기능을 수행할 수 없어 조직 내부, 조직 내의 상호작용은 물론 이들과 조직 외부의 변인과의 상호작용을 고려한 이론이 1960년대 이후 등장하기 시작하였다.

일반적으로 체제란 상호작용하는 요소들의 복합체 또는 경계선에 의해 둘러싸인 상호관련된 복합체로 설명할 수 있는데 이는 단순한 부분들의 총합 이상을 의미한다. 체제는 그것을 둘러싸고 있는 환경과 상호작용하는 방법에 따라 폐쇄체제와 개방체제로 구분된다. 폐쇄체제가 조직의 내부에서 이루어지는 변인만을 고려한 것이라면, 개방체제는 생물학적 개체나 사회 내의 수많은 조직들이 외부 환경과의 동태적인 상호작용을 계속하게 되는 것을 의미한다. 상호작용 과정에 외부 환경으로부터 다양한 형태의 투입을 받아들이게 되며, 이러한 투입은 다시 체제의 전환과정을 통하여 외부 환경에 산출의 형태로 되돌아가게 된다. 투입은 상호작용하는 요소들이 체제의 목적을 달성할 수 있도록 체제의 밖에서 안으로 들어가는 모든 요소를 말하며, 이는 체제에 투입되는 자원과 정보 등 체제의 유지나 산출을 가능하게 하는 요소이다. 산출이란 체제가 환경이나 다른 체제로 내보내는 자원이나 정보로서 체제가 의도적, 비의도적으로 생산해 내는 모든 것을 말한다. 이는 체제에 투입된 것이나 체제가 처리한 것을 체제가 내부의 작용을 통해 변화시켜 내보내는 것들이다. 과정이란 체제가 목표 달성을 위해 여러 자원과 정보를 활용하여 산출로 전환시키고 가치를 창조하는 과정을 말한다. 이는 흔히 black box와 같이 구체적인 내용이 알려지지 않는 상태에서 투입과 산출의 변환과정을 기술하는 도구로 사용되며, 또한 과정 내의 구조, 방법, 절차 등을 기술하고 평가하는 개념으로 사용되기도 한다. 그리고 환경이란 체제와 일정한 접촉을 유지하고 체제 내부에 영향을 주는 경계 밖의 주변 조건이나 상태를 말한다. 이는 체제의 투입과 산출에 직·간접적인 관계성을 지니고 있으며, 피드백(feedback)을 통해 체제와 영향을 주고받는 인접체제이다. 투입-과정-산출 사이에는 내적·외적 피드백(환류)이 이루어지며, 내적 환류는 체제 내부에서, 외적 환류는 체제와 환경 사이에서 이루어지게 된다.

학교 조직체는 개방체제의 하나로서 그 기능을 수행하는 데 일반적인 개방체제의 특징으로 ① 체제 환경과의 상호작용성, ② 균형을 유지하려는 속성, ③ 자기통제 내지 조절력, ④ 항상성의 유지, ⑤ 상·하위 체제 간의 역동적인 상호작용 등을 들 수 있다(Griffiths, 1964: 116).

(1) 교육행정에의 적용

교육행정에 있어서 교육체제의 투입 요소는 학생, 교사, 시설, 재정, 교육내용 및 매체, 교육관련 법규 등을 들 수 있으며, 이러한 요소들은 수업활동, 장학지도, 행·재정 운영 등의 전환과정을 거쳐 산출로 변환된다. 교육체제의 산출로는 학생들의 학업성취도를 포함하여 인지적·정의적 영역에서의 변화, 졸업생 등을 들 수 있다. 그리고 환경은 교육체제에 영향을 주는 모든 외적 요인이 되며, 여기에는 학부모, 지역사회, 정치, 경제, 사회, 문화, 과학기술체제 등이 포함된다. 교육목적을 효율적으로 달성하기 위해서 교육행정에서의 체제이론 혹은 체제접근은 상호작용하는 체제 각 요소에 대한 효율적인 관리를 통하여 교육산출의 극대화를 추구하게 된다.

5) 대안적 이론

앞서 기술한 교육행정이론들은 대체적으로 조직의 효율성이나 생산성을 추구하기 위하여 구조나 과업, 조직 구성원, 또는 양자간의 상호작용, 그리고 구조, 조직 구성원 및 환경 간의 상호작용을 강조하는 측면에서 발달되어 왔다. 조직의 효율성이나 생산성의 가치 추구는 다분히 체제적이고 기능적인 관점이 지배적이었다.

하지만 이와 같은 교육행정 현상이나 교육조직에 대한 접근은 일부 교육행정학 자들에 의해 비판을 받으면서 그들에 의해 소위 실증주의 내지 전통적 이론으로 특징지어진다. 이들의 비판 또는 대안적 교육행정이론을 교육행정 현상을 통해 살펴보면 그것은 교육조직 목표 달성의 측면에서 효율성이나 생산성을 위해서만 가능하는 것이 아니며, 교육조직이 추구하는 가치 또한 구성원이 추구하는 것과 반드시 일치하는 것은 아니라는 점이다. 또한 교육조직이란 소위 전통적 교육행정 이론가들이 주장하는 것처럼 체계적으로 엄격하게 구조화되어 운영되기보다는 명확하지 않은 목표 하에서 유동적이고 느슨한 구조를 가지고 소용돌이치는 외부 요인에 의해 쉽게 영향을 받는 조직이라고 주장하고 있다.

이러한 입장에 있는 학자들은 Greenfield, Clark, Guba, Cohen, March, Olsen, Weick, 그리고 Meyer와 Rowan 등이다. 이 밖에도 교육조직에 대한 Bidwell (1965)의 구조적 느슨함이라든지 Cohen, March, Olsen(1972)의 조직을 갖춘 무정부 상태(organized anarchy)로서의 교육조직의 모습, Weick(1976)의 느슨하게 결합된 체제(loosely coupled system), 그리고 Meyer와 Rowan이 제시하는 학교조직의 공식적 구조와 교육활동의 느슨한 결합체제 등을 교육행정 현상이나 교육조직 분석에 대한 대안적 이론으로 들 수 있다.

4. 교육행정의 주요 영역

본질적으로 교육행정 및 경영은 교육이라는 활동과 학교조직과 이를 둘러싸고 있는 외부 조직이나 환경에 대한 내용을 체계화한 것이라는 두 가지 측면에서 파악되는 것이다. 즉 전자는 교육조직에서의 다양한 활동과 행위들, 기획(계획), 조직, 인사, 재정, 시설, 장학, 리더십 및 학급 등에 대한 이론적 · 실제적 탐구 영역과 교육조직의 기본적인 구조와 방향을 정립해 주는 기능을 하는 교육정책에 대한 탐구의 두 가지 영역으로 구분할 수 있다.

1) 교육행정의 이론적 · 실제적 탐구 영역

(1) 교육계획

기획(planning) 또는 계획(plan)은 인간이 조직적인 생활을 시작하면서부터 사용되고 있다. 계획하는 과정을 기획이라고 하고, 기획의 과정을 거쳐서 그 결과로 얻게 되는 것을 계획이라고 할 수 있으나 여기서는 혼용하여 사용한다. 계획의 수립은 개인의 일상생활에서부터 학교, 국가의 경우에 이르기까지 필수적이며, 일반적인 요건이며 과정으로 되어 있다. 계획을 수립하는 것은 개인이든 조직이든 설정하고 의도적인 활동을 전개하여 목표 달성을 위한 수단을 동원하고 효율적인 방법으로 목적을 달성하는 데 그 의미를 부여할 수 있다. 여러 학자들이 다양하게 제시하는 계획의 개념을 요약하면 계획이란 구체적인 목적을 효율적으로 달성하기 위한 미래에 관한 행동의 순서 또는 절차이며, 목적과 수단, 방법을 합리적으로 연결시키는 지적 준비과정이라고 할 수 있다(김종철, 1982: 15).

이와 같은 일반적인 계획 또는 기획은 의미를 토대로 교육계획의 개념은 교육목표를 효율적으로 달성하기 위한 최선의 가능한 수단과 방법을 합리적으로 선택하는 사전의 준비과정이라 할 수 있다. 교육계획에 대한 개념과 규정을 살펴보면 다음과 같은 전제가 내포되어 있다(Coomds, 1970: 33-34). 교육계획의 장기적 안목성, 종합적인 교육체제의 포괄성, 사회 · 경제발전계획과의 통합성, 의사결정과의 연계성, 교육의 양적 성장 및 질적 발전의 고려 등을 들 수 있다. 아울러 김종철(1982: 21-22)은 사회적 · 공공적 · 조직적 활동으로서 교육활동에 대한 교육계획이 지니고 있는 기본적인 원리로서 미래 지향성, 교육활동과의 관련성, 합목적성, 효율성 및 합리성, 지적 연계성, 그리고 교육정책 결정과의 관련성을 들고 있다.

(2) 학교경영

교육조직에 대한 이론적 · 실제적 영역으로서 학교경영은 일반적으로 학교장을 중심으로 학교를 운영 · 관리하며, 변화하는 환경 여건 속에서 학교를 유지 · 발전시켜 나가는 활동인 한편 학교 교육목적을 효율적으로 달성하기 위하여 교장의 자주적관점에서 인적 · 물적 자원과 기술 정보의 활용을 조정 · 통합하는 활동 교수–학습의 원칙이나 준거에 따라 교육과정의 효율성을 극대화하고 생산성을 높이기 위하여 학교경영의 조직, 운영, 평가를 포함하는 일련의 과정 학교의 교육목표 및 경영목표를 설정하고, 이를 달성하기 위해 학교체제 내의 제반 인적 · 물적 자원 및 기술 · 정보를 확보하여 그것을 계획, 조직, 조정, 평가하는 일련의 활동과정 등으로 다양하게 논의되고 있다(김세기, 1984; 김종철 외, 1990; 남정걸, 1993; 남한식, 1992; 문낙진, 1993; 정태범, 1992; 정일환, 1998).

따라서 학교경영이란 일선 초 · 중등학교에서 교육목표를 설정하고 이를 달성하기 위하여 프로그램 및 인적 · 물적, 기타 지원 조건을 정비, 확립하고, 계획,

집행, 평가과정을 통하여 학교의 교육활동이 효과적으로 수행하도록 지원하는 일련의 활동이라고 할 수 있다. 아울러 학교경영은 학교조직에서 조직 구성원의 집단적 행동을 통하여 목표를 달성하는 것을 본질로 하는 작용이라고 할 수 있다.

(3) 학급경영

교육활동이 이루어지는 최종 단위인 학급은 학생의 입장에서는 지적, 정의적, 행동적 경험을 통한 자신의 세계를 형성해 가는 장소로서, 교사의 입장에서는 교육실천의 장으로서, 삶의 실현장으로서, 그리고 교육적 창작의 산실로서 기능이 이루어지는 곳이라고 할 수 있다. 따라서 학급은 교수-학습의 장, 사회집단의 장, 학생의 삶의 장으로서, 그리고 경영대상으로서 학급은 목표, 구조, 과업, 구성원, 프로그램, 기술, 환경 등이 된다. 학교경영의 주체가 학교장인데 비해 단위학급에서 이루어지는 학급경영은 교사가 주체가 되며, 이는 학급이 추구해야 할 목표를 공동으로 달성하기 위하여 계획하고, 상호 인간관계를 조정, 협력, 통제, 평가하는 창의적이고 주체적인 조직행위로 이해할 수 있다.

학급활동은 교수-학습을 위주로 하는 활동과 경영을 위주로 하는 활동으로 구분되는 바, 교수-학습을 제외한 학급 내의 모든 활동을 경영하는 과정을 학급경영이라고 할 수 있다(김명한 외, 1988: 434-435). 하지만 실제로는 학급경영의 영역에는 교수-학습의 계획이나 조직 등이 포함될 수 있으므로 양자 모두를 학급경영에 포함시켜야 할 것이다.

(4) 교육지도성

지도성은 모든 조직이나 집단에서 매우 중요하며, 특히 교육조직에서 교육행정가의 지도성은 조직의 성공 여부를 결정하는 주요한 요인 중의 하나로 인식되고 있다. 지도성에 대한 관심은 인간관계론 시대에 들어와 그 중요성이 강조되었다. 특히, 최근 학교 개선이나 효과적인 학교를 위한 학교행정가의 역할이 부각되고 있으며, 이에 따라 학교행정가의 강력한 지도성이 요구되고 있다. 지도성을 이해하는 데 있어 사람, 과정, 체제의 세 가지 요소가 중요한 기능을 한다. 즉 독특한 개인의 심리적 자질이나 행동적 특성(사람), 구성원들을 복종하도록 유도하고 강요하는 기술(과정), 그리고 공식적 · 비공식적 구조, 다양한 문제 상황 혹은 외부 조직 환경(체제) 등이 지도성을 특징지어 주게 된다. 스톡딜(Stogdill, 1974:7-16)은 지도성의 다양한 측면들을 ① 집단과정의 핵심, ② 인성과 그 영향, ③ 복종을 유도하기 위한 기술, ④ 영향력의 행사, ⑤ 행위나 행동, ⑥ 설득의 한 형태, ⑦ 목표 달성의 수단, ⑧ 상호작용의 효과, ⑨ 분화된 역할, ⑩ 구조의 창출 등으로 파악하고 있다.

한편 교육조직에서 교육행정가의 기능으로는 조직의 목적 설정, 조직 내외의 상황 판단, 조직 목표 달성을 위한 동작화, 조직 내의 통일성 유지, 환경에 대한 적응 등을 들 수 있다. 따라서 교육조직에서의 지도성이란 교육조직의 생존을 유지하고 발전시키기 위하여 대내적 행동 통일과 대외적 적응을 위한 교육행정가의 행위로서 그는 유인, 동기부여, 자아실현의 제공, 교육과정 및 수업의 전문가, 장학전문가, 안정과 변화 촉진자, 지역사회의 발전 유도자 등의 역할을 수행하게 된다. 특히 교육 지도성은 다른 행정가에게서 발견할 수 없는 특수한 지도성으로서 교육행정의 특수성을 고려하여 발휘되어야 할 것이다. 지도성 연구에 대한 접근방법이나 이론을 교육행정이론과 관련시켜 보면, 고전적 조직이론의 시대에는 과업과 구조를 중시하여 지도자의 특성을 강조한 특성적 접근, 사회정치체제이론에서는 인간관계론 및 행동과학이론을 바탕으로 한 지도자의 행태를 강조한 행태적 접근을 들 수 있다. 그리고 조직 구성원의 특성, 과업, 구조, 공식적 권위의 체제, 역할기대, 성숙수준, 조직 외부의 환경 등 여러 가지 복잡한 상황변수가 리더의 행동과 어떻게 적절하게 조합되느냐에 따라 결정된다는 상황적응적 접근으로 구분할 수 있다.

(5) 교육조직론

현대인은 어떤 형태이든 조직을 통하여 생활하고, 조직의 목적을 달성하기 위해 조직 내에서 역할을 담당하게 된다. 조직을 떠나서는 생활할 수 없으므로 현대인을 조직인(organization man)이라고 한다. 교육에 종사하는 구성원들도 조직을 수행하고, 구성원 상호 간의 협동적 노력을 통하여 교육조직 목적을 달성하기 때문에 조직에 대한 이해는 중요하다고 할 수 있다.

① 교육조직의 개념

조직에 대한 정의는 학자에 따라 다양하게 정의되고 있으나 일정한 환경 하에서 집단의 공동 목표 달성을 위해 구성된 구조적 사회단위로서 구성원 간의 힘의 체제라고 할 수 있다. 현대 행정 조직의 개념을 이해하는 데 중요한 것은 공식적 조직과 비공식적 조직이다. 공식적 조직이란 일정한 목적을 달성하기 위해서 의도적이고 인위적으로 구성된 조직으로서 공식적, 제도적으로 형성되며 구성에 초점을 둔다. 공식적인 조직 도표 또한 명문화된 기구표에 나타나 있는 조직을 말한다. 권위의 계층, 명료한 책임분담, 표준화된 업무수행, 비정의 인간관계 등을 특징으로 한다. 또한 비공식적 조직이란 공식조직 속에서 생활하는 가운데 개인적 접촉이나 상호작용의 결과 자연발생적으로 형성된 집단이다. 이런 의미에서 흔히 자생집단 또는 자생조직이라고 한다. 비공식적 조직은 조직 내에서 감정적 논리에 의거한 행동방식을 특색으로 하며, 성별, 연령, 혈연관계, 동향관계, 출신학교관계, 클럽 등에 의해 구성된다. 한편 행정조직의 개념을 파악하는 데 고려되어야 할 조직 형태로서 계선조직, 막료조직, 보조조직을 들 수 있다. 계선조직은 행정의 지휘계통이 명확히 정립되어 있고 업무를 직접 담당·수행하는 제 1차적 조직을 의미한다. 행정조직에서 국장－과장－계장－계원 등으로 연결되는 집행부서와 군대의 지휘, 명령계통이 분명한 조직이 대표적이다. 참모조직은 막료조직이라고도 하며, 행정조직이나 군대조직을 막론하고 주로 계선조직의 상층부에 위치하여 계획, 자문, 조언 등의 역할을 담당하는 조직이다. 보조조직은 계선조직의 기능을 보조하기 위하여 계선조직과는 별개로 외곽 내부에 설치되어 있는 기관을 말한다. 교육부의 경우 교과서 편찬 업무를 담당하는 편수국의 업무수행을 보호하기 위해 있는 국정교과서 주식회사가 그 예이며,

단지 교육행정 운영을 원활히 수행하도록 보조하는 기관이다.

일반적으로 우리는 학교를 관료적 구조 개념으로 기술하는 경우가 많다. 즉 학교통제와 지휘가 최고 행정가에게 집중되는 계층관계를 중시하는 피라미드형의 조직으로 파악한다. 하지만 사회변화의 흐름에 따라 학교가 핵심적인 교수기능을 단지 최소한으로 통제하고 있음을 시사하며 교육조직의 구조적 느슨함(Bidwell, 1965)의 강조가 제기되었다. 이는 교사들이 학생들의 성장 발달과 관련된 문제를 다루고 있기 때문에 전문적 판단을 할 수 있는 자유가 주어져야 한다는 것이다. 즉 구조적 느슨함은 학교 내에서 교사의 수업 및 학생지도와 관련해서만 사용되는 개념이 아니라 교육청과 학교와의 관계에서도 적용될 수 있다. 각 학교들이 교육과정 운영과 학교경영 전반에 있어서 광범위하게 재량권을 행사하여 독자적이고 창의적인 학교운영을 할 수 있게 된다. 따라서 학교조직의 특성을 분석하면 합리적 관료제(rational bureaucracy)와 조직화된 무정부 혹은 느슨한 조직(organized anarchy or loosely coupled system)의 두 가지로 유형화할 수 있다.

한편 학교조직을 웨버가 제시하는 관료제의 성격을 지니면서 동시에 전문적 관료제와 느슨한 체제의 속성을 복합적으로 갖고 있다고 주장하는 입장이 있다. 학교조직을 조직유형론에서 보면 유지조직, 서비스조직, 규범조직, 야생조직, 순치조직으로 범주화된다. 이러한 학교조직은 교도성과 발전지향성을 그 특징으로 학교장을 중심으로 교직원과 학생들을 비롯하여 여러 구성원들이 가지는 사회적 조직, 전문성 지향의 교사들과 미성숙성을 지닌 학생들 사이에서 교권의 확립이 요청되는 특수조직, 교수-학습활동과 학생지도 활동을 중핵으로 하여 교육사업을 핵심으로 하는 집단, 외부 환경과 계속되는 교호작용을 필요로 하는 개방체제의 특성을 가지고 있어 일반 여타 조직과 구분된다(김종철 외, 1994: 26-27).

② 교육행정조직의 실제

중앙 교육행정조직은 교육부 조직에 국한시키지만 넓은 의미에서는 대통령과 국무회의까지를 포함한다. 즉 교육행정에 관한 행정권은 대통령－국무회의－교육부의 체계를 이루게 된다. 대통령은 행정부의 수반으로서 중앙교육행정조직의 정점을 이룬다. 교육행정에 관한 대통령의 기능은 대통령령의 공포, 주요 교육공무원의 임명, 국무회의 의장으로서 교육정책 수립에 대한 영향력 행사 등을 들 수 있다. 그리고 대통령실에는 교육개혁에 관한 자문기구로서 국가교육과학기술자문회의가 설치되어 있다. 국무회의는 합의제 기관으로서 정부의 권한에 속하는 중요한 정책을 심의하는 기관이며, 교육정책에 관한 사항도 심의하도록 되어 있다. 예를 들어, 교육예산, 중요한 교육정책의 수립과 조정, 국립대학교 총학장 임명 등은 국무회의의 심의를 거치도록 되어 있다.

정부조직법 제28조에 의하면 교육부 장관은 인적자원개발정책, 학교교육·평생교육 및 학술에 관한 사무를 관장한다고 되어 있어 중앙 교육행정조직의 핵심적 위치가 된다. 교육부 장관은 국무위원으로서 국가의 최고 정책결정에 참여하고 교육정책의 수립과 의사결정을 하며, 교육관계 법령을 입안하고 교육부령을 발표하며 소속 공무원과 산하 기관에 대해 지휘 감독권을 행사한다. 중앙 교육행정기관의 구성은 행정관리 면에서 ① 수반 관리 또는 최고 관리층, ② 중간 관리층, ③ 하급 관리의 3계층으로 되어 있다. 최고 관리층은 조직의 정상에서 최고 의사결정을 하는 관리자들로서 대통령, 국무총리, 장관, 차관, 기획관리실장, 서울특별시장, 광역시장, 도지사, 부지사 등과 이에 준하는 관리층과 대통령 정책 참모기관 등이 여기에 속한다. 그리고 중간 관리층은 최고 관리층의 바로 아래에서 부분적 업무를 운영·집행하는 책임자들로서, 확립된 정책, 법률, 규칙의 범위 내에서 일상적이고 구체적인 행정업무를 감독·지시하고 통제하는 기술적 기능을 수행하는 관리층으로 국장·과장·계장·일선 감독자급으로 구성된다. 이 계층은 관리층에서 이루어진 정책이나 계획에 따라 부분계획을 작성하고 지도하며 업무 수행에 필요한 기준을 설정하며, 업무활동을 조정하고 근무조건을 개선하고 지시·감독을 한다. 끝으로 하급 관리층은 사무를 직접 담당하는 계원들로 구성되며, 상부의 지시와 소정의 규정에 따라 행정업무를 효과적으로 수행함으로써 실제적으로는 행정목적을 달성하게 된다.

지방 교육행정조직은 지방의 교육행정을 위한 전반적인 조직과 구조를 말한다. 현행 지방 교육행정조직은 교육의 자주성, 전문성, 지역교육의 특수성을 구현하기 위하여 교육자치제도를 그 특징으로 하고 있다. 현행 교육자치제는 1991년 3월 8일 '지방교육자치에 관한 법률' 제4347호로 제정 공포되어 교육 · 학예에 관한 심의 · 의결기구로서 교육위원회와 집행기관으로서 서울특별시와 6개 광역시, 9개도의 교육청을 두고 있으며, 현행 교육자치제는 일반행정 부문의 기초단위 자치제 실시와는 달리 특별시, 광역시, 도의 광역단위로 실시되고 있다.

(6) 교육인사행정

교육행정 분야에서 교육인사행정 영역은 교육행정활동이 이루어지는 과정 중의 하나이다. 교육목표 달성을 위한 측면에서 교육활동이 원활히 수행되기 위해서는 행정요소들 중에서 인적 자원을 관리하는 교육인사행정이 합리적으로 이루어져야 한다. 즉 설정된 교육목적이나 교육행정의 목표를 효율적으로 달성하는 데는 결국 교육조직 구성원의 능력과 태도 등에 달려 있다 해도 과언이 아닐 것이다. 최근 정치 · 사회환경의 변화와 더불어 교육부문에서의 변화가 강력히 요구되고 있다.

즉 교육의 경쟁력과 수월성을 제고하기 위해서 조직, 인사, 제도, 프로그램, 정책 등에 다양한 변혁과 쇄신이 이루어지고 있다. 또한 정부의 조직 개편과 맞물려 교육조직의 개편도 이루어지고 있으며, 아울러 국제화, 정보화, 민주화, 분권화 등의 사회변화에 대응하고 선도하는 교육체제가 구축되기 위해서는 교육조직 구성원의 전문성 제고와 인식 변화가 수반되어야 할 것이다. 궁극적으로 교육활동에 관한 계획을 수립하고 교육목표를 설정하고 이를 위한 제반 조건의 정비 · 확립 등은 교육조직 구성원의 자질과 태도에 달려 있기 때문이다.

교육인사행정은 교육활동의 주체가 되는 교원과 이들이 교육활동에 전념할 수 있도록 지원 · 감독하고 제반 행정업무를 수행할 수 있는 유능한 교육 전문직과 일반직을 확보하고, 그들의 자질을 향상시키며 근무의욕을 높여 주는 일련의 행정지원 활동이라고 할 수 있다(서정화, 1994: 32). 카스테터(Castetter, 1992)는 인사 행정의 목표를 ① 조직의 목표 달성, ② 조직 구성원 개개인에게 기대되는 지위와 과업 수행 수준 달성 지원, ③ 인적 자원의 지위 상승 극대화, 그리고 ④ 개인목표와 조직목표의 조절에 두고 있다. 인사행정의 목표는 조직의 목표를 보다 효과적으로 달성하게 하고 구성원 개개인으로 하여금 자신들에게 기대되는 과업을 성취하게 하고, 이들이 설정한 최고의 지위에 도달하도록 도와주고, 개인의 목표와 교육조직의 목표 간에 조화를 이루도록 하는 데 있다는 것이다.

(7) 교육재정

교육재정(educational finance)은 국가나 지방공공단체가 교육기관의 교육활동에 필요한 경비를 확보하며, 조달하고, 이를 관리하여 지출하는 일련의 활동을 의미한다. 보다 구체적으로 보면, 교육재정은 교육부를 포함한 그 소속기관이 수행하는 중앙정부 재정과 시·도 교육청, 시·군·구 교육청 및 그 소속기관과 시·도 교육위원회가 수행하는 지방교육재정을 포함한 것으로 파악된다.

교육재정의 성격은 국가와 공공단체(주체)가 교육의 목표 달성을 위하여(목적)국·공립학교의 교육활동, 사립학교의 교육활동, 사회교육활동(지원범위 혹은 대상)을 대상으로 교육재원을 확보, 배분, 지출, 평가하는 일련의 활동(영역)을 말하며, 수단성과 공공성을 지니고 있다(성격). 여기서 수단성이라 함은 교육목적 달성을 위한 인적·물적 제 조건을 정비·확립하는 일련의 봉사활동을 말하며, 공공성은 공적인 비영리활동으로서 국가와 공공단체의 공경제활동을 말한다. 이와 같은 성격을 지닌 교육재정은 민간경제와 비교할 때 ① 공권력에 의한 조세 징수의 강제성, ② 국민 전체의 복지를 도모하는 공공성, ③ 양출제입의 회계원칙, ④ 존속기간의 영속성, ⑤ 수지 균형의 원칙이라는 특성을 지니고 있다(차병권, 1984: 11-15).

(8) 장학

장학에 대한 개념은 교수-학습 개선에 초점을 두면서 장학이 포괄하는 영역에 대해 강조점을 달리하여 논의되고 있다(윤정일 외, 1982: 18-31). 장학을 행정 측면에서 보는 입장은 장학을 교육행정의 일부 또는 행정의 연장으로 보는 것이다. 우리나라에서는 장학을 교육행정의 연장으로 보는 입장이 많은데 "장학론"의 강의가 교육행정 전공에서 개설되고, 교육행정학 문헌에서 "장학행정" 또는 "지도행정"으로 하나의 장으로 다루어지고 있다. 따라서 이러한 측면의 입장은 장학을 학교 행정의 한 국면으로서 학습환경 개선을 포함하는 교육체제 운영의 조정·개선을 돕기 위한 활동으로 보고 있다. 장학을 교육과정의 측면에서 보는 입장은 현재 우리나라의 장학사(관)의 업무 중 교육과정 운영 지도가 상당한 비중을 차지고 있으며, 오늘날의 장학에서는 교육과정 운영과 교수-학습 개선에 중점이 두어지고 있는 경향이다. 교수 개선 측면에서의 장학은 학교에서 교수-학습과정을 개선, 향상시키기 위해 인적·물적 자원을 조정 및 조력하는 것으로 정의하고 있다. 인간관계 측면에서 보는 장학은 학교 현장에서 근무하는 교직원과 장학담당자 사이의 인간관계 측면에서 장학활동을 보고 이에 초점을 두는 입장이다.

경영의 한 형태로서 장학을 보는 입장은 장학담당자는 교직원의 업무를 제시하고 지도하는 책임이 있다고 하면서 학교를 일종의 생산체제로 보고 조직경영의 측면에서 장학을 다루고 있다. 지도성 측면에서 보는 장학은 행정, 교육과정, 교수를 연결하는 그리고 학교활동을 조정하는 지도성 기능으로 보는 것이다.

이상에서 기술한 장학에 대한 제 학자들의 견해를 종합하면, 장학이란 "교수-학습의 효율화를 목적으로 교사의 전문성 신장, 교육과정 운영 및 학교경영의 합리화를 위해 제공되는 지도, 조언, 조정, 정보 제공, 자원봉사 등 일련의 전문적·기술적 활동"이라고 할 수 있다.

2) 교육정책에 대한 탐구 영역

교육조직의 기본적인 구조와 방향을 정립해 주는 기능을 하는 교육정책에 대한 탐구 영역으로서 교육정책과 현안의 문제 해결과 미래 전망을 해결하려는 노력인 교육개혁의 개념을 살펴본다.

(1) 교육정책

교육정책이란 학자마다 다양하게 논의되고 있는데 공공정책으로서 교육활동을 위해 국가나 공공단체가 국민 또는 교육관련 집단 및 수혜집단을 대상으로 전개하는 교육의 지침으로 정의되고 있다. 이러한 교육정책의 영역은 교육정책 및 집행기관이 담당하고 있는 업무별로 초등교육, 고등교육, 교원교육, 실업교육, 유아교육, 특수교육, 해외교육, 학교외 교육(사회교육)정책 등으로 구분한다. 교육 쟁점에 따라 의무교육, 고교평준화 정책, 사학정책, 입시정책 등으로 구분하여 정책의 배경, 추진 경과, 현황과 문제 및 주요 쟁점별로 기술하고 개선방안을 제시하기도 한다.

이러한 교육정책의 과정은 사회문제, 정치 · 행정의지, 공공문제, 교육문제 등이 제기되어 기존 문제 해결의 욕구가 분출되면 문제 인식 · 발의 요구에 따라 교육정책 의제가 설정된다. 다음에 교육정책 입안 단계인 교육정책 결정, 예산 및 인력의 배정, 정책 적용의 단계인 교육정책 집행, 정책 검토 및 순환의 단계인 교육정책평가, 정책의 끝맺음 단계인 교육정책 종결의 과정이 일반사회문화, 정치행정문화인 정책환경에 따라 순환과정을 거치게 되어 교육정책이 따르게 된다.

(2) 교육행정 쇄신을 위한 교육개혁

국제화, 지역화, 정보화의 시대 흐름 속에서 교육개혁을 통한 국가 경쟁력을 신장시키려는 노력을 경주하고 있다. 교육의 본질을 회복하고, 국제경쟁에서 우위를 점하는 데 필요한 양질의 인력을 양성하기 위해 우리나라도 교육개혁을 강력히 추진하고 있다. 부존자원(endowed resources)이 빈곤한 우리의 경우 인간자본 형성을 통한 국가발전의 추구가 그동안 지속적으로 이루어져 왔으며, 이제 제 2의 '질적인 국가발전'을 시도할 국제환경에 처해 있다. 이러한 환경에 대응하고 효율적인 교육개혁을 추진하기 위한 교육에 관한 대통령 자문기구로서 교육개혁심의회, 교육정책자문회의, 교육개혁위원회 그리고 현재의 국가과학기술자문회를 설치 · 운영해 오고 있다.

과열된 입시 위주의 교육, 경직된 교육체제, 획일적인 교육과정의 편성과 운영, 전문성이 결여된 교원, 낙후된 교육시설, 빈약한 교육재정 등으로 거론되는 현안의 교육문제는 점진적으로 다소 개선되고 있긴 하지만, 교육체제를 둘러싸고 있는 제반 환경은 근원적인 해결방안의 제시와 성공적인 집행을 위한 전략탐색을 요구하고 있다. 이러한 사회 전반의 변화와 교육이 가지고 있는 여러 문제 및 쟁점에 대해 교육개혁은 교육문제의 근원적 해결을 위하여 새로운 교육변화의 요청에 대한 일군의 의도적인 대응 내지 반응으로서 교육체제의 구조조정을 시도하는 종합적 접근이다. 즉 교육계에 만연되어 있는 교육병리 현상을 극복하고 기존의 의식과 제도를 과감히 수정, 개선하는 새로운 틀과 비전을 제시하는 것이라고 할 수 있다.

C/H/A/P/T/E/R

08

교직과 교사

1. 교직의 성격
2. 교사의 자질과 역할
3. 교직의 윤리와 교권

1. 교직의 성격

1) 전문직으로서의 교직

직업의 분류를 크게 일반직(occupation)과 전문직(profession)으로 구분할 수 있는데 한국 표준직업 분류에 따르면 교직은 전문직으로 분류된다. 전문직을 일반직과 구별하는 척도를 몇 가지 살펴보면 리버만(Liberman)은 다음과 같이 전문적인 조건을 제시하고 있다.

① 사회적 봉사 : 전문직은 유일하고 독특한 사회적 봉사 기능을 갖는다.
② 지적 기술 : 전문직은 그 능력의 수행에 있어서 고도의 지적 기술을 요한다.
③ 준비교육 : 전문직은 상당히 장기간의 준비교육을 요한다.
④ 자율권 : 전문직은 개인적으로나 집단적으로 광범한 자율권을 행사한다.
⑤ 결과에 대한 책임 : 전문직은 자율의 범위 안에서 행사한 행동과 판단에 대하여 종사자의 광범위한 책임을 묻는다.
⑥ 자치조직 : 전문직은 자치조직을 가진다.
⑦ 보수 : 전문직에 있어서 경제적 보수는 사회적 봉사보다 우선하지 않는다.
⑧ 직업윤리 : 전문직은 그 자체의 직능을 수행하는 데 준수할 직업윤리를 가지고 있다.

정범모 교수는 전문직 지식과 기술을 강조하면서 전문직의 특성을 다음과 같이 들고 있다.

① 이론적 배경: 전문직은 그 직무 수행에 고도의 이론적 배경을 필요로 한다.
② 장기 훈련 : 전문직은 그 직전 그리고 직후 장기적이고 계속적인 훈련을 필요로 한다.
③ 엄격한 표준 : 전문직은 초직자에 엄격한 표준을 요구한다.
④ 표준의 신장 : 전문직에서 표준 이상의 능력 신장은 경험보다 이론 구명에 의한다.
⑤ 전문직단체 : 전문직에는 강력하고 자율적인 전문직단체가 수반한다.

이처럼 전문직으로 분류되는 교직은 일반적인 직업과 공통점도 있으나 다른 점도 많다. 그러면 교직이 구체적으로 어떤 직업이냐에 대하여 한홍우 교수는 다음과 같이 제시한다.

① 교직은 사람을 상대로 하는 직업이다.
기술자는 기계를 상대로 하고, 농부는 농토와 곡식을 상대로 하지만 교사는 사람을 상대로 한다.
② 교직은 사람의 정신생활을 상대로 하는 직업이다.
의사는 사람을 상대로 하지만 주로 육체적인 면을 다루고, 교사는 어떤 이의 육체적 건강 상태까지 적지 않은 관심을 가지기도 하지만, 주로 관심사는 역시 어린이의 정신생활 면이다.
③ 교육은 주로 미성숙자를 상대로 하는 직업이다.
교사는 성숙되지 않은 어린이를 상대로 하여 훌륭한 인간상을 이상으로 교육한다.
④ 교직은 봉사적이다.
교직은 전문적이기 때문에 교사는 물질적인 보수에 목적이 있는 것이 아니고, 사회봉사의 정신 밑에 일하는 직업이다.
⑤ 교직은 국가나 민족에 지대한 영향을 주는 공적인 사업이다.

현대교육은 어린이의 요구에 알맞은 교육을 바라기도 하지만, 국가사회의 필요와 요구에 알맞은 교육을 바라고 있다. 그렇기 때문에 교직은 사적인 성격을 지니기도 하지만 공적인 성격을 지니고 있다. 배가 수면 이상을 뜰 수 없는 것과 같이, 한 사회의 운명은 그 사회가 베푸는 교육의 수준 이상을 갈 수 없는 사실로 미루어 보아서도 교직은 공적인 사업의 성격을 지녔음이 분명하다라고 정의내리면서 교직이 전문성을 요구하는 조건을 다음과 같이 들고 있다.

첫째, 교직은 고도의 이론적 배경을 필요로 하며, 교직은 적어도 대학교육 이상의 교육기관이 필요하다.

둘째, 교육부 장관이 발행하는 교원자격증을 소지하고 있지 않은 자는 교직에 종사할 수 없다.

셋째, 교직의 전문성을 연마하고, 교직의 표준을 유지하기 위하여 교사들에게 현직교육이 계속적으로 실시될 것이 요구된다.

넷째, 교직의 특수성과 전문성을 유지하기 위하여 교사답지 않은 교사를 추방해서라도 자체의 표준 향상에 노력하는 데 전문직 단체를 필요로 한다.

결론적으로 교직이 전문직이라고 한다면 교직의 성격에 비추어 교사는 다음과 같은 특성을 지니고 있어야 한다.

① 교사가 다루는 내용이 지식이며 교육활동이 고도로 복잡한 과정이기 때문에 교사는 고도의 전문적 지식 및 지적 능력을 갖추고 있어야 한다.

② 지식의 발전과 교육 상황이 항상 새롭게 변하기 때문에 교사가 되기 위해서 장기간의 준비교육이 필요하지만, 교사가 되고 난 후에도 계속적인 연수가 필요하다.

③ 교육활동이 윤리적 가치를 목적으로 내포하고 있기 때문에 교사의 생활은 윤리적으로 모범이 되어야 한다.

④ 교직은 단순한 노동직이 아니라 미래를 창조하는 직업이기 때문에 교사는 항상 봉사적이며 헌신적으로 업무를 수행해야 하며 교육의 결과에 대하여

책임을 져야 한다.

⑤ 교직은 자율성이 있을 때 생명력 있는 교육이 이루어지므로 교직에는 자율성이 보장되어야 하며 자율성의 신장을 위하여 교사는 스스로 노력을 해야 하고 자치적 단체를 가지고 있어야 한다.

2) 교직의 장점

교직도 하나의 직업이라는 관점에서 본다면 그 나름대로의 장점과 단점을 가지고 있다. 물론 보는 사람의 시각에 따라 장점과 단점이 각기 다를 수 있으나 대체로 공감하는 장점 몇 가지를 열거해 보기로 한다.

① 교직은 항상 진리와 함께하며 나아가 자기 완성의 길이다.

교직은 올바른 지식을 학생에게 가르치고 학생들로 하여금 그것을 이행하고 실천하는 데 그 목적이 있으며, 교사의 노력 여하에 따라 학생으로 하여금 새로운 지식을 찾도록 하고 학생과 함께 지적인 충족을 느낄 수 있는 직업이다. 일반적인 직업이 상부의 지시에 기계적으로 반복하는 경우가 많은데 비하여 교직은 사람을 대상으로 새로운 것을 탐구하며, 그 탐구된 지식을 스스로의 것이라는 자부심을 가져 주고 결국은 자기 완성의 길인 것이다.

학생을 가르치는 것이 곧 교사 자신의 수양이라는 관점에서 본다면 이것을 위하여는 교직보다 더 좋은 직업은 없다. 하지만 가르치는 일을 이미 알고 있는 것을 나누어 주는 과정으로 생각한다면 교직은 교사로 하여금 자만심에 빠지게 하거나 권위의식에 사로잡히게 되어 자기 성장을 멈추게 할 위험도 함께 가진다. 진리를 사랑하고 진리에 따라 살려고 하는 사람에게는 교직보다 더 좋은 직업이 없다.

② 교직은 비교적 안정된 직업이다.

교직은 한 번 발을 들여놓으면 특별한 문제가 없는 한 정년이 보장되는안정된 직업이다. 이는 꼭 법에 의해서가 아니더라도 교육의 수요가 이를 보장하고 있기 때문이다. 교육을 받아야 할 인구는 계속 증가하고 있다. 인구의 자연증가와 새로운 지식과 기술의 출현은 교육의 수요를 계속 증대시킨다.

교육 수요의 증대와 교원에 대한 법률상의 신분보장은 교직에서 일자리를 잃을 염려가 없게 한다. 한 가지 직업을 택하여 아무런 불안 없이 평생을 바쳐 일할 수 있다는 것은 큰 기쁨이 아닐 수 없다. 이와 같은 직업의 안정성은 교직이 갖는 하나의 장점이며 매력이기도 하다.

③ 교직은 어느 정도 사회적 위상을 가질 수 있는 직업이다.

비록 교사의 사회적 지위가 과거보다는 실추되었다고 하지만 그래도 아직까지는 사회적으로 인정을 받는 직업이다. 학생들을 바른 길로 인도하고 가르치는 지도자로서의 대우를 받는다는 점은 교직 이외의 다른 직업에서는 쉽게 찾아볼 수 없다는 점과 학력이 그 사람의 지식과 인품을 나타내는 척도가 될 수 없다 하더라도 교사는 이제 대학 졸업 이상의 학력을 가진 사람만이 될 수 있으므로 높은 학력을 추구하는 우리의 사회풍토 속에서 대학을 졸업했다는 자체만으로 이미 어느 정도의 특권을 누리고 있는 것이다. 또한 교직은 그 직업의 성격상 항상 옳고 바른 것을 가르치게 된다. 이 점에서 교직에 종사하는 교사는 다른 사람들로부터 신뢰와 존경을 받고 있는 것이다.

④ 교직은 사회의 발전에 공헌하는 직업이다.

고도로 분업화된 현대사회에서 어느 직업인들 사회에 기여하지 않는다고 할 수 없겠지만 교직은 인간의 잠재적 능력의 계발을 통하여 참다운 인간을 형성하며 우수한 인력을 사회에 공급한다는 측면에서 볼 때 사회의 발전에 기여하는 직업인 것이다. 사회발전의 원동력이 교육의 힘에 의하여 이루어지고 그 결과 오늘날과 같은 문명사회가 이룩되었고 앞으로 더 좋은 사회가 이루어진다고 믿는다. 이러한 점에서 볼 때 끝없는 자부심과 긍지를 가질 수 있는 직업이 교직이다.

3) 교직의 단점

교직은 앞에서 살펴본 것처럼 여러 면에서 장점을 가지고 있으나 반드시 즐거움만 가져다 주는 직업은 아니다. 교직을 수행하기 위해서는 겉으로 드러난 즐거움보다 보이지 않는 면에 존재하고 있는 많은 어려운 점을 극복해야 하는 것이다. 이러한 어려운 점을 극복할 때 오히려 교직의 보람을 찾을 수도 있을 것이다.

그러면 교직의 단점을 몇 가지 열거해 보기로 하자.

① 교직은 단조로운 직업이다.

교직에 몸담는 교사는 평생을 가르치는 일로 보내야 하는 단조로움을 가지고 있다. 다른 직장에서는 승진도 빠르고 따라서 맡는 업무도 바뀌어 긴장된 생활을 할 수 있다. 하지만 교직은 매일 같은 또래의 학생을 대하고 그들에게 거의 같은 내용을 반복하여 가르친다. 여기에서 지적 발견과 창조의 기쁨, 그리고 학생의 성장은 보는 데서 기쁨을 발견하지 못한다면 교직은 지루한 여정이 아닐 수 없다.

일반적으로 교사가 교감이나 교장으로 승진하는 데는 많은 세월이 필요하기도 하지만, 그렇다고 해서 모든 교사가 교감이나 교장으로 승진하는 것이 아니라 여기에도 수적으로 제한되어 있으며, 교감과 교장의 수는 전체 교사 수의 10% 미만에 불과한 점이다. 이와 같이 승진의 기회가 제한되어 있다는 것은 교직이 매력 없는 직장이 될 수도 있으며, 교사들 간의 승진을 위한 경쟁은 교직 풍토를 비인간화 시키고 교직의 핵인 학생지도를 경시하게 할 가능성마저도 있다. 하지만 교직은 교사가 자기의 전공 영역을 심화하고 학생과 더불어 지적, 윤리적, 기능적 가치를 창조할 수 있는 직업이며, 사회개혁의 근본적 직업이라는 생각을 가지고 여기에 정열을 바칠 때, 단조로움을 피할 수 있을 것이다.

② 교직은 실제 생활과 관련이 적은 직업이다.

그러므로 교직에 종사하는 교사들은 일반 직업에 종사하는 사람들과의 삶의 경쟁에서 뒤지기 쉽다고들 생각한다. 사실 교사는 자기보다 어린 학생들을 대상으로 그들보다 항상 더 많은 것을 더 잘 알고 또 더 잘하는 사람으로 자처하고 생활하기 쉽다. 그 결과 교사를 우물 안의 개구리로 만들게 된다.

교사는 항상 옳은 것, 바른 것만을 생각하고 생활하여야 하고, 학교라는 사회에서는 그것이 가능할 수도 있다. 하지만 실사회에서는 한 가지 가치만이 통용되는 것이 아니고 다양한 가치들이 함께 공존한다. 외골수로 살아가려는 교사는 일반 사회인에게는 어리석게 보이기 쉽다.

그러면서도 다른 한편으로는 교사가 실사회에 대하여 잘 알고 거기에 잘 적응해 가면 교사로는 적절한 사람이 못된다고 비난하기도 한다. 교사는 오로지 공부만 하고 학생을 가르쳐야 하고 다른 생활상의 문제에는 관심을 가지지 않는 사람으로 이해하려고 하기보다는 부도덕한 인간으로 가혹한 낙인을 찍는다. 그러나 평범한 생활인으로서의 교사가 현세를 초월하여 살아갈 수는 없는 것이다. 다만 교직에 충실하려는 자세를 가지는 것만으로도 외롭고 힘겨운 삶을 살아야 하는 것이다.

③ 교직은 경제적으로 풍족한 직업이 아니다.

교사도 일상적인 생활인이므로 현대사회에의 의 · 식 · 주는 물론이고, 일반적인 사람들이 누리는 문화생활을 하기 위해서는 어느 정도의 경제적인 여유가 보장되어야 한다. 교육자라고 해서 보통사람으로서의 생활마저 외면할 수 없는 것이며, 또 그것이 바람직한 것도 아니다. 그리고 학생들 앞에서 교사로서의 품위를 유지하려면 경제적인 면에서도 적어도 중류층의 생활은 할 수 있어야 한다.

교사가 학생을 가르치는 일에만 전념하고 거기에서 만족하여야 한다는 말은 참으로 좋은 말이다. 하지만 그렇게 되려면 생활에 걱정을 하지 않아도 좋을 만큼 경제적 조건이 마련되어 있어야 함은 말할 것도 없다. 교직은 교사가 경제적으로 풍족한 직업이 아니라 하더라도 생활의 안정은 절대적으로 필요하므로 교사의 경제적 처우는 꾸준히 개선되어야 할 것이다.

④ 교직은 정신적, 육체적으로 고된 직업이다.

쉽게 생각하면 교직은 자기가 하고 싶은 공부나 하고 매일 청소년들을 대하며 그들과 함께 생활하는 즐거운 직업인 것처럼 느껴질 수 있으나, 교사의 임무는 그것으로 끝나는 것이 아니라 교사 본래의 업무인 학습지도와 생활지도에 많은 노력과 시간을 보내야 한다.

학습지도의 경우를 살펴보면 우선 교재를 연구해야 한다. 이 일은 끝이 없는 일이다. 책을 읽는 것은 바로 이 영역의 일이다. 교사가 자기가 가르치는 내용을 알기 위하여 어느 만큼의 책을 읽어야 다 읽었다고 하겠는가? 책을 읽는 일은 장소와 시간을 가릴 것 없이 평생을 두고 해야 할 일이다.

그 다음은 학습 재료를 준비하고 지도계획을 세워야 한다. 교사가 책을 읽었다고 가르칠 준비가 다 된 것은 아니다. 읽은 것을 학생에게 가르치려면 학생의 지적 발달수준에 맞게 번안하고 학생이 이해하기 쉽도록 전달하기 위하여 적절한 전달매체를 개발하여야 한다.

〈표 8-1〉 교원의 업무 분류

교육과의 관련정도 영역	상(필수업무)	중(보조업무)	하(잡무)
교과학습 지 도	–학습지도 –교재 연구 및 학습 자료 준비 –학습지도안 작성 –과제처리 –평가, 성적처리	–교과협의회 및 동학년 협의회 –학습 지진아 지도 –연구수업 –보강지도 –독서지도 –각종 검사(지능, 학력 등)	–실험·실습 후 장부 정리 –일부 국책업무의 계량적 보고 업무 : 자연보호, 소비절약, 국민정신교육, 정화업무, 행락질서 등 –과외단속 –교과서 공급
생활지도	–교내 생활지도 및 안전지도 –요 선도학생지도 –교도 상담 –진로지도	–여가선용지도 –급식지도 –용의지도 –가정방문 –인성, 적성검사	–교외 생활지도 –타기관 요청의 거리질서 행사 동원
특별활동 지 도	–학생회 활동지도 –학습활동(HR)지도 –클럽활동 지도	–교내 각종대회 운영· 지도 –글짓기, 웅변, 미술대회 등	–각종 단체 주관의 문예활동 참가 : 글짓기, 웅변대회, 미술대회 –BS, GS, RCY, MRY 등 각종 청소년 단체 결성 및 동원
학급경영	–학적부, 생활기록부, 건강기록부 정리 –학교경영록 또는 교무수첩 작성 –학급관리	–출납부 정리 –진학지도 –아동신체검사	–환경정리 및 경시대회 –공납금 독려 –저축 업무 처리 –학급 정화 위원회 운영·기록
학교경영	–학교경영 –법정장부 정리 –학교시설 및 재정 관리 –직원 연수	–교원 인사에 관한 업무 –교직원회의 –교내민방위훈련 –학생 전·입학 처리	–법정장부 이외의 보조장부 정리 –시책에 의한 사회교육(어머니, 노인, 유아, 성인교실)운영 –각종 성금 관리 –타기관 또는 단체의 협조 의뢰 사항 –일·숙직 근무
교육행사 및 기타자원 관리활동	–졸업식, 입학식 거행 –각종 교재 행사 지도	–교육과 직결되는 공문서 처리 –자연보호 참가 –교내 체육대회 –수학여행 –공개 연구학교 참관	–각종 행사 동원(교사, 학생) : 단합대회, 환영, 환송대회, 지역단위행사, 각종 고시 감독 –위문품 수합 –행사 및 회의 참석 –민방위소방훈련, 동원 예비군 훈련, 교원연수 –자연보호 행사 참가 –체력장 운영 –거리청소

그 다음은 실제 수업을 하여야 한다. 교사는 주당 일정한 시간량의 수업을 담당하여야 하는데 이것은 육체적 피로를 감내해야 하는 직업이다. 교사가 아는 것을 학생들에게 가르치는 즐거움도 수업에서 느낄 수 있는 것이다. 현재 교사들이 담당하고 있는 수업량은 즐거움을 느끼기에는 너무 부담이 큰 것이 아닌가 생각된다. 한편 교사는 본래의 업무 외에 많은 잡무를 해야 하는데 이러한 잡무가 교사의 몸과 마음을 더욱 피로하게 하고 있다.

교사가 해야 할 일이 얼마나 많고 다양한가를 한국교육개발원에서 펴낸 "교원 잡무경감 방안"에 나타난 교원의 업무 분류를 보면 잘 나타나 있다.

2. 교사의 자질과 역할

무명교사들에게

(The Unknow Teacher)

Henry Van Dake

(미국 청교도 시인)

나는 무명교사를 예찬하는 노래를 부르리라. 전투를 이기는 것은 위대한 장군이로되, 전쟁에 승리를 가져오는 것은 무명의 병사로다. 새로운 교육제도를 만드는 것은 이름 높은 교육자로되, 젊은이를 올바르게 이끄는 것은 무명의 교사 로다. 그가 사는 곳은 어두운 그늘, 역경을 당하되 달게 받도다. 그를 위하여 부는 나팔없고, 그를 태우고자 기다리는 황금마차 없으며, 금빛 찬란한 훈장이 그 가슴을 장식하지 않도다. 묵묵히 어둠의 전선을 지키는 그 무지와 우매의 참호를 향하여 돌진하는 그이어니, 날마다 날마다 쉴줄도 모르고 젊은이의 적인 악의 세력을 정복하고자 싸우며, 잠자고 있는 영혼을 일깨우도다. 게으른 자에게 생기를 불어 넣어 주고, 하고자 하는 자를 고무하여 방황하는 자에게 안정을 주도다. 그는 스스로 학문하는 즐거움을 젊은이에게 전해주며, 지극히 값진 정신적 보물을 젊은이에게 전해주며, 지극히 값진 정신적 보물을 젊은이들과 더불어 나누도다.

그가 켜는 수 많은 촛불, 그 빛은 후일 그에게 되돌아와 그를 기쁘게 하나니, 이것이야말로 그가 받은 보상이로다. 지식은 책에서 배울 수 있으되 지식을 사랑하는 마음은 오직 따뜻한 인간적 접촉으로써만 얻을 수 있는 것이로다. 공화국을 두루 살피되 무명의 교사보다 예찬을 받아 마땅할 사람이 어디 있으랴, 민주사회의 귀족적 반열에 오른 자, 그 밖에 누구일 것인고 '자신의 임금이요, 인류의 종복인저!'

1) 교사의 자질

교사의 자질에 대하여 콤스(A.W. Combs) 등은 훌륭한 교사란 무엇보다 한 사람의 인간일 것을 강조하면서 개성이 뚜렷한 인간을 강조하였다. 그들은 창조적이고 생각하는 사람, 복잡한 문제를 다루는 데 세련되고 신뢰할 만한 도구로서 그들 자신을 활용할 줄 아는 사람이라고 하였다. 즉 긍정적 자아관의 소유자이며 자율적이고 자아지향적이고 책임있는 사람, 다른 사람의 입장을 이해할 수 있는 감수성의 소유자가 곧 인간다운 인간이라고 하며, 패터슨(C.H. Patterson)은 페스탈로찌(Pestalozzi)나 니일(Neill)과 같은 훌륭한 교사의 성공사례는 그들의 방법이나 체제에서 비롯되었다기보다는 그들의 사람됨에서 기인한 것이라고 전해지고 있다. 이는 사람됨과 방법을 분리시키는 것이 바람직하다는 것을 함축할 수도 있고, 아니면 체제는 스스로 제 나름의 생명을 가질 수 없다는 것을 함축할 수도 있다. 가르친다는 것은 하나의 체제나 방법들을 응용하는 것은 아니고 바로 하나의 인간적인 관계인 것이다. 그래서 교사가 쓰는 체제나 방법보다는 그 교사가 어떤 부류의 인간이냐가 더욱 중요하다고 한다.

여기서 오천석 박사가 제시한 교사의 자질이라 할 수 있는 교사가 지녀야 할 사랑을 소개해 본다.

첫째는 가르침을 받는 자에 대한 사랑이다. 제자에 대한 사랑이 없는 학교는 정서적으로 죽은 학교다. 사랑은 가르치는 사람과 가르침을 받는 사람과의 마음 사이에 놓이는 다리다. 이 사랑이라는 다리를 통한 교감이 없다면 두 마음을 교통하는 길이 끊기고 만다. 이 통로를 거쳐야만 한 인격이 다른 인격에 부딪힐 수 있고, 공감이 일어날 수 있는 것이다. 하지만 교사의 사랑은 어머니가 자식을 향하여 가지는 감정과는 그 성질이 다르다. 어머니의 사랑은 혈연에서 자연적으로 흘러나오는 느낌이다. 이것은 거의 맹목적이요 무의도적인 사랑이다. 교사의 사랑은 인간의 존엄성을 소중히 여기는 마음의 원천을 둔 사랑이다. 그의 무한한 가능성을 의식하는 데서 흘러나오는 사랑이다. 그의 선함을 믿고 그의 쉬지 않는 성장을 믿는 데서 오는 사랑이다. 사회적 죄악과 타락에 물들지 않은 순진성을 보는 데서 솟아오르는 사랑이다. 하루하루 그의 영(靈)이 자라고 있음을 지켜보는 희열에서 샘솟는 사랑이다.

이러한 사랑이 없는 교실은 마치도 물건을 만드는 공장과도 같은 곳이다. 기계를 돌려 상품을 제작하는 비정의 작업장에 지나지 않는다. 사리에 이끌려 노동이 강요되는 비인간적 직장에 불과하다. 우리가 지키는 교실은 그와 같은 한기가 도는 살벌한 곳이 될 수 없다. 따뜻한 사랑의 훈풍이 감도는 온정의 교실이 될 때 비로소 참된 교육이 이루어질 수 있는 것이다.

둘째, 교사의 사랑은 그가 하고 있는 일에 반영되어야 할 것이다. 교직은 외부로부터 우리에게 부과된 직업이 아니다. 이것은 우리가 스스로 선택한 길이요, 우리 자신의 부름을 받아 짊어진 십자가다. 소명감에 심금을 울려 우리 스스로가 자진하여 짊어진 짐이다. 밖으로부터 우리가 노동이 아니라, 안으로부터 우리 자신이 우리에게 준 작업이다. 그러므로 교직은 노동의 대가를 위하여 하는 일이 아니라, 우리 스스로 봉헌한 과업이다. 따라서 이것은 물질적 보수를 목적으로 강요되어 수행되는 노동이 아니라, 우리가 사랑하고 우리의 모든 정열을 바치는 봉사다. 가르침에 행복을 느끼며, 아동의 성장에서 기쁨을 찾는 섬김이다.

기계적인 말은 사람을 움직이지 못한다. 이것은 소리의 전달에 불과하다. 오직말에 정열이 끓고 있을 때 비로소 듣는 자에게 영감을 불러일으킬 수 있고, 감화를 줄 수 있다. 그룬드비히(Grundvig)가 덴마크의 청년들을 감흥시킨 것은 결코 그의 해박한 지식이나 정연한 이론이 아니었다. 그의 정열, 그의 박애가 그들의 마음을 뒤흔들었고, 그들을 분가시킨 것이다. 앤 설리반 메이시 여사가 헬렌컬러로 하여금 장님, 귀머거리, 벙어리라는 신체적 장애를 극복하고 저자, 연사, 자선가로서 그 이름을 세상에 떨치게 한 것은 결코 학식도 아니요 간호도 아니었다. 불우한 한 여성에 대한 사랑에서 오는 헌신과 정열이었다. 그러므로 사랑이야말로 자기 임무에 대한 정열과 헌신의 원천인 것이다.

셋째, 교사의 사랑은 진리의 사랑을 의미한다. 교사는 진리의 영원한 추구자다. 세계가 숨기고 있는 비밀의 발견자요, 인간 사회의 질서와 개인 행위의 기준이 되는 가치의 탐구이며, 최상의 생명 비결을 탐색하는 구도자다. 교사는 베이컨(Bacon)이 말한 각종 우상에서 해방되어, 참을 발견하고 따르기에 목마른 사슴과 같은 사람이다. 거짓을 미워하고 허위를 증오하며, 부정을 혐오하는 사람이다. 진리를 찾아 쉴 줄을 모르는 사람이며, 허위를 파헤치기에 용감한 사람이요, 불의를 깨뜨리기 위하여 헌신하는 사람이다.

참된 교육은 진리 위에서만 설 수 있다. 그러므로 진리 위에서는 교육은 오직 참됨을 추구하고, 그 위에 그의 세계관, 인생관, 가치관을 세우려는 교사에 의해서만 섭취될 수 있다. 철학자는 지혜를 사랑하는 사람이라고 하거니와, 이런 의미에서 모든 교사는 철학자가 되지 않으면 안된다. 진리를 사랑하고 이를 탐구하며, 이를 따를 때 교사는 진정한 의미의 교육자가 될 수 있는 것이다.

교사의 자질에 대하여 조사한 결과를 몇 가지 살펴보면 하트(F.W. Hart)는 고등학생들이 교사를 좋아하는 이유에 대하여 다음과 같은 것들을 소개하고 있다.

① 학교 공부에 도움이 되고 교과나 과제를 명료하고도 충분히 설명하고 교수-학습 과정에서 실제 예를 든다.
② 유쾌하고 행복스럽고 온후하며, 쾌활하고 유머가 있고 농담을 할 줄 안다.
③ 학습진단의 일원으로서 인간적이고 사람을 잘 따르고 친하기 좋다.
④ 학생들에게 관심이 있으며, 학생들 입장에서 이해한다.
⑤ 공부를 흥미있게 만들고, 공부에 대한 욕망을 일으키고 학급의 학습활동을 즐겁게 만든다.
⑥ 엄밀하게 학습 조정을 하며, 관심을 일으킨다.
⑦ 공평하고 편애하지 않는다.
⑧ 무뚝뚝하지 않고, 짓궂지 않으며, 까다롭지 않고, 말이 많지 않으며, 비꼬지 않는다.
⑨ 배운 것이 많다.

⑩ 사람을 좋아하는 인성을 소유하고 있다.

한편 교사를 싫어하는 이유로는 다음과 같이 소개 하고 있다.

① 지나치게 까다로우며, 웃음이 없고, 말이 없으며, 비꼬고, 화내며, 자제를 상실한다.
② 학교 공부에 도움이 없고, 교수에 명백한 설명이 없으며, 작업은 계획이 없다.
③ 불공평 하고, 학생을 편애하고, 착실한 학생의 흠을 잡는다.
④ 잘난 척하고, 초연히 있으며, 건방지며, 뽐내고, 교외에서는 모른 체한다.
⑤ 초라하고, 불합리하며, 엄격하고, 지나치게 엄밀하며, 인생을 비참하게 만든다.
⑥ 표기와 등급을 짓기에 불공평하다.
⑦ 학생들의 감정에 인정이 없고, 학우들이 있는 데에서 소리지르며, 따라서 학생들은 불안해하며 무서운 학습이다.

위티(P.A. Witty)가 조사한 교사의 바람직한 자질을 소개하면 다음과 같다.

① 협동적이며 민주적인 태도
② 개성에 대한 친절과 동정심
③ 인내
④ 다양한 흥미
⑤ 인품과 사람을 좋아하는 습관
⑥ 공정과 공평성
⑦ 유머
⑧ 좋은 성질과 시종일관적 행동
⑨ 학생들의 문제에 대한 흥미
⑩ 융통성
⑪ 표창과 칭찬
⑫ 교수에 특별히 익숙함

니일(A.S. Neill)은 교사의 자질을 다음과 같이 들고 있다.

① 아동을 이해하기 위한 아동 심리학과 자기 자신을 알기 위한 성인의 행동에 관한 연구를 한다.

② 모든 종류의 창작 활동은 아동을 위해서가 아니라 자기 자신을 위하여 계속한다.

③ 인간 연구를 위하여 한층 가치있는 것으로 학교라는 것과는 관계없는 내면의 실제 문제를 공부한다.

④ 과학보다는 인문과학, 창조적인 활동에 비중을 둔다.

⑤ 유희에 대해서 계속 연구한다.

⑥ 유머 감각을 익힌다.

⑦ 자유 교육에 대한 신념을 투철히 한다.

결론적으로 이형행 교수의 교사의 자질을 소개하기로 한다.

① 교직으로부터 부름을 받았다는 이른바 소명의식이 필요하다.

"교사의 임무는 단순한 직업이나 노동이 아니라 그에게 소명감을 주는 비전(vision)과 헌신(commitment)에 의하여 인식되어야 한다. 비전과 헌신을 속성으로 하는 소명감에서 비롯되지 않는 교육은 산교육이라 할 수 없다. 소명감이 있으면 교사는 산 스승이 될 수 있고, 어린이의 영(靈)의 성장을 돕는 참된 교육자가 될수 있는 것이다"는 글에서 볼 수 있듯이 교사에게 기본적으로 요청되는 것은 소명의식이며, 그 소명감이란 내일의 생명을 키운다는 비전·정열·충성을 다하는 헌신에 의해서 가능한 것이다.

② 교사는 깊은 이해심과 사랑과 봉사의 정신을 가져야 한다.

교사는 필연적으로 어떤 복잡한 인간관계의 망 속에 들어가게 된다. 교사는 학생들을 사랑과 이해와 친절과 따뜻함으로 대해야 한다. 받는 사랑이 아니라 주는 사랑, 한없이 베푸는 사랑을 해야 한다. 똑똑한 학생들을 칭찬하는 대신 지진아·문제아에 대한 동정과 책임과 교사가 갖추어야 할 성품이며, 성서에서 말한 대로 잃어버린 한 마리 양을 찾아 헤매는 목자와 같은 성품을 지녀야 한다.

③ 교사는 인간을 존중하는 태도를 지녀야 한다.

교육은 인간을 존중하고 그 존엄성을 믿는 것으로부터 시작되어야 한다. 학생들이 아직 어리고 작다고 하여 경솔한 판단과 결정을 해서는 안된다. 인간은 인간이기 때문에 존중해야 하고 또 사랑해야 한다.

④ 교사는 넓고 신성한 교육관을 가져야 한다.

직업의 생계를 수단으로 생각하는 사람이 있고, 자신의 직업을 즐기며 인생을 보내는 사람도 있다. 하지만 교직은 사회개혁 및 향상을 위한 최고의 수단으로 생각할 때, 바른 교육관이 확립된다. 올바른 교육관은 교직윤리의 확립에서부터 출발한다. 본래 사람은 자기에게 주어진 환경과 직업에 헌신함으로써 생의 즐거움을 얻고 인생의 참 뜻을 발견하게 된다. 교사는 학생을 가르치는 일에서 헌신의 기쁨과 만족을 얻을 수 있어야 한다.

교사의 몸은 비록 과거에서부터 살아 왔으나 교사의 번득이는 눈과 뜨거운 가슴은 언제나 현재와 미래를 응시해야 한다. 매일 매일 새로워져야 한다. 가르치는 자는 곧 배우는 자이기 때문이다. 교사의 학구적인 연구열은 곧 학생들에게 영향을 미치게 되고 나아가 교사 자신에게 신선한 지식을 더해 준다.

⑤ 교사는 행동으로 옮기는 사람이 되어야 한다.

학행일치란 말이 있듯이 소양과 인간애를 갖추었으면 그것은 실제로 실천해야 한다. 진심에서 우러나온 교사의 행동·언어 하나 하나는 이와 같이 놀랍고 폭발적인 힘을 발휘하는 것이다. 이것은 교사만이 지니는 특권이요, 신비스런 작용이다. 그래서 더욱 더 자기 자신의 인격을 다듬는 자기 성찰의 시간을 가져야 한다.

⑥ 교사는 학생들에게 희망을 주는 사람이 되어야 한다.

교사의 얼굴에는 어두운 그림자나 실망이 없고 언제나 미래를 내다보는 희망이 깃들어 있어야 한다. 어린이가 잘못을 저질렀을 때 비관하는 얼굴이 아니라 바른 길을 가도록 격려하는 얼굴이어야 한다. 그의 얼굴은 오늘날 우리 사회의 부조리에 낙망하는 것이 아니라 앞날의 비전에 용기를 가지는 얼굴이요, 제 아무리 세상이 부패하여도 하나하나의 어린 생명을 바로 키움으로써 보다 좋은 사회를 만들려는 정열에 불타는 얼굴이어야 한다. 불의를 분쇄하기 위하여 돌격하는 얼굴, 부패를 도려내기 위하여 총칼을 빼든 전사의 얼굴이어야 한다. 그의 실패의 눈물을 흘리는 자가 아니라 이를 박차고 다시 일어나는 굳은 신념의 소유자이어야 한다. 교사는 주위 환경에 흔들리지 않고 현실을 보다 낫게 개선, 혁신시키려는 희망적인 생의 태도를 지녀야 한다. 교사는 비록 절망을 예감할 때에도 희망을 가져야 하고, 미래에 대한 밝은 전망으로 주위 사람들을 불러일으켜 잠자는 영혼을 깨우쳐야 한다. 여기 얼굴이 밝고 맑으며 자애와 이해와 동정과 관용과 인내와 정열로서 어린이의 생명을 키우며 미소를 짓고 있는 자가 있으니 그의 이름은 교사이다.

2) 교사의 역할

교사의 역할을 학생과의 심리적 관계를 중심으로 리들(E. Reedle)과 바텐버그(W. Wattenberg)는 다음과 같은 견해를 가지고 있다.

(1) 사회대표자로서의 교사

학생이 사회화되어 가는 과정에서 교사는 사회 가치와 규범 그리고 생활양식을 대표하는 위치에 서게 된다. 학생의 여러 가지 행동에 대하여 인정할 것은 인정해 주고 경우에 따라서는 질책도 하며 격려해 주는 일을 통하여 사회와 문화가 기대되는 바가 무엇인가를 보여주고 교사 자신의 태도와 행동을 통하여 문화적 가치를 표현하게 된다. 따라서 교사가 무의식중에 하는 말과 행동 하나하나가 학생들의 사회화 방향을 결정하는 데 중요한 영향을 미친다.

(2) 판단자로서의 교사

교사가 학교 상황에서 수행하는 많은 일 가운데 학생에 관한 올바른 판단을 요구하는 일은 상당히 많다. 학생들의 성적을 매기는 일, 행동발달을 평가하고 기록하는 일, 급제와 낙제를 결정하는 일, 수상대상자를 결정하는 일, 처벌대상자에게 처벌규정을 적용하는 일 등에 있어서 교사는 판단자의 역할을 수행한다. 이러한 교사의 판단이 과연 적절한 것이냐 그렇지 못한 것이냐는 교사의 윤리에 관한 문제이다. 교사의 판단 그 자체는 학생의 자아개념 형성에 큰 영향을 주고 또 학생에 대한 강제체제의 중요한 부분이 되며 교수-학습과정에도 직접적인 영향을 미치게 된다.

(3) 지식자원으로서의 교사

학생들에게 필요한 지식을 가르친다는 것은 교사의 제일 중요한 임무이다. 따라서 교사에게는 살아 있는 교과서의 역할이 기대되고 있다. 교사가 가지는 지식의 이해 정도가 학생들의 학업성취도와 밀접한 관련이 있는 점으로 보아 지식의 공급처로서 교사의 역할이 중요하다.

(4) 학습조력자로서의 교사

교사의 역할을 단순한 지식의 전달에 그쳐서는 안된다. 교수-학습과정에서 학생들이 스스로 중요한 지식을 이해하고 새로운 지식을 찾아내며 배운 지식을 적용하여 새로운 문제를 해결할 수 있도록 교사는 유능한 조력자의 역할을 하여야 한다. 특정한 개념이나 원리를 학습자의 발달단계에 맞도록 설명하는 일, 학생의 학습방식에 맞는 학습과정을 마련해 주는 일, 학습에 있어서 개인이나 집단이 당면하게 되는 어려움을 극복하도록 도와주는 일 등은 전문적 능력을 필요로 하는 일들이다.

(5) 심판자로서의 교사

학급 내에서 의견이 일치하지 않거나 갈등·대립하는 현상은 흔히 있게 마련이다. 이때 공정하게 시시비비를 가려낼 수 있는 유일한 권위자는 교사다. 따라서 교사의 공정성과 타당성 여하에 따라서 학생들에게 비치는 교사의 권위는 크게 좌우된다고 볼 수 있다.

(6) 훈육자로서의 교사

학생집단의 질서를 유지하기 위해서는 적절한 훈육이 필요하다. 이는 행정지도자나 학부모, 심지어 학생 자신들의 요청이기도 하다. 교사의 훈육 역할의 적부는 학교의 질서유지뿐만 아니라 학생들의 학업성취에도 적지 않은 영향을 준다.

(7) 동일시 대상으로서의 교사

갈등이나 난관에 부딪쳤을 때, 학생들이 쉽게 취하는 행동으로 동일시의 현상을 들 수 있다. 학교에서 학생들의 중요한 동일시 대상은 교사이다. 따라서 교사의 여러 가지 행동 특성은 학생들에 의해서 잘 모방된다. 교사의 말투·걸음걸이·필체·태도·가치관까지도 동일시 대상이 될 수 있다.

(8) 불안제거자로서의 교사

성장과정에서 학생들은 여러 가지 불안을 경험하게 된다. 현실에 대한 이해 부족과 자신의 능력 부족에서 오는 불안은 자연 성인의 도움을 필요로 하게 된다. 현실상황에 대한 적절한 설명, 학생들에게 불필요한 불안을 주지 않도록 상황을 통제하는 일 등은 교사가 수행해야 할 역할이다.

(9) 자아옹호자로서의 교사

성장과정에서 있는 아동·학생들이 당면하게 되는 문제 중에는 자신감을 잃는 일, 능력 부족을 느끼는 일, 열등감에 빠지는 일 등이 있다. 이때 교사는 학생들로 하여금 성취감을 맛보게 하고, 주위로부터 성공에 대한 인정을 받도록 해줌으로써 학생들의 자아를 옹호해 주고 자신감을 갖도록 하는 역할을 담당해야 한다.

(10) 집단지도자로서의 교사

학교교육은 개별적 접촉과 지도를 통해서만 이루어지지만, 대부분의 경우 집단적 상황에서 이루어진다. 그러므로 교사는 그것이 학급집단이든 그 밖의 소집단이든 집단의 사기를 높이고 응집력을 향상시키기 위한 지도자로서의 역할을 담당하게 된다.

(11) 부모대행인으로서의 교사

초등학교 저학년 아동은 특히 교사의 행동과 부모의 행동을 마찬가지로 여기는 경향이 있다. 어머니에게서 구해야 할 조언을 교사에게서 찾으려는 일도 있거니와 동서고금을 막론하고 교사들은 학생들을 대할 때 부모의 감정으로 대하는 경향이 짙다. 어린이 중에는 부모에게 받을 수 없었던 만족을 교사에게서 구하는 경우가 많다. 이 때 교사는 부모대행인의 역할을 하게 된다.

(12) 적대감정의 표적으로서의 교사

성장과정에 있는 학생들은 일상생활에서 적지 않는 좌절감을 경험하게 된다. 성인문화의 표준을 학생들에게 제시하고 이에 순응할 것을 요구하는 사람이 성인이고 보면, 좌절감에서 폭발되는 적대감정의 대상은 자연 성인일 수밖에 없다. 따라서 학교 상황에서는 그 화살이 성인인 교사에게 향하게 된다. 이때 그들의 표적이 되어 주는 것은 그들의 정신건강을 위해서 대단히 유익하다.

(13) 친구로서의 교사

학생들 중에는 교사를 하나의 다정한 친구로 대하기를 원하는 학생들이 있다. 교사가 개인적 기쁨과 감정을 같이 나눈다는 것은 매우 바람직한 일이다. 교사는 학생과의 관계에 있어서 교권을 내세우는 형식적 관계만이 아니라 친구로서 언제나 마음 속을 털어 놓을 수 있는 비형식적 관계를 유지해야 한다.

(14) 애정상대자로서의 교사

교사에게 자기가 아끼는 물건을 선물하는 초등학교 1학년 어린이의 교사에 대한 애정으로부터 남교사에게 연정을 품고 고민하는 고등학교 여학생의 애정에 이르기까지 교사들은 학생의 애정 상대자가 되는 경우가 많다.

오늘날 사제관계를 정서적 친밀감이 결여된 단순한 역할관계로 지적하면서, 대량교육으로 인한 직업적 교사로서의 위치를 탓하는 사람들도 있다. 그럼에도 불구하고 교육현장에는 '우리 선생님' 으로 기억될 만큼 학생들로 하여금 존경을 받는 교사들도 많다. 이러한 사제간의 정서적 유대관계는 교사의 동정적인 태도에 기인한다기보다는 교사의 역할수행 과정에서 비롯된 인간적인 감정인 것이다.

3. 교직의 윤리와 교권

1) 교직의 윤리

교직의 전문성을 논의하는 데 있어서 반드시 제기되는 것이 윤리문제이다. 그것은 교직에서만이 아니라 다른 모든 전문직에서도 요구되는 기본조건의 하나이다. 전문적 종사자는 일반직 종사자보다 높은 직업윤리와 도덕수준을 사회로부터 요구받고 있다. 교직도 그러한 기대에서 예외일 수 없으며, 사실 오늘의 교사에 대한 사회적 비판의 대부분이 교직논리에 관련된 문제들이다. '사도가 땅에 떨어졌다', '교사는 있어도 스승은 없다'는 등의 비판이 그 좋은 예라고 할 수 있다.

교사의 사회적 지위, 경제적 지위, 지적 수월성 등은 모두 중요하고 어느 하나도 소홀히 생각할 수 없는 것이지만, 이것들보다도 먼저 생각해야 할 것은 교사의 윤리 문제이다. 왜냐하면 교사는 가르치는 사람이며, 가르친다는 것은 지식을 가르친다는 의미만이 아니라 사회적 · 도덕적인 면에서 모범을 보여야 한다는 의미를 포함하고 있기 때문이다. 단적으로 말하여 교사에게서 논리와 도덕의 개념을 제외한다면 그것은 이미 교사라고 할 수 없다. 그것은 마치 종교인에게서 윤리나 도덕의 개념을 뺀 것과 같다. 이렇게 볼 때 교사의 윤리가 얼마나 중요한가를 알 수 있다.

교직윤리의 확립을 위하여 한국교원단체총연합회에서는 교사의 윤리에 관련되는 강령을 두 차례에 걸쳐서 제정한 바 있다. 첫 번째는 1958년에 제정된 교원 윤리강령이며, 두 번째는 1982년에 선포된 사도헌장과 사도강령이다. 이러한 윤리강령에서 일관하여 강조되고 있는 것은 교사와 학생과의 관계에서 교사는 애정을 가지고 공평하게 개성을 존중하며 성심껏 학생을 지도해야 한다는 점이다. 이미 사도강령에서 강조하고 있는 바와 같이 교직윤리에서 가장 강조되어야 할 것은 스승으로서 제자를 사랑하고 차별하지 않는 일이다.

2) 교권

교권과 교직의 전문성도 밀접하게 관련되어 있다. 그러므로 교권을 확립하기 위하여 전문성 신장이 필요하게 된다. 이 경우의 교권이라는 말이 주는 의미는 교육의 권위라는 개념으로 대변될 수 있다. 하지만 교권을 교육의 자율성이라는 관점에서 해석하면 교육의 권리·교사의 권리라는 의미로 이해된다. 이처럼 교권의 의미에는 두 가지의 뜻이 통합되어 있음을 알 수 있다.

사람에 따라서는 교권의 의미를 권리에 강조점을 두어 해석하는가 하면 또 다른 사람들은 권위라는 점을 부각시키기도 한다. 하지만 좀 더 깊이 생각하면 권위와 서로 연관이 있는 개념이므로 교권은 권위적인 면과 권리적인 면을 모두 포괄한다고 해야 할 것이다. 교사가 그들에게 부여된 책임을 다하고자 할 때 가장 중요한 조건 중의 하나는 교권이 확립되어 있어야 한다는 것이다. 교사가 권위와 권리를 인정받지 못할 때 교육이 제대로 이루어질 수 없다는 것은 너무나 분명한 사실이다. 의사의 권위가 환자에게 인정받지 못할 때 병의 치료가 어려운 것처럼 학생과 학부모가 교사의 권위를 인정받지 못한다면 교육이 제대로의 효과를 발휘할 수 없다. 이 점은 특히 지식교육보다 인간교육에서 더욱 두드러진다.

인간교육은 단순한 지식의 전달이 아니라 인격적인 접촉에 의해서 이루어지며 교사가 학생들의 동일시 대상이 될 수 있을 때 가능한 것이다. 이 경우 교사의 권위는 필수적인 조건이 된다. 학생들이 교사의 권위를 인정하고 동일시의 대상으로 삼아야 태도와 가치관에 영향을 미칠 수 있는 것이다. 또한 교사는 국가와 사회로부터 응분의 권리를 인정받아야 하며, 그러한 권리 중에는 자율권·생활권·신분보장권 등이 포함된다. 이러한 권리 또한 권위에 못지 않게 중요한 여건이 된다. 교사의 자율권에 대해서는 앞서 교직의 자율성에 설명하였거니와 그와 같은 자율성을 인정받지 못하고 침해당하면 교사는 한낱 근로자로 전락하게 된다.

교사의 생활권과 신분보장권 또한 소홀히 생각할 수 없는 것이다. 물론 동서고금을 막론하고 교사의 생활은 그들의 품위를 유지하는 데 적절하느냐가 문제시되었을 뿐 부를 탐하는 것과 거리가 멀다고 생각되어 왔다. 사실 대부분의 교사는 청빈한 생활을 당연한 것으로 받아들여 조금도 흐트러짐이 없는 삶을 영위해 온 것도 사실이다. 그렇다고 해서 교사의 경제적 지위가 소홀히 되어도 좋다는 뜻은 아니다. 특히 오늘날에는 경제적 지위의 향상이 사회적 존경과 위신의 유지에 큰 영향을 미친다는 점을 감안한다면 교사의 처우개선과 경제적 지위 향상은 꾸준히 추구되어야 할 과제이다. 교사의 생활권 유지는 결과적으로 교권을 신장하는 길이 된다.

교사의 신분보장 역시 교권 확립에 있어서 중요한 하나의 조건이 된다. 우리나라의 국·공립 초·중등학교 교사는 국가공무원으로서 신분을 보장받고 있으며 사학의 경우도 국·공립학교의 교원에 관한 규정을 준용하고 있기 때문에 제도상으로는 교사의 신분이 보장되어 있다고 할 수 있다. 하지만 일부 사학의 경우는 실제적으로 신분보장이 되어 있지 않아서 교권이 침해당하는 경우가 있으므로 앞으로 이에 대한 보완책이 확립되어야 할 것이다.

마지막으로, 대한교육연합회가 1982년 5월 15일에 스승의 날에 선포한 사도헌장과 사도강령을 적어 본다.

사도헌장

오늘의 교육은 개인의 성장과 사회의 발전과 내일의 국운을 좌우한다. 우리는 국민 교육의 수임자로서 존경받는 스승이요, 신뢰받는 선도자임을 자각한다. 이에 긍지와 사명을 새로이 명심하고 스승의 길을 밝힌다.

Ⅰ. 우리는 제자를 사랑하고 개성을 존중하며, 한 마음 한 뜻으로 명랑한 학풍을 조성한다.
Ⅰ. 우리는 폭 넓은 교양과 부단한 연찬으로 교직의 전문성을 높여 국민의 사표가 된다.
Ⅰ. 우리는 서로 협동하여 교육의 자주혁신과 교육자의 지위향상에 적극 노력한다.
Ⅰ. 우리는 가정교육 · 사회교육과의 유대를 강화하여 복지국가 건설에 공헌한다.

사도강령

민주국가의 주인은 국민이므로 나라의 주인을 주인답게 길러내는 교육이 가장 중대한 국가적 과업이다.

우리는 겨레가 오랜 역사와 찬란한 문화를 계승·발전시키며 선진제국과 어깨를 나란히 하여 인류복지 증진에 주도적으로 기여하려면, 무엇보다도 문화국민으로서의 의식개혁과 미래사회에 대비한 창의적이고 자주적인 인간육성에 힘을 기울여야 한다. 그러기 위하여 우리 교육자는 국가발전과 민족중흥의 선도자로서의 사명과 긍지를 지니고, 교육을 통하여 국민 각자의 능력을 최대한으로 계발하여, 개인의 자아실현과 또한 교육자의 품성과 언행이 학생의 성장·발달을 좌우할 뿐만 아니라 국민 윤리 재건이 된다는 사실을 명심하고, 사상과 봉사, 정직과, 성실, 청렴과 품위, 준법과 질서에 바탕을 둔 사도확립에 우리 스스로 헌신하여야 한다.

이러한 우리의 뜻은 교직에 종사하는 모든 교육자가 공동체 의식을 가지고 노력하여야만 이루어질 수 있다는 것을 인식하고, 사도헌장 제정에 때맞추어 우리의 행동 지표인 현행 교원윤리강령을 사도강령으로 개정하고 이를 실천함으로써 국민의 사표가 될 것을 다짐한다.

(1) 제 1장 스승과 제자

스승의 주된 임무는 제자로 하여금 고매한 인격과 자주정신을 가지고 국가 사회에 봉사할 수 있는 유능한 국민을 육성하는데 있다. 그러므로
① 우리는 제자를 사랑하고 그 인격을 존중한다.

② 우리는 제자의 심신발달이나 가정의 환경에 따라 차별을 두지 아니하고 공정하게 지도한다.
③ 우리는 제자의 개성을 존중하며, 그들의 개인차와 욕구에 맞도록 지도한다.
④ 우리는 제자에게 직업의 존귀함을 깨닫게 하고, 그들의 능력에 알맞는 직업을 선택하도록 지도한다.
⑤ 우리는 제자 스스로가 원대한 이상을 세우고, 그 실현을 위하여 정진하도록 사제동행한다.

(2) 제 2장 스승의 자질

스승은 스승다워야 하며, 제자의 거울이 되고 국민의 사표가 되어야 한다. 그러므로
① 우리는 확고한 교직관과 긍지를 가지고 교직에 종사한다.
② 우리는 언행이 건전하고 생활이 청렴하여 제자와 사회의 존경을 받도록 한다.
③ 우리는 단란한 가정을 이룩하고, 국법을 준수하여 사회의 모범이 된다.
④ 우리는 학부모의 경제적 · 사회적 지위를 이용하지 아니하며, 또 이에 좌우되지 아니한다.
⑤ 우리는 자기향상을 위하여 전문적인 지식과 전문화된 기술을 계속 연마하는데 주력한다.

(3) 제 3장 스승의 책임

스승은 제자 교육에 열과 성을 다하여 맡은 바 책임을 다하여야 한다. 그러므로
① 우리는 사회의 일원으로서 모든 책임과 의무를 다한다.
② 우리는 교재연구와 교육자료 개발에 만전을 기하여 수업에 최선을 다한다.
③ 우리는 생활지도의 중요성을 인식하여 제자들이 올바른 사람이 될 수 있도록 지도에 철저를 기한다.
④ 우리는 교육의 성과를 공정하게 평가하고, 이를 교육에 충분히 활용한다.
⑤ 우리는 제자와 성인들을 위한 정규교과 외 활동에 적극 참여한다.

(4) 제 4장 교육자와 단체

교육자는 그 지위의 향상과 복지의 증진을 위하여 교직단체를 조직하고 적극 참여함으로써 단결된 힘을 발휘할 수 있다. 그러므로
① 우리는 교직단체 활동을 통하여 교육자의 처우와 근무조건의 개선을 꾸준히 추진한다.
② 우리는 교직단체의 활동을 통하여 교육자의 자질향상과 교권의 확립에 박차를 가한다.
③ 우리는 편당적·편파적 활동에 참가하지 아니하고, 교육을 그 방편으로 삼지 아니한다.
④ 교직단체는 국가의 주요 교육정책 결정에 참여하여, 교육자의 흥망과 주장을 충분히 반영시킨다.
⑤ 교직단체는 교육의 혁신과 국가의 발전을 위하여 다른 직능단체나 사회단체와 연대 협동한다.

(5) 제 5장 스승과 사회

스승은 제자의 성장·발달을 돕기 위하여 학부모와 협력하며, 학교와 사회와의 상호작용의 원동력이 되고, 국가 발전의 선도자가 된다. 그러므로

① 우리는 학교의 방침과 제자의 발달상황을 가정에 알리리고, 학부모의 정당한 의견을 학교교육에 반영시킨다.

② 우리는 사회의 실정을 정확하게 파악하고, 지역사회의 생활과 문화향상을 위하여 봉사한다.

③ 우리는 사회의 요구를 교육계획에 반영하여, 학교의 교육활동을 사회에 널리 알린다.

④ 우리는 국민의 평생교육을 위하여 광범위하게 협조하고 그 핵심이 된다.

⑤ 우리는 확고한 국가관과 건전한 가치관을 가지고 국민의식 개혁에 솔선수범하며, 국가 발전의 선도자가 된다

참고문헌

강봉규(1988). 교육학개론(중판). 서울: 종각출판사.

고영희, 김재복(1977). 수업전략. 교육신서 37. 서울: 배영사.

교육개혁심의회(1987). 교육개혁종합구상.

교육정책자문회의(1991). 교육발전의 기본 구상.

______________(1992). 21세기 한국교육의 선택. 서울: 교육정책자문회의

권재원(1985), 교육심리학. 서울: 형설출판사

김난수 외(1982). 평생교육론. 서울: 문음사.

김동원 외 2인(1981). 특수교육 정해. 대구: 한국출판사.

김명한 외(1988). 신간 교육행정 및 경영. 서울: 한국출판사

김병성 외(1986). 교육학총론. 서울: 양서원

김선호, 김정한(1984). 학교와 지역사회. 서울: 문음사

김세기(1984). 학교경영학. 서울: 정민사.

김수일(1987). 사회교육학개론. 서울: 문음사.

김순택(1982). 목표별 수업. 서울: 교육과학사.

김신복(1982). "한국정책연구의 유형과 과제: 한국교육학회". 1982년 년차 학술대호. 교육행정학 연수회분과 발표논문.

_____(1993). "신한국 창조를 위한 교육개혁: 교육행정". 교육개혁과제 탐색 세미나. pp.113-128. 한국교육개발원.

김영철(1992). "안정적 교육재원의 확보". 신세호 편. 한국교육의 나아갈 길: 21세기를 맞이하는 교육전략. 서울: 한국교육개발원.

김옥연(1996). 유아교육사. 서울: 정민사.

김용섭(1986). 현대교육심리학. 서울: 형설출판사.

김윤태(1994). 교육행정경영신론. 서울: 배영사.

김윤태, 김형립(1988). 교육학개론. 서울: 배영사.

김인자 역(1986). 적응 심리. 서울: 정민사.

김인화(1985). 교육사 · 교육철학강의. 서울: 문음사.

김재만 역(1976). 천부적인 교사. 교육신서 25. 서울: 배영사.

김재은, 류기섭(1980). 심리검사의 활용. 서울: 중앙적성연구소.

김정환(1984). 교육학개론: 교육의 본질과 과제(전정판). 서울: 박영사.
김종서 외 3인(1987). 교육과정과 교육평가. 서울: 교육과학사.
김종서 외(1988). 교육학개론. 서울: 교육과학사.
김종서(1987). 잠재적 교육과정의 이론과 실제. 서울: 교육과학사.
김종서, 이영덕(1985). 교육학개론. 서울: 한국방송통신대학 출판부.
김종철 외(1994). 교육행정의 이론과 실제. 서울: 교육과학사.
김종철(1963). 교육사회학. 현대교육총서 6. 서울: 현대교육총서출판사.
______(1991). 한국교육정책연구. 서울: 교육과학사.
김주건(1988). 교육학개론. 서울: 창지사.
김창걸(1986). 교육행정학 및 교육경영. 서울: 형설출판사.
김태연, 장휘숙(1990). 발달심리학. 서울: 박영사.
김학수(1981). 현대교수 · 학습론. 서울: 교육과학사.
김호권 외 3인(1984). 현대교육평가론. 서울: 교육출판사.
김호권(1970). 완전학습의 원리. 서울: 배영사.
________(1976). 완전학습의 원리. 서울: 능력개발.
김홍규(1975). 학교와 지역사회. 서울: 진명문화사.
나동진(1983). 교육심리학. 서울: 배영사.
남궁용권(1987). 신교육학개론. 서울: 양서원.
남정걸(1993). 교육행정 및 교육경영. 서울: 교육과학사.
남한식(1992). 학교와 학급경영 총론. 서울: 형설출판사.
노종희(1992). 교육행정학: 이론과 연구. 서울: 문음사.
______(1993). "교직사회의 개혁과제". 한림대학교 한림과학원. 「신한국」 건설을 위한 정책토론회 발표 논문집, pp.43-58.
노화준(1986). 정책평가. 서울: 법문사.
대한교육연합회(1977). 교직과 교권.
문낙진(1993). 학교 · 학급경영의 이론과 실제. 서울: 형설출판사.
민영순(1985). 교육심리학신강. 서울: 교육출판사.
박성수(1982). 현대인의 심리와 카운슬링. 서울: 한국방송사업단.
박아청(1984). 아이덴터티의 탐색. 서울: 정민사.
________(1984). 현대의 교육심리학. 서울: 학문사.
박용헌 외(1980). 학교와 지역사회. 서울: 교육출판사.

박용헌(1969). 학교사회. 서울: 배영사.

박준희(1982). 발달심리학개론. 서울: 대은출판사.

배종근, 정태범 편(1986). 교육행정 · 교육경영. 서울: 정민사.

백현기(1958). 교육행정학. 서울: 을유문화사.

서명원(1980). 교육원리. 서울: 재동출판사.

서봉연, 이순형(1983). 발달심리학. 서울: 중앙적성출판사.

서울대학교 교육연구소(1997). 한국교육사. 서울: 교육과학사.

서정화(1994). 교육인사행정. 서울: 세영사.

성래운(1975). 선생님께. 교육신서 36. 서울: 배영사.

손기준 외(1994). 현대교육학개론. 서울: 대학사.

손인수 외 5인(1986). 교육학개론. 서울: 정민사.

손인수(1987). 한국교육사(Ⅰ. Ⅱ). 서울: 문음사.

송병순(1987). 교육사회학. 서울: 문음사.

신세호(1991). 21세기 한국교육의 청사진. 서울: 한국교육개발원.

______(1992). 한국교육의 나아갈 길: 21세기를 맞이하는 교육전략. 서울: 한국교육개발원.

신중식. 강영삼(1992). 교육행정학 및 교육경영. 서울: 교육출판사.

안기성(1992). 교육학개론. 서울: 학지사.

오기형 외(1984). 교육학개론. 서울: 문음사.

오기형(1983). 전인교육: 원리와 실제. 서울: 인간교육학회.

오인택, Ulrich Hermann(1982). 현대교육철학의 전망. 서울: 교육과학사.

오천석(1964). 한국신교육사. 서울: 현대교육총서출판사.

______(1972). 스승. 교육신서 3. 서울: 배영사.

______(1973). 스승. 교육신서 3. 서울: 배영사.

______(1978). 교육철학신강. 서울: 광명출판사.

윤정일 외 4인(1995). 교육의 이해. 서울: 학지사

______ 외(1992). 한국의 교육정책(개정판). 서울: 교육과학사.

______ 외(1994). 교육행정학원론. 서울: 학지사

윤정일(1993). "교육개혁 추진을 위한 교육 재원 확보". 한국교육개발원. 교육개혁과제 탐색 세미나, pp.143-161.

윤종건 외 1인(1985). 교사론. 서울: 정민사.

이규환(1963). 교육사회학. 서울: 현대교육출판사.

______(1979). 학교와 지역사회. 서울: 형설출판사.

______(1982). 지역사회와 교육. 서울: 삼중당.

이돈희(1980). 교육철학개론. 서울: 박영사.

______(1985). 교육철학개론(중판). 서울: 교육과학사.

이상노, 진위교 공역(1982). 수업과 학습의 과학. 서울: 중앙적성출판부.

이상옥(1963). 한국의 역사. 서울: 교문사.

이석재(1985). 교육사회학. 서울: 정민사.

이성진(1983). 교육과 사색. 서울: 정민사.

이성호(1982). 교육과정: 개발전략과 절차. 서울: 문음사.

이영덕(1968). 교육의 과정. 서울: 배영사.

이영석(1985). 아동연구방법론. 서울: 창지사.

이용걸(1975). 학습의 기초. 서울: 배영사.

이윤식 외(1991). 신규 교사자격 검정방안 개선연구. 서울: 한국교육개발원.

______(1992). 교사신규 채용 및 전보제도 개선연구. 서울: 한국교육개발원.

______(1993). 교원연수제도 개선방안 연구. 서울: 한국교육개발원.

이종성 외(1988). 교육심리측정 · 평가(중판) 서울: 종각출판사.

이충원(1983). 교육심리학. 서울: 형설출판사.

이형득 외 공저(1987). 상담의 이론적 접근. 서울: 형설출판사.

이형득(1980). 집단상담의 실제. 서울: 중앙적성연구소.

이형행(1983). 교육행정: 이론적 접근. 서울: 문음사.

______(1988). 교육학개론. 서울: 양서원.

이희도 외 6인(1983). 현대수업원론. 서울: 교육과학사.

임승권(1987). 교육심리학. 서울: 양서원.

장혁표(1987). 생활지도의 이론과 실제. 서울: 형설출판사.

전원중(1969). 교육사회학원론. 서울: 범문사.

정범모 편(1991). 교육난국의 해부: 한국교육의 진단과 전망. 서울: 도서출판 나남.

______(1981). 교육과 교육학. 서울: 배영사.

정영수 외(2004). 교육의 역사와 철학. 서울: 동문사.

정우현(1978). 현대교사론. 서울: 배영사.

정원식 외 2인(1980). 현대교육심리학. 서울: 교육출판사.

정일환 외(1991). 교사교육 평가인정제도 도입방안 연구. 서울: 한국교육개발원.

정일환(1998). 교육행정 및 교육경영. 대구: 대구효성가톨릭대학교 출판부.
정태범(1992). 교육경영. 서울: 정민사
정호표, 김병희(2002). 교육사상사. 서울: 교육과학사.
조영일(1987). 교육방법 및 교육공학. 서울: 형설출판사
진위교 외 3인(1989). 현대수업의 원리. 서울: 정민사
차경수(1982). 학교와 지역사회. 서울: 학문사.
차병권(1983). 재정학개론. 서울: 박영사
최정웅(1983). 교육사회학. 서울: 형설출판사
한국교육개발원(1986). 2000년을 향한 국가 장기발전 구상: 교육부분 보고서.
____________(1990). 교육자치제 종합 연구.
____________(1991). 제7차 경제 · 사회 발전 5개년 계획.
____________(1993). 신한국 창조를 위한 교육 개혁.
한기언(1982). 교육원리. 서울: 박영사.
한홍우(1985). 교육학개론. 서울: 형설출판사
허영부(1993). 교육학개론. 서울: 학문사

Allport, G. W.(1961). *Pattern and Growth in Personality*. N.Y.: Holt, Rinehart & Winston.

Amstrong, D. G. et al.(1981). *Education: An Introduction*. New York: MacMillan Publishing Co., Inc.

Atkinson, C.(1964). *The Story of Education*. New York: Bantom Book.

Atkinson, J. W.(1964). *An Introduction to Motivation*. Princeton, N.J.: Van Nostrand.

Bandura, A.(1977). *Social Learning Theory*. Englewood Cliffs, N.J.: Prentice-Hall.

Bany, M. A., & Johnson, L. V.(1975). *Educational Social Psychology*. N.Y.: Macmillan Publishing.

Barber, B.(1957). *Stratification*. New York: Harcourt Brace & World, Inc.

Barnard, C. I.(1938). *Functions of the executive*. Cambridge, MA: Havard University Press.

Beck, R. H.(1965). *A Social History of Education*. N.J.: Prentice-Hall, Inc.

Bernstein, Basil(1977). Power and Ideology. in *Education*. ed., Jerome Karabel and

Halsey, A. H., New York: Oxford University Press.

Bidwell, C. E.(1965). The School as a formal organization. in. J. G. March(ed.) *Handbook of organization*. Chicago: Rand McNally.

Biehler, R. F.(1971). *Psychology Applied to Teaching*. Boston: Houghton-Mifflin.

Bloom, B. S.(1964). *Stability and Change in Human Characteristics*. N.Y.: John, Wiley & Sons, Inc.

__________(1971). Hastings. J. T., et al., *Handbook of Formative and Summantive Evaluation of Student Learning*. N.Y.: McGraw-Hill Book Co.

__________(1976). *Human Characteristics and School Learning*. N.Y.: McGraw-Hill Book Co.

Bobbitt, F.(1913). Some general principals of management applied to the problems of city systems. in The supervision of city schools, *Twelveth Yearbook of the National Society for the Study of Education, Part* Ⅰ. Chicago: University of Chicago Press.

Bozeman, B.(1979). *Publlic management and policy analysis*. New York: St. Martin's Press.

Bredmeier & Stephenson(1962). *The Analysis of Social System*.

Bremback, C. S.(1966). *Social Foundations of Education*. John Wiley and Son Inc.

Broom, Leonard & Philip Selznick(1973). *Sociology*(5th ed.). New York: Harper & Row Publishers.

Brown, F. J.(1958). *Educational Sociology*. Englewood Cliffs, New Jersey: Prentice Hall Inc.

Brubacher, John S.(1969). *Modern Philosophies of Education*. New York: McGraw Hill.

Bruner, J. S(1961). *Toward a Theory of Instruction*. Cambridge, Mass.: Harvard Univ. Press.

__________(1960). *The Process of Education*. Cambridge, Mass.: Harvard Univ. Press.

Campbell, R. F. et al.(1967). *Introduction to educational administration*(3rd ed.). Boston: Allyn & Bacon Inc.

__________(1977). *Introduction to Educational administration* (5th ed.).

Boston: Allyn & Bacon Inc.

Castetter, W. B.(1992). *The personnel function in educational administration*(5th ed.). N.Y.:Macmillan Publishing Company.

Cohen, M. et al.(1972). A garbage can model of organizational choice. *Administrative Science Quarterly, 17.*

Combs, Arthur W., Robert A. Blume, Arthur J. Newman, & Hannelore L. Wass.(1974). *The Professional Education of Teachers*(2nd ed.), Allyn and Bacon inc.

Commission on Teacher Education(1949). Teacher for Our Times. American Council on Education Washington. D.C.

Coomds. P. M.(1970). *What is educational planning?.* Paris: International Institute for Educational Planning.

Cronbach, L. J.(1970). *Essentials of Psychlolgical Testing.* T.Y.: Harper & Row.

______________(1970). *Educational Psychology*(3rd ed.). N.Y.: Harcourt Brace Jovanovich Inc.

Cronbach, L. J., & Snow, R. E.(1977). *Aptitudes and Instructional Methods. A Handbook for Research on Interaction.* N.Y.: Irvington.

Crowder, N. A.(1963). The Rationale of Intrinstic Programming. In DeCecco. J. P.(ed.). *Human Learing in the School.* N.Y.: Holt, Rinehart & Winstion.

DeCecco. J. P.(1968. Vol. 45, 1940). The Psychology of *Learnign and Instruction: Educational Psychology*, Englewood Cliffs, N.J.: Prentice-Hall.

Dewey. J.(1916). *Democracy and Education.* New York: The MacMillan Co.

Ebel. R. L.(1972). *Essentials of Educational Measurement.* Englewood Cliffs, N.J.: Prenice-Hall.

Erikson. E. H.(1956). *Ego Identity and Life Cycle: Psychological Issue*, No. 1. N.Y.: International Press.

____________(1968). *Identity: Youth and Crisis.* N.Y.: W. W. Norton.

____________(1974). *Dimensions of a New Identity.* N.Y.: W. W. Norton.

Eysenck, H. J.(1960). *The Structure of Human Personality*(2nd ed.). London: Methuen.

Freud. S.(1953). *A General Introduction to Psychonalysis.* N.Y.: Permabooks. A.

Division of Doubleday & Co. Inc.

Gage. N. Y., & Berliner, D.C.(1979). *Educational Psychology.* Boston: Houghton-Mifflin.

Gagne, R.M.(1965). *Conditions of Learning.* N.Y.: Holt, Rinehart & Winston.

__________(1965). *Learning and Individual Differences.* Columbus, Ohio: Merrill.

Getzels, J. W. & Guba, E. G.(1957). "Social behavior and the administrative process." *School Review. 65.*

Graham. Grace. (1972). *An Introduction to Education.* New York: Thomas Y. Crowell Company.

Greenfield, T. B.(1980). "The man who comes back through the door in the wall": Discovering truth, discovering self discovering organizations. *Educational Adminstration Quarterly 16.* 3:26-59.

Griffith, D. E.(1959). *Administrative theory.* New York: Appleton-century Crofts.

Gronlund, N. E.(1974). *Individualizing Classroom Instruction.* N.Y.: Macmillan Publishing.

Guilford, J. P.(1974). *The Nature of Human Intelligence.* N.Y.: McGrawHill Book Co.

Gulick, L. & Urwick, Lyndall(eds.)(1937). *Papers on the science of administration,* N.Y.: Institute of Public Administration.

Hall, C. S.(1970). *Theory of Personality.* N.Y.: John, Wiley & Sons Inc.

Halpin, A. W.(1970). "Administrative theory: The fumbled torch". in Kroll, A. M.(ed.), *Issues in American Education.* N.Y.: Oxford Univ.

Hamachek, Don.(1969, 2). "Characteristics of Good Teachers and Implications for Teacher

Educattors". *Phi Delta Kappan, 50.*

Hanson, E. M.(1991). *Educational administration and organizational behavior*(3rd ed.). A

Division of Simon & Schuster Inc.

Harron, H. I.(1964). *A History of Education in Antiquity.* New York: Mentor Book.

Havighurst, R. J.(1972). *Development Tasks and Education*(3rd ed.). N.Y.: Mckay.

Highet, G.(1971). *The Art of Teaching.* Seoul: Pan Korea Book Cooperation.

Hilgard, E. R., & Bower, G. H.(1975). *Theories of Learning*(4th ed.). Englewood Cliffs, N.J.:Prentice-Hall.

Holland, J. G., & Skinner, B. F.(1976). *The Analysis of Behavior*. N.Y.: McGraw-Hill Book Co., Horton, Paul & and Chester L. Hunt, Sociology(4th ed.), New York: McGraw-Hill Company.

Hoy, W. K., & Miskel, C. G.(1996). *Educational administration: Theory, research, and practice*(5th ed.). N. Y.: Random House.

Hurlock, E. B.(1956). *Developmental Psychlogy*. N.Y.: McGraw-Hill Book Co.

Immergart, G. L., & Prilecki, F. J.(1973). *An introduction to systems for the education administrator*. Mass: Addison-Wesley Publishing Co.

Jersild, A. T.(1964). *Child Psychlogy*(5th ed.), N.Y.: McGraw-Hill Book Co.

Knezevich, S. J.(1975). *Administration of public education*(3rd ed.). New York: Harper and Row Publishers.

Kohlberg, L.(1967). Moral and Religious Education and the Public Schools: A Developmental View. in Sizer, T.(ed.), *Religion and Public Education*. Boston: Houghton-Mifflin.

Urwick, L. F.(1937). Papers on the science of administration. in Gulick, L. & Urwick, L. F.(eds.), New York: Institute of Public Administration, Columbia University.

Vygotsky, L. S.(1962). *Thought and Language*. Cambridge: M.I.T. Press.

Waller, W.(1965). *The Sociology of Teaching*. New York: John Wiley.

Weber, M.(1946). *Economy and society*. Bedminster Press.

Weick, K. E.(1976). "Educational organizations as loosely coupled systems", *Administrative Science Quarterly, 21*, March.

Weiner, B.(1980). *Human Motivation*. N.Y.: Holt, Rinehart & Winstion.

찾아보기

인명

내용

저자 소개

• 김 의 석

대구카톨릭대학교 교육학 박사
현, 수성대학교 유아교육과 명예교수

〈저서 및 논문〉
교육철학 및 교육사(2008)
부모교육론(2008)
유아교육기관 운영관리(2012)

• 이 우 언

계명대학교 심리학과 박사과정 수료
현, 수성대학교 사회복지과 교수

〈저서 및 논문〉
최신교육학개론(2007)
인간행동과 사회환경(2008)
정신건강론(2009)

• 최 태 식

전북대학교 교육학 박사(교육심리 전공)
현, 서해대학교 유아교육과 초빙교수

〈저서 및 논문〉
유아컴퓨터교육의 이론과 실제(공저, 2003)
교육과정 및 교육평가(2004)
동화지도의 이론과 실제(2005)

• 권 화 숙

대구카톨릭대학교 교육학 박사
현, 수성대학교 유아교육과 교수

〈저서 및 논문〉
미국과 한국의 유치원 평가 준거 탐색(2005)
유치원 경영에 관한 체제적 평가연구(2006)
대학생의 대학생활 만족도에 따른 정신건강의 차이 분석(2009)

• 정 찬 주

건국대학교 교육학 박사(교육사철학 전공)
전, 송원대학교 유아교육과 교수

〈저서 및 논문〉
교육사 및 교육철학(1995)
교직과 교사(2005)
교육학개론(2006)

• 시 옥 진

대구카톨릭대학교 철학 박사
대구카톨릭대학교 교육학과 박사과정 수료
현, 구미대학교 아동보육전공 교수

〈저서 및 논문〉
교육학개론(공저, 2004)
삶과 직업윤리(공저, 2006)
부모교육론(공저, 2008)

교육학개론

1판 1쇄 인쇄 2016년 2월 1일
1판 1쇄 발행 2016년 2월 5일

저　　자 - 김의석 이우언 최태식 권화숙 정찬주 시옥진
발 행 인 - 강 철 원
발 행 처 - 양 성 원
주　　소 - 경기도 고양시 일산서구 송산로 18(구산동)
전　　화 - 031-912-3301(代)
팩　　스 - 031-912-3304
이 메 일 - tnwpub@naver.com
출판등록 - 2015년 8월 31일 제 2015-000211 호

ISBN 979-11-87118-20-6

정가 18,000원